KB140260

五行大義

대유학술시리즈 【1】 오행대의 上

▪개정판 2쇄 2023년 11월 20일
▪역자 덕산 김수길, 건원 윤상철 ▪편집 이연실 ▪발행인 윤상철
▪발행처 대유학당 ▪출판등록 1993년 8월 2일 제 1-1561호
▪주소 서울 성동구 아차산로 17길 48 SK V1 센터 814호
▪전화 (02) 2249-5630 / 010-9727-5630
▪블로그 http://blog.naver.com/daeyoudang
▪유튜브 대유학당 TV

▪여러분이 지불하신 책값은 좋은 책을 만드는데 쓰입니다.
▪ISBN 978-89-6369-120-6 03140
▪값 22,000원

추 천 사

황제내경黃帝內經의 소문素問 천원기대론天元紀大論에서 "무릇 오운과 음양은 천지의 근본 법칙이다. 일체 사물의 구성원리이고, 변화하고 생멸하는 근원이며, 조화가 소자출所自出하는 곳이다.(夫五運陰陽者는 天地之道也라 萬物之綱紀요 變化之父母요 生殺之本始요 神明之府也라)"라고 하였으며, 동중서董仲舒는 춘추번로春秋繁露의 오행상생편에서 "天地之氣는 合而爲一이요 分爲陰陽이요 判爲四時요 列爲五行이라"고 하였다.

이상의 내용은 음양 오행의 원리가 우주의 보편적인 자연질서로서 천도天道와 지리와 인사人事의 변화원리를 설명하는 가장 중요한 법칙이 됨을 설명하고 있는 말이다.

서양에서 철학의 대상은 많은 변화가 있었다. 소크라테스 이전의 초기 그리스 철학의 연구대상은 자연이었고, 소크라테스 이후에는 철학의 대상이 자연보다는 인간에 더 많은 관심을 기울이게 되었다. 중세에 와서 철학의 대상은 자연도 인간도 아닌 신이었으며, 근세로 내려오면서 철학의 대상은 다시 바뀌어 인간의 인식을 중시하여 이성적 인식을 강조한 합리론과 경험을 초월한 사항에 관해서는 인식할 수 없다는 경험론이 대두하게 되었으며, 헤겔이나 마르크스 등은 철학의 중심적 대상을 역사歷史로 보고, 역사가 어떤 법칙에 의하여 움직이고 있는가를 주로 탐구하였다. 이외에도 수많은 철학자들이 수많은 분야를 연구하고 탐구하였지만, 그들이 연구했던 수많은 대상들을 하나의 법칙으로 설명할 수 있는 근본원리를 제시하지 못하였기 때문에, 허상虛像의 화려한 분열속에서 진리는 자취를 감추어 버리고 자연과 인간의 본질을 탐구한다는 철학의 명제는 그 주제와는 동떨어져 인간의 현실속에서는 사라지고 철학자의 전유물이 되어 버렸다.

이와 달리 동양에서는 음양오행陰陽五行의 원리를 통해 변화하는 자연과 인간의 질서를 설명하였다. 음양오행의 원리는 어떤 인간의 사변思辨에 의해 만들어진 인위적인 학설이 아니고, 천지에서 계시해준 신물神物을 성인聖人께서 받아 가르친 우주의 절대 진리이다. 음양오행의 원리를 최초로 그리고 가장 완벽하게 설명하고 있는 것은 하도河圖와 낙서洛書이다. 이 속에는 생명의 변화원리變化原理가 음양오행의 수리數理에 의해 구체적으로 설명되어 있다.

하도河圖는 지금으로부터 5400년 전 우리민족의 조상이었던 복희씨께서 하수에서 나온 용마의 등에 그려진 무늬를 보고 그린 십수도十數圖로써 천지창조의 설계도設計圖에 해당하며, 낙서洛書는 지금부터 4200년전 우임금께서 치산치수治山治水 할 때에 낙수洛水에서 나온 신령스런 거북이의 등에 그려진 무늬를 보고 그린 구수도九數圖로써 천지변화의 운행도이다. 동양에서 신비의 해답을 푸는 관찰의 대상은 천지인의 삼계三界였으며, 이는 음양오행의 원리를 바탕으로 그 해답을 얻을 수가 있다. 그리하여 이후 천문학天文學 지리학地理學을 위시한 의학 복서 명리 등의 모든 학문에 음양오행의 원리가 골간骨幹을 이루게 되었다. 그러나 거고점원去古漸遠에 지도지사知道之士는 사라지고, 서양학문의 홍수속에서 동양학을 하는 사람조차도 뿌리를 잃어버리고 음양오행의 근본원리는 알지도 못하면서, 음양오행을 운용運用하는 수많은 사람들을 많이 보아왔다. 그러나 다행스럽게도 『하락리수河洛理數』 『음부경陰符經과 소서素書』 등의 난해한 서적을 번역 출판한 바 있는 덕산德山 김수길金秀吉, 건원乾元 윤상철尹相喆 두 선생께서 다시 수대隋代에 간행되어 당시까지의 오행에 관한 거의 모든 자료를 집대성한 소길의 오행대의를 번역 출간함을 접하니, 이 분야를 공부하는 한사람으로서 기쁨을 금할 길이 없다.

동양의 철리哲理를 대중화 하려는 두 분의 각고의 노력에 깊은 경하敬賀의 뜻을 전하며, 모든 사람들이 음양오행의 깊은 이치를 깨달아 변화하는 천도 속에서 인간의 실존과 역할을 자각하여 참된 생명의 가치를 구현하기를 바라며 추천사에 갈음한다.

1998. 3.

大田大學校 韓醫科大學 教授

韓醫學博士 尹暢烈

역자의 말

오랜 옛날부터 동양에서는 천체의 운행 법칙과 만물의 생장 변화 소멸 과정을 면밀히 관찰하여, 그 근본을 연구하고 이를 인사적인 측면에 활용해 왔습니다. 그것의 근간을 이루는 사상이 음양오행사상으로, 음양오행사상을 알지 못하면 동양의 사상이나 문화를 연구하기 어렵습니다.

유가의 경전인 사서삼경 중에서 제일 정점에 있는 책이 주역인데, 주역의 사상은 유가儒家는 물론이고, 도가道家 선가仙家 음양가陰陽家 정치가政治家들이 모두 활용 또는 인용하고 있는 것입니다. 이러한 주역의 근간도 역시 음양이며, 음양을 대표하는 건괘와 곤괘의 괘사에 모두 '원형이정元亨利貞'이 있고, '원형이정'은 공자님이 지으신 문언전文言傳에서 '인예의지仁禮義智의 사덕으로 말씀하셨습니다. 주역은 중정中正을 중시하여, 중정의 도로써 사덕四德의 조화를 이룸을 귀중히 여겼습니다. 이것은 곧 오상五常 중의 신信으로, 주역은 인의예지신의 오상이 겸비된 학문이니, 바로 오행사상과 상통하는 것입니다.

또한 서전 홍범편에 보면 "곤鯀이 홍수를 막으면서 오행을 어지럽게 하니, 상제가 노해서 홍범구주를 주지 않았다(在昔鯀陻洪水 汨陳其五行 帝乃震怒 不畀洪範九疇)"고 한 것을 보더라도 상고시대부터 오행사상이 생활 깊숙이 활용되었다는 것을 알 수 있습니다.

그렇다면 이와 같은 고대의 동양 사상은 현대와 어떠한 관계가 있을까요? 저를 아는 친척 한 분이 제가 주역과 오행을 연구하는 것을 보고 말하기를 "자네는 구석기 시대의 사람이다"라고 한 적이 있습니다. 본업인 사업은 열심히 하지 않고 케케묵은 고서적만 뒤지고 있다고 해서 하는 말이었습니다.

음양오행은 정말로 낡아서 쓸모없는 골동품일까요? 그렇지 않습니다. 수많은 현대의 철학자와 물리학자가 평생을 연구해도 우주의 근원과 인간의 귀결을 밝혀 내지 못하고 있습니다. 서양의 과학자들이 물질이 무엇인가를 연구하기 위하여 쪼개고 또 쪼개어 분자 원자 핵 전자 양자 등 계속 분석해 왔으나, 최후에는 결국 아무 것도 없고 다만 어떤 에너지만 있을 뿐이라고 했습니다. 이와 같은 것은 동양에서는 이미 5,000여년 전에 정립한 개념입니다.

주역에 "태극이 양의를 낳고, 양의가 사상을 낳으며, 사상이 팔괘를 낳는다."고 했으며, 주돈이周敦頤의 태극도설에 보면 "무극이 태극이다"고 했으니, 만물은 결국 형체적으로 무에서 시작하여 다시 무의 상태로 돌아간다는 것을 말한 것입니다. 음양오행설은 우주의 조화가 음양의 작용과, 다섯 가지 기운 즉 금목수화토의 기운이 교묘하게 엉겨서 만물을 생성한다고 했습니다.

오행은 다섯 가지 기운이 유행하여 조화를 이룬다고 해서 '행行'자를 쓴 것이니, 만물은 궁극적으로 다섯 가지의 기운(에너지)의 유행일 뿐입니다. 서양의 과학은 보고 듣고 만져 볼 수 있는 것만의 분석을 위주로 했으나, 동양에서는 우주만물의 작용을 관찰함으로써 본체를 직관한 것입니다.

오늘을 살아가는 우리가 이와 같은 오행의 원리를 연구한다면, 당면한 현상들을 파악하여 그 원리와 앞으로의 진행 방향을 예측할 수 있고, 여기에 맞는 생활과 정치를 할 수 있을 것이니,

자기 자신의 발전은 물론이고 왜곡된 사회를 바로하여 조화로운 사회를 만들 수 있을 것입니다. 그렇다면 이것보다 더 귀중한 것이 어디에 있겠습니까?

『오행대의』는 수나라 소길蕭吉이 유사 이래로 남아 있는, 오행이 활용된 모든 전적들을 발췌해서 오행의 정의와 성질, 오행과 간지干支와의 관계, 역의 대연수 및 구궁수와의 관계, 음양학과 오행의 길흉판단, 음률(율려) 및 정치의 활용, 하늘의 칠요 오성 북두, 지리의 분야와 천문과의 관계, 오색 오미 오음, 인체의 오장육부, 귀신의 오행배속에 이르기까지 광범위하게 논술해 놓은, 총 24편 40장의 대작입니다.

이 책에는 옛사람이 오행의 원리를 활용한 모든 경우의 예가 빠짐없이 나와 있습니다. 오행의 근본원리와 옛사람들이 오행을 이용한 경우들을 연구하여, 현대에 맞는 이론의 모델을 만들어 활용한다면 참으로 보람된 일일 것입니다. 아무쪼록 독자 여러분이 읽고 연구하시어 많은 진전이 있기를 바랍니다.

본 학설에 조예가 깊지 않은 미천한 실력으로 이 글을 번역하다 보니 독자 여러분의 마음에 맞지 않는 부분이 많을 것이라고 생각됩니다. 잘못된 점이 있으면 기탄없는 지적과 충고가 있으시길 바랍니다.

이 책을 내기까지 밤늦게 일하면서 혼신의 노력을 아끼지 않은 대유연구소 여러분께 진심으로 감사드립니다.

德山 金秀吉

오행대의 서문

상의동삼사 성양군 개국공 소길 지음

무릇 오행이라는 것은 조화의 근원이며 인륜의 시발점으로, 만물이 오행을 받아 바뀌게 되고 백가지 영령들이 오행으로 인해 감응하고 통하게 된다. 오행은 음양에 근본하고, 정기와 형상으로 흩어져서 하늘과 땅에 두루 미치고, 어둡고 밝은 데의 끝까지 펼쳐지니, 자·오·묘·유가 날줄 씨줄이 되고, 팔풍八風과 육률六律이 벼리가 된다.

그러므로 하늘에는 다섯 가지 법도五度가 있어서 상을 드리우고, 땅에는 다섯 가지 재료(五材)가 있어서 쓰임에 이바지하며, 사람에게는 오상五常이 있어서 덕을 표현하니, 삼라만상이 모두 다섯으로 법도를 삼는다.

다섯수를 넘어가면 변화하게 되니, 오행의 기운이 사시에 골고루 조화를 이루는데 힘입어서, 백가지 종류가 잉태하고 기르게 되며 만물이 생겨나게 된다. 오행의 기운이 잘 조화되면, 다섯 가지의 덕이 순조롭게 행해져서 해와 달과 별이 훤히 빛나고, 잘못되면 아홉 가지 공적이 이루어지지 못하고, 여섯 가지 나쁜 것이 서로 일어나게 된다.

원인이 있으면 결과가 오는 것이니, 싹트는 조짐을 연구하지 않을 수 있으랴? 그러므로 성인이 일이 시작되기 전에 체득해서, 말을 베풀어 상을 설명하고, 상을 세워 일을 나타내었다.

일이 있으면 상을 알 수 있게 되고, 상이 있으면 불어나게 되며, 불어나면 숫자가 생긴다. 숫자가 있으면 기록할 수 있고, 상이 있으면 형상할 수 있으니, 형상할 수 있고 기록할 수 있으면, 그 이치는 상을 빌려 알 수 있다.

상을 빌려서 아는 방법은 거북점과 시초점이니, 거북점은 상으로 보기 때문에 해(日:천간)가 오행의 근원이 되고, 시초점은 숫자로 하기 때문에 진(辰:지지)이 오행의 주인이 된다.

삼성參星과 상성商星이 숨었다 나타났다 하는 것과, 해와 달이 차고 기우는 것과, 우레가 움직이고 무지개가 뜨는 것과, 구름이 떠가고 비가 내리는 것 같은 것은 하늘의 상象이고, 28수 주변의 모든 관리가 되는 별과, 칠요의 삼광과, 별들의 분야 및 한해의 차례는 하늘의 숫자(數)이다.

산과 내 그리고 물과 육지의 높고 낮은 것과, 평탄하고 웅덩이진 것과, 산이 막히고 하천이 흐름과, 바람불고 이슬내리며 더운 것은 땅의 상象이고, 팔방의 끝과, 네 방면의 바다와 세 줄기의 큰 강과 다섯 호수와, 구주九州와 백개의 군郡과, 천리나 멀고 만경이나 넓은 것은 땅의 숫자(數)이다.

예(禮節)로써 일의 절도를 정하고, 음악으로 마음을 화락하게 하며, 벼슬시키고 휘장과 깃발을 주며, 형벌을 써서 착한 사람으로 변혁시키는 것은 사람의 상이고, 백관으로 다스려서 만인이 자립하며, 네 교육기관에서 학문을 닦고 칠덕七德으로 군사를 사열하는 것은 사람의 숫자이다.

❖ 칠덕(七德) : 무의칠덕. ① 포악을 금지함 ② 군대를 거두어들임 ③ 크게 보호하는 것 ④ 공을 정하는 것 ⑤ 백성을 편하게 하는 것 ⑥ 무리를 화합시키는 것 ⑦ 재물을 풍족히 하는 것

상과 수로 인해서 오행의 처음과 끝을 알게 되고, 거북점과 시초점으로 해서 음양의 길흉을 판별한다. 그러므로 일은 상을 빌려서 알게 되고, 물건은 수를 좇아서 자립하게 된다.

내가 평소에 삼분三墳과 팔색八索을 열람하고 경전을 연구 궁리해 보니, 복희씨 신농씨 이래로부터 주나라 한나라에 이르기까지, 모두 오행으로 정치의 근본을 삼고 거북점과 시초점으로 좋고 나쁜 것을 먼저 판별했다. 그렇기 때문에 『오행전』에 말하기를 "하늘이 다섯 가지 재료를 내었으니, 하나라도 없으면 안 된다."고 했으며, 『서경』에 말하기를 "상商나라의 왕王 수(受辛: 紂)가 등극을 한 이래로, 오상五常을 업신여기고 희롱해서 삼정三政을 망쳐버렸다"고 했으니, 오행을 얻는 사람은 번창하고, 잃어버리는 사람은 멸망한다는 것을 알 수 있다.

❖ 삼분三墳과 팔색八索 : 삼분은 복희씨 신농씨 황제씨 때의 책으로, 연산역 귀장역 주역의 삼역을 말하고, 팔색은 팔괘를 뜻한다.

옛날에 중원에 난리가 나서 진晉나라가 남쪽으로 옮겨가니, 근본이 되는 중요한 서적은 드물고, 지엽적인 학문만 성하게 되었다. 헛된 말과 교묘한 글씨로만 한 때의 공을 다투었고, 나라를 다스릴 수 있는 큰 학문은 만고萬古에 버려지게 되었다.

그 뒷세대들은 앞의 것만 따라가서 풍습을 이루게 되니, 비록 절후節候를 점치는 술법은 회복되어서 지금도 행해지고 있으나, 모두 좌도左道의 방법만 따르고, 복서卜筮를 하는 법은 항상 있었으나 효와 상의 이치를 분별하지 못하니, 월령月令을 어겨서 때에 따른 법제가 어긋나게 되었다.

터럭 끝만큼이라도 실수를 하면 천리가 차이나게 되니, 장마지고 가뭄 드는 이유를 알지 못하고, 요사스러운 일과 상서로운 일이 생겨도 그 진행방향을 모르며, 형상으로 나타난 것만을 연구하고 조짐을 연구하는 이는 드물었다. 그 사람들의 잘못되고 미혹한 것을 살펴보면, 모두가 그 끝만 믿고 근본을 잊고 있으며, 거친 것만을 들고 세밀한 것은 빠뜨리니 한탄스러운 일이다.

옛사람이 말하기를 "산에 올라봐야 하늘 높은 것을 볼 수 있고, 골짜기에 임해봐야 땅이 두터운 것을 깨달으며, 성인의 도를 들어보지 않으면 학문의 큰 것을 모른다."고 했으니, 하물며 오행의 깊고 오묘한 것을 어떻게 환히 밝혀낼 수 있겠는가?

이제 널리 경서經書와 위서緯書 들을 채집하고, 서책들을 모두 찾아서 대략 큰 뜻만을 말했으니, 모두 24편으로 세목까지 합치면 모두 40단락이다.

24편은 24절기의 숫자이고, 40단락은 오행의 성수(成數)이다. 「이름을 풀이함」편부터 시작해서 「새와 벌레:蟲禽」편에서 끝마쳤으니, 오행에 배속된 모든 것이 다 여기에 있다. 아마도 오행의 도가 끊기지 않고 다시 시작됨을 알게 될 것이다.

만약 마음을 다스리고 뜻을 가라앉혀서 그 은미한 것을 연구한 사람이라면, 어찌 정신을 화평하게 하고 성품을 기르며, 덕을 보전하고 몸을 온전히 할 뿐이겠는가? 또한 모든 정사를 돕고 조화롭게 할 수 있어서, 만유萬有를 이롭고 편안하게 할 것이다. 이것이 옛날 지인至人이 도달한 경지이다.

옛사람은 물건을 보고 느껴서 경전을 지었고, 나는 이제 일에 따라서 뜻을 논술했으니, 비록 지은 때는 틀리지만 그 궤도는 같고 길만 틀린 것이니, 도를 맛본 것은 같지 않으나 물건을 이롭게 하려는 뜻은 같다. 후세의 명철한 이가 빠진 것을 보충해 주기 바란다.

일러두기

이 책은 북주北周 말엽과 수隋나라 초기의 음양학과 산술학의 대가인 소길의 『오행대의五行大義』를 번역한 것입니다. 오행대의는 수나라의 초기까지 전개되어 온 오행학설을 문헌을 토대로 하여 24종류로 분류해서 정리한 책으로, 오행의 정의에서부서 출발하여 천문·지리·인사적 요소는 물론이고, 각 동식물의 분류와 맛(味) 오장육부, 심지어는 왕조의 변천에 이르기까지 오행에 의하지 않음이 없음을 밝힌 일세의 대작입니다.

이 책의 중요성으로 인해서 여러 번 판본을 달리하여 인쇄되었고, 지금 알려진 판본만도 10종류가 넘습니다. 중국이나 일본 등에서는 널리 알려진 이 책이, 우리나라에서는 의외로 인지도가 낮음에 자극받아 이 책을 번역하게 되었습니다. 저자가 그의 선문에 "이제 널리 경서經書와 위서緯書들을 채집하고 서책들을 모두 찾아서 대략 큰 뜻만을 말했으니, 모두 24편으로 세목까지 합치면 모두 40단락이다"고 했듯이, 수나라 이전까지의 오행에 관한 모든 문헌을 정리한 것만으로도 충분한 효용가치가 있다고 할 것입니다.

이 책은 저자의 의도를 최대한 살리기 위해, 다음과 같은 원칙에 의해서 쓰여졌습니다.

❶ 이 책은 대북(台北)의 무릉출판유한공사武陵出版有限公司에서 간행된 『오행대의五行大義(嘉慶18년 간행)』를 저본으로 하고, 일

본의 급고서원汲古書院에서 간행된 『오행대의교주五行大義校註』를 참고서적으로 하였습니다. 특히 중촌장팔中村璋八이 지은 『오행대의교주』는 여러 판본을 참고로 하여 원문교정을 하였고, 또 소길蕭吉이 인용한 참고서적을 많이 찾아 주석했으므로 크게 도움이 되었습니다.

❷ 원 책은 24편 40장(총 5권)으로 되어 있으나, 나열식으로 되어 있는 내용을 좀더 쉽게 이해할 수 있도록, 단락을 세분하고 각 단락에 차례대로 제목을 부여하였습니다. 물론 원 책이 나눈 24편 40장의 제목과 분류한 것을 토대로 한 것입니다.

그리고 이 책에서는 1편에서 14편까지 상권으로, 15편에서 24편까지 하권으로 묶었습니다.

❸ 1998년에 번역본과 원문의 두 권으로 나왔던 것을, 이 책에서는 원문을 번역문 아래에 각주로 넣어 비교하며 볼 수 있도록 하였습니다.

❹ 이해의 편의를 돕기 위해, 원문에 도표와 그림 그리고 역자 주석을 넣어 내용을 정리해서 보는 기회를 가졌습니다.

❺ 색인을 넣음으로써 내용을 찾아보기 쉽게 함은 물론, 색인의 내용만으로도 전체를 파악할 수 있도록 하였습니다.

❻ 책의 이해를 돕기 위해서 원저자이신 소길蕭吉 선생의 약력을 책 말미에 소개하였습니다.

오행에 대한 간략 해설

이 내용은 대유학당에서 발행된 『주역입문』에서 발췌한 것입니다. 오행을 처음 공부하는 분들이 『오행대의』를 처음부터 이해하려고 하면 커다란 벽이 있는 것처럼 느껴질 것이므로, 이 부분을 읽고 보시면 도움이 됩니다. 오행의 성질, 상생과 상극, 팔괘의 배속에 대해 설명합니다.

1. 오행五行이란

'五'는 만물의 기본요소인 목·화·토·금·수의 다섯 가지 기운을 말하고, '行'이란 그 다섯 가지 기운이 운행하는 것이다. '行'자의 고자가 '╬'이듯이, '行'자는 사방으로 뚫린 길을 막힘없이 간다는 뜻이다. 즉 다섯 가지 기운이 막힘없이 운행하는 것이다. 계절로 비유하면, 목은 봄에 해당하고, 화는 여름에, 금은 가을에, 수는 겨울에, 토는 사계절의 성질을 고루 갖추었다고 볼 수 있다.

한나라 때 상수역象數易이 발달한 이후로, 오행의 생극을 이용하여 괘를 풀이하는 점법이 많아졌다. 특히 매화역수梅花易數 같이 팔괘를 오행에 배속시키고, 그에 대한 생하고 극하는 작용으로 길흉 및 시기를 판단하는 점법을 활용할 때는, 오행의 성질 및 상생·상극관계를 정확히 알아야 한다. 아울러 괘의 쇠하고 왕함을 연구해서 길흉의 정도를 판단할 수 있어야 한다.

2. 오행의 성질

목은 봄의 만물을 생해주는 성질이 있고, 화는 여름의 만물을 무성하게 해주는 성질이 있으며, 토는 다른 오행을 중재하는 역할을 하고, 금은 가을의 만물을 결실맺게 하는 성질이 있으며, 수는 겨울의 만물을 감추고 간직하는 성질이 있다.

① 목木

목木은 생겨나게 하는 것을 주관한다. 목은 양의 기운이기 때문에 나무와 같이 밑에서 위로 자라는 성질이 있고, 봄의 성질로 모든 만물을 생해준다. 방위로는 동방에 속하고, 만물이 처음 발생하여 움직이는 성질이 있다. 또 목은 감촉한다는 의미로 땅을 감촉하여 생한다는 뜻이다. 목木자 역시 땅에서 싹이 처음 나온다는 뜻의 屮(초)가 뿌리(八)를 단단히 박은 모습이다. 또 木은 땅의 덮개를 뚫고 나오는 것이므로, '不'자 위에 뾰족이 순이 나온 형상(木)을 했다.

목의 맛은 시다(酸). 동양인은 목의 기운이 왕성하므로, 상대적으로 토와 금의 기운은 약하다. 따라서 단맛(토)과 매운맛(금)을 좋아하고, 서양인처럼 맛이 신 쥬스를 마시면 부작용이 온다. 반대로 서양인은 금기운이 왕성하고 목과 화기운이 약하다. 따라서 신맛(목)과 커피같은 쓴맛(화)을 좋아하고 매운맛을 싫어하게 되는 것이 일반적이다.

② 화火

火화는 化(변화)이며, 자라는 것을 주관한다. 화는 불의 성질이며 양의 기운이 활발히 움직이는 것이므로, 이에 따라 만물이 변화하게 된다. 양기운이기 때문에 목과 마찬가지로 밑에서 위로 오르는 성질이 있고, 여름의 성질로 목기운에 의해 생겨난 만물을 풍요롭게 길러준다.

방위로는 남방에 속하고, 만물을 포용해서 겉모습을 키우며 성장하게 함으로써, 물건이 각기 자신의 성정性情을 충분히 발휘하도록 하는 역할을 한다. '火'자는 '炎上(위로 타오른다)'에서 위에 있는 '火'자를 형상한 것이다.❖

③ 토土

토土는 吐(토함)이며, 조화를 주관한다. 토는 흙의 성질로 땅속에 정기精氣를 머금었다가 토해냄으로써 만물을 생하며, 다른 한편으로는 생한 만물을 다시 간직하는 일을 한다. 이 머금는 일도 하고 토하는 일도 하는 성질이, 일방적으로 팽창하기만 하고 일방적으로 수축하기만 하는 다른 오행과 다른 점이고, 이 특성이 바로 다른 오행을 중재할 수 있는 것이다.

'土'자에서 수평으로 그은 두 획(二)은 땅과 땅속이라는 뜻이고, 가운데의 '丨'는 초목이 처음 땅을 뚫고 나오는 것을 상징한

❖ 목과 화는 밖으로 팽창 발산하는 양의 기운이다. 다만 목의 기운이 서서히 자라나는 것이라면, 화의 기운은 이를 급격히 자라게 하는 것이라고 볼 수 있다.

❖ 목의 기운이 서서히 자라나기는 하지만, 화보다도 강인한 생명력을 가지고 있다. 어떤 난관에서도 굴하지 않는 계속해서 재도전하는 끈기와 쉽고 빠르게 원기를 회복하는 치유능력이 강하다. 화는 활발히 움직여 화려하게 보이지만 목과 같이 한 곳으로 집중하는 끈기와 회복력은 없다.

것이다. 금의 기운이 빠른 시간에 안으로 응축하는 것이라면, 토는 끈끈한 기운으로 다른 곳으로 흩어지지 않도록 모으는 기능을 한다.

원래는 늦은 여름(季夏:음력 6월)의 성질로 목에서 화로 이어지는 양의 활동에서 금에서 수로 이어지는 음의 활동으로 바뀌는 과도기의 조절작용을 한다. 또 한편으로는 토하고 머금는 기능으로 목·화·금·수에 고루 작용해 각 성질을 이루게 하는 동시에 각 성질이 서로 원활한 교대를 하도록 중재하는 역할을 하므로, 늦은 봄(季春) 늦은 여름(季夏) 늦은 가을(季秋) 늦은 겨울(季冬)의 완충 역할을 한다.

'계季'라는 것은 늙었다는 뜻으로, 만물이 성숙해지고 완성되는 것이니, 각 계절의 끝에 붙어서 각 오행의 작용을 완성시키는 것이다. 방위 역시 사방에 고루 작용할 수 있는 중앙에 위치하여 나머지 오행을 조절함으로써, 어느 한 쪽 기운이 너무 성盛하게 되는 것을 막는 역할을 한다.

④ 금金

금金은 禁(금지시킴)이며, 거두는 것을 주관한다. 금은 쇠의 성질로 음의 기운이 처음 발동하여, 목에서 화로 이어지는 양의 활동이 더이상 드세지지 않도록 막는 역할을 한다. 『설문해자』에서는 "토가 금을 낳으니, 金이라는 글자에 土자가 들어가 있는 것이고, 土자 양 옆의 점(丷)은 금이 흙속에 들어 있는 형상이며, 그 시절은 가을이다"고 하였다.

금은 음기운이기 때문에 목기운이나 화기운과는 달리 안으로 수축하고, 사물을 긴장시키는 성격이 있다. 밖으로 팽창발산하려는 양의 기운을 순간적으로 포착하여 빠르게 응결시킨다.

가을의 성질로 사방을 근심스럽게 살펴서 의리를 지키도록 하는 뜻이 있다. 엄하게 살피기 때문에 만물이 모두 엄숙하면서도 공경하는 태도를 보이지 않을 수 없다. 따라서 별 생각없이 성장하던 자신을 돌아보고 반성하면서, 자신의 내부로 들어가 단단하게 결실을 맺게 된다. 방위로는 음기가 처음으로 발생한다는 서방에 속하므로, 만물의 성장을 금지시키는 일을 한다. '西'라는 글자도, 위로 갈길이 막힌 음과 양이(兀) 안(口)으로 다시 들어가려는 형태를 띠고 있다.

⑤ 수水

수水는 물의 성질로 물이 수평을 이루듯이 만물을 평준화하는 역할을 한다. 금과 마찬가지로 응축수렴하는 음기운이므로 감추는 것을 주관하고, 만물이 엎드려 숨어있는 겨울에 해당하므로 귀하고 천함의 구별이 없어지며, 또 물이 스며들듯이 모르는 가운데 부드럽게 젖어들어 몰래 행한다는 뜻(도적 해충 등)이 있다. 수는 땅의 혈기血氣에 해당하고, 오행의 시작이므로 보이지 않는 가운데 만물을 서로 통하게 하며, 방위로는 북방에 속하고 겨울에 해당하니, 만물을 잘 숨겨 간직하는 역할을 한다.

수水자에 두 사람이 서로 사귀면서(人+人=フ㇃) 가운데에 하나(亅)를 잘 간직했다가 생한다는 뜻이 들어 있다. 하나(一)는 수數의 시작이고, 두 사람은 남녀를 비유한 것이다. 음과 양이 사귀어서 하나가 나온 것이니, 수(水)는 오행의 시작이며, 수란 다름아닌 원기元氣가 모인 진액津液을 뜻한다.*

---

* 금과 수는 음의 오행인 까닭에 안으로 뭉치고 아래로 내려가는 성

3. 오행의 상생相生

오행은 서로 생하면서 순환반복한다. 그 순서는 목은 화를 생하고(木生火), 화는 토를 생하며(火生土), 토는 금을 생하며(土生金), 금은 수를 생하고(金生水), 수는 목을 생한다(水生木).

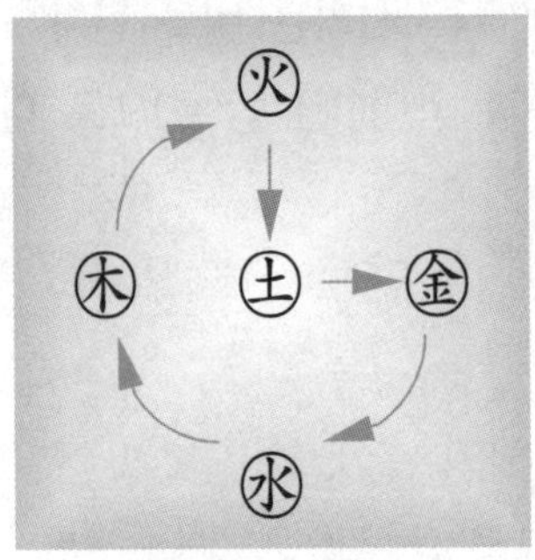

오행의 상생

오행을 방위에 적용하면 원을 그리며 진행되지 않고, 화→토→금에서 땅속으로 한 번 꺾여 들어갔다가 나오는 형태를 취한다.

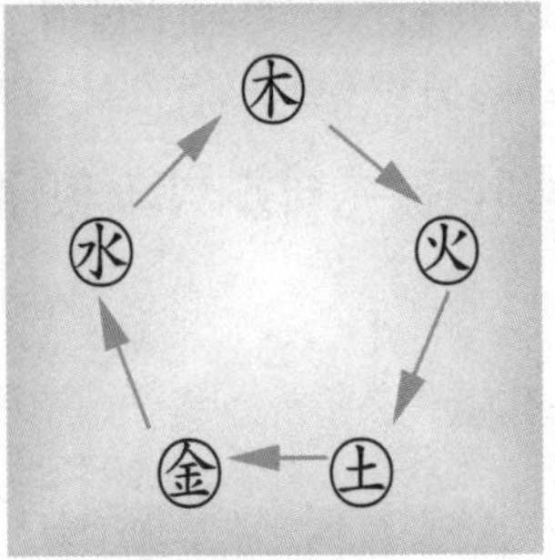

오행의 상생

동그랗게 오행의 상생순서로 그린 것이다.

오행이 동시에 생겼는데도 주관하는 때가 다른 것은, 일단 생겨나면 그 부모를 떠나서 각기 짝하는 것이 다르고, 또 각기 다른 곳에 거처해서 먼저 하고 뒤에 함이 있기 때문이다.

질이 있다. 이 중에서 안으로 뭉치려는 기운은 금이 강하고 수가 약하나, 내려가는 기운은 금보다 수가 강하다. 반면에 양의 오행에서 위로 오르려는 기운은 목이 강하고 화가 약하나, 밖으로 팽창하려는 기운은 목보다 화가 강하다. 양오행과 음오행의 중간에서 축토(艮卦)와 미토(坤卦)는 각기 중간에서 조절완충하는 역할을 한다.

오행은 모두 음양의 기운을 바탕으로 나왔고, 다만 '습한 기운은 물(水)을 낳고, 따스한 기운은 불(火)을 낳으며, 굳센 기운은 나무(木)를 낳고, 강한 기운은 쇠(金)를 낳으며, 화합하는 기운은 흙(土)을 낳는 것이니, 오행이 함께 일어나고 의탁하여 서로 생하는 것이다. 여기서 물 불 나무 쇠 흙이라고 한 것은 각 오행기운의 대표가 되는 사물을 예로 들은 것이다.

① 목생화木生火

생명이 자라면 열이 발생한다는 것으로, 나무를 태우면 불이 생기고, 생명활동을 하면 열이 발생하는 이치이다. 목의 성질이 따스하므로, 화가 그 안에 숨어있다가 마찰해서 뚫고 나온다. 목기운은 서서히 한 곳을 향해 나아가는 성질이 있고, 화기운은 동시에 여러 방면으로 급하게 나가는 성질이 있다.

목기운은 어짊(仁)을 주관하는데, 어질게 정사를 살펴 백성을 북돋으면 희망을 갖게 되며 모든 것이 풍족하게 되고 나아가 예절을 실천하게 된다. 이것이 "의식이 족해야 예절을 안다"의 뜻이고, 목생화의 원리이다. 예절은 여름의 덕이다.

② 화생토火生土

열이 발생하면 그 뒤에 남는 열매가 있다는 뜻으로, 초목이 자라 열매를 맺거나, 나무가 타면 재가 남고, 생명작용이 끝나면 육체만 남는 이치이다. 화는 뜨겁기 때문에 만물을 태우고, 그 남은 것이 토이다. 또 양이 극도로 발산하게 되면 결국 폭발하여 팽창하려던 힘을 잃어 방향을 상실하게 된다. 방향을 잃은 화기운이 모여 쌓이게 된 것이 토이다.

백성들이 예절(火)을 실천하게 되면 정치가 안정되고, 정치가 안정되면 임금이 편안해진다. 임금은 중앙토의 기운에 해당하니, 이것이 화생토의 원리이다. 양의 팽창과 음의 수축이 어느 정도 균형을 유지해 가는 과정이 바로 토기운의 운행이다.

③ 토생금土生金

땅속의 흙이 단단하게 응고되면 단단한 금속이 된다는 것으로, 열매는 그 안에 생명의 물을 간직하기 위해 더욱 단단해지고, 생명이 끝난 물질은 썩고 엉겨 단단한 금속이 된다는 이치이다. 임금이 정치를 잘해 편안하면 위엄과 무력을 쓸 필요없이 의리가 가득 차게 된다. 의리는 가을의 덕이자 금기운의 덕이니, 이것이 토생금의 원리이다.*

④ 금생수金生水

단단한 쇠가 부드러운 물을 생한다는 말로, 열매가 맺히면 그 안에 물이 생기듯이, 응고凝固하여 축소되면 안에서 액체가 생기게 된다. 또 에어컨이 주위의 공기를 차갑게 하면 공기에 붙어 있던 물기운이 엉겨서 물이 흐르게 되듯이, 단단하고 차가운 바위나 쇠는 주변의 기화열을 빼앗아 물방울을 엉기게 하는 이치이다. 소음(⚍)은 윤택하여 진액이 흐르고, 금을 녹이면 물이 된

* 오행의 상생작용은 음양의 소식작용과 다르지 않다. 한 번은 양이 생겨나 발달하고, 한 번은 음이 생겨나 발달하는 작용이 바로 오행의 상생작용인 것이다. 즉 목에서 화로 진행하는 것은 양이 팽창발산하는 과정이고, 금에서 수로 진행하는 것은 음이 응축수렴하는 과정으로, 중간에 토가 있어 완충조정작용을 하는 것이다.

다. 단단한 것이 쌓이면 주변에 약하고 부드러운 것들이 의지해 모인다. 그래서 산에 구름이 끼고 습기가 있게 되는 것이다.

또 금기운은 의리를 주관하는데, 의리가 잘 다스려져서 도적과 간사한 사람이 없게 되면 법을 집행할 필요가 없게 된다. 그래서 금기운이 잘 다스려지면 수기운이 편안한 것이고, 이것이 금생수의 원리가 된다.

⑤ 수생목水生木

물을 바탕으로 해서 생명이 태동하는 것으로, 물로 인해 풀이나 나무가 자라는 이치이다. 수기운은 감추는 기운이다. 안으로 감추다 보면 밖으로 반발해 나가는 기운이 생기기 마련이므로, 생기게 하고 커나가는 목기운이 그 뒤를 잇게 되는 것이다.

또 수기운은 법령과 형벌을 주관하는데, 법이 잘 집행되면 모든 것이 제자리를 지키고 각자의 역할에 충실하게 되어 학식이 늘고 재산이 늘게 된다. 그래서 새로운 일을 하거나 새로운 산업을 시작하고자 하는 기운이 발생한다. 그러므로 수기운이 잘 다스려지면 목기운이 생겨나는 것이고, 이것이 수생목의 원리이다.

⑥ 상생의 응용

목생화, 화생토, 토생금, 금생수, 수생목의 원리를 가지고 명리학에서는 아생식, 식생재, 재생관, 관생인, 인생아를 응용하여 사주를 판단하는 데 쓴다.❖

❖ 명리학은 인간의 사주팔자를 가지고 평생의 길흉을 판단하는 학문

아래 두 그림을 비교해 보면 이해가 쉽다. 만약 일주가 목이라면 목이 생하는 화가 식상이 되고, 화가 생하는 토가 재가 되며, 토가 생하는 금이 관이 되며, 금이 생하는 수가 인성이 된다.

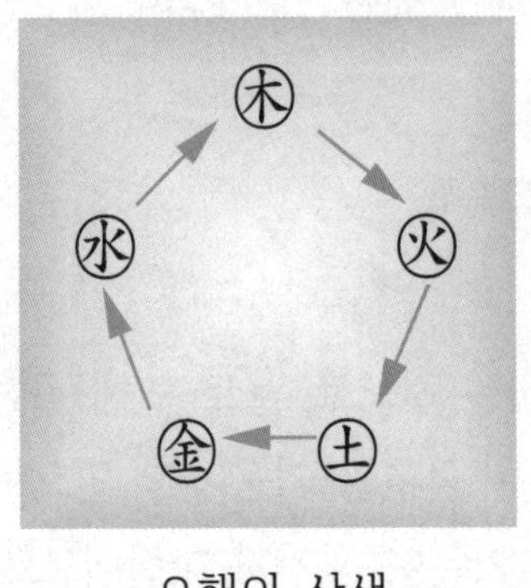

오행의 상생

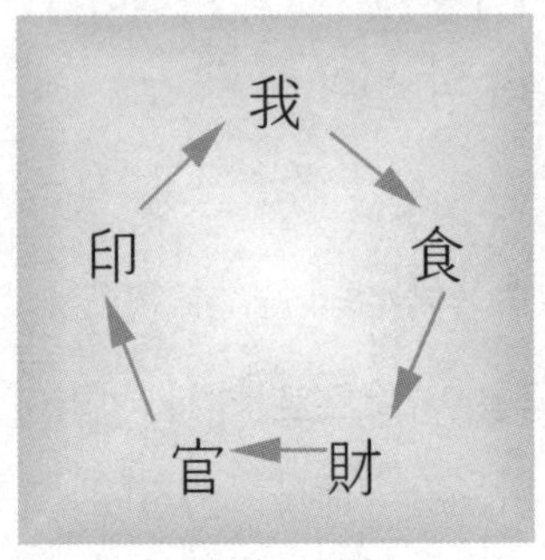

10신의 상생

일주가 화라면 화가 생하는 토가 식상이 되고, 토가 생하는 금가 재가 되며, 금이 생하는 수는 관이 되며, 수가 생하는 목이 인성이 된다.

이다. 명리의 기본은 오행이론에서 출발하여 응용하기 때문에 오행에 대한 깊은 이해가 필요하다. 대유학당에 나온 번역서로는 일주 위주로 사주를 풀이하는 방식을 처음 도입한 서자평의 『연해자평』이 있다. 오행과 간지, 격, 부와 결을 다루고 있다.

4. 오행의 상극相克

오행은 상극작용을 하며 서로를 조절한다. 그 방법은 목은 토를 극하며(木克土), 토는 수를 극하며(土克水), 수는 화를 극하며(水克火), 화는 금을 극하며(火克金), 금은 목을 극하는(金克木) 순환을 한다.

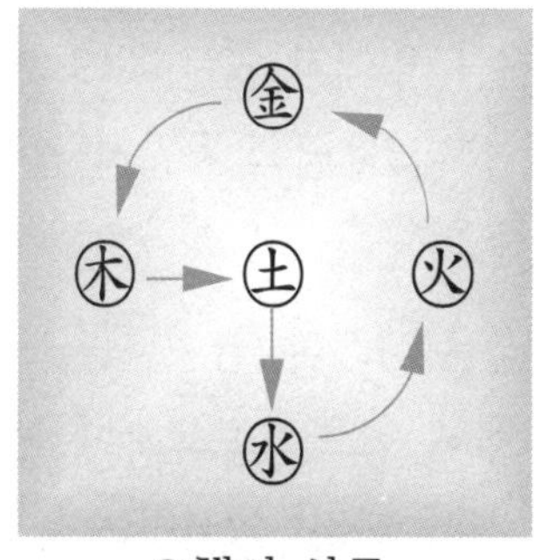

오행의 상극

오행의 상생과는 달리 금과 화의 자리가 바뀌었다.

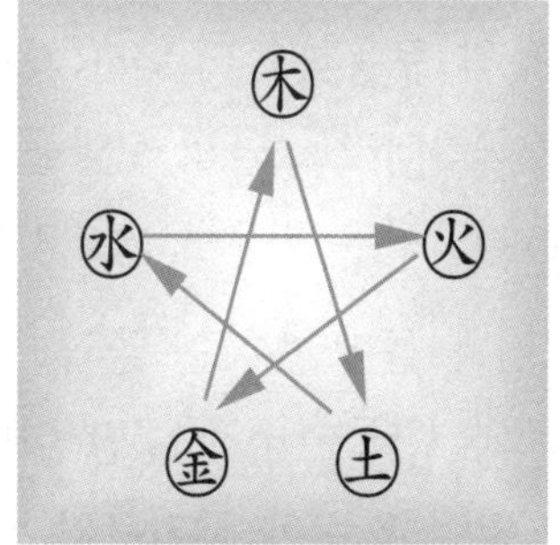

오행의 상극

한 칸 건너 상극을 하므로 전체적으로 별 모양이 된다.

오행은 상생하며 서로 순환하지만, 상극도 해서 서로간에 조절작용으로 지나치게 극성함을 막는 동시에 깎고 단련시켜 쓸모있게 만든다.

그 순서는 금은 목을 극하여 목이 지나치게 성장함을 막고(金克木), 목은 토를 극하여 토의 기운을 흡수하며(木克土), 토는 수를 극하여 물의 지나친 범람을 막으며(土克水), 수는 화를 극하여 지나치게 타거나 건조해지는 것을 막고(水克火), 화는 금을 극하여 지나치게 강해지는 것을 막는 동시에 쓸모있게 변화시킨다(火克金).

여기서 유의할 것은 양이 극하면 극을 당하는 오행의 기운을 없어지도록 극을 하지는 않지만, 음이 극하면 극을 당하는 상대방 오행의 기운을 없어지게 한다는 것이다. 양은 생하는 인仁의 덕이 있어 사정을 봐주지만, 음은 심판하고 죽이는 살기가 있기 때문에 사정을 봐주지 않는 까닭이라고 생각하면 될 것이다.

양에 속하는 오행은 목과 화이다. 목이 토를 극하더라도 토를 활용해 자신의 기운을 왕성하게 하거나, 토의 위치를 바꿀 뿐이지, 토의 포용하고 조화시키는 기운을 없애지 않는다. 또 화가 금을 극하더라도 금의 모양을 바꿀 뿐이지, 금의 차갑게 긴장시키고 수렴하는 기운을 없애지는 않는다.

그러나 음에 속하는 금과 수의 극은 다르다. 금이 목을 극하면 목의 형태가 바뀔 뿐만 아니라 목의 위로 오르고 생하는 기운을 없앤다. 목에 금기운이 닿았을 때 살아서 움직이는 생명력은 감소되거나 없어지고, 오로지 목의 형태만 남게 된다는 것이다.

또 수가 화를 극하면 위로 치솟고 화려하게 꽃피던 화기운이 꺾이고 사라지게 된다. 즉 음의 극은 극을 당하는 오행의 기운을 없애는 역할을 하는 것이다. 양의 극은 상대방 오행을 단련시키고 더 좋은 상태로 만들 수도 있지만, 음의 극은 그렇지 않은 것이다.

① 상극의 응용

목극토, 토극수, 수국화, 화극금, 금극목의 원리를 가지고 명리학에서는 아극재, 재극인, 인극식, 식극관, 관극아를 응용하여 사주를 판단하는 데 쓴다.

아래 두 그림을 비교하면서 보면 이해가 쉽다. 만약 일주가 목이라면 목이 극하는 토가 재가 되고, 토가 극하는 수가 인성이 되며, 수가 극하는 화가 식상이 되며, 화가 극하는 금이 관이 되며, 금이 극하는 목이 자기자신이 된다.

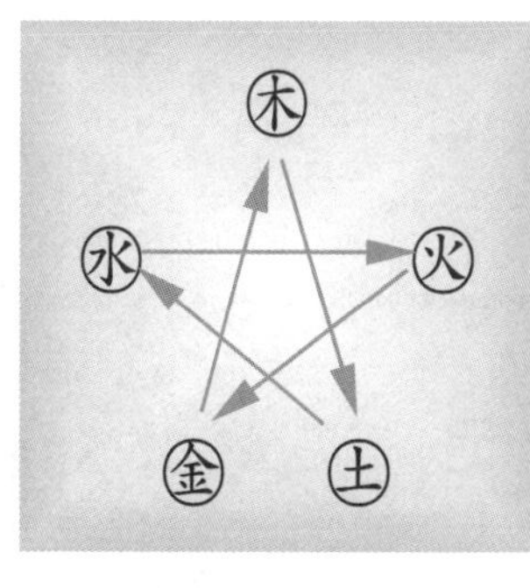

오행의 상극

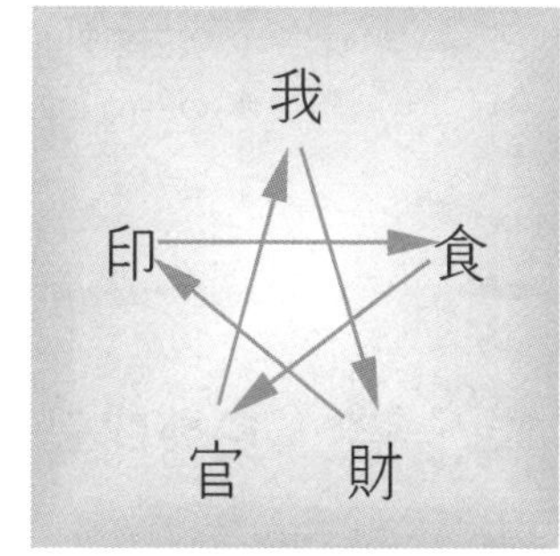

10신의 상극

목 차

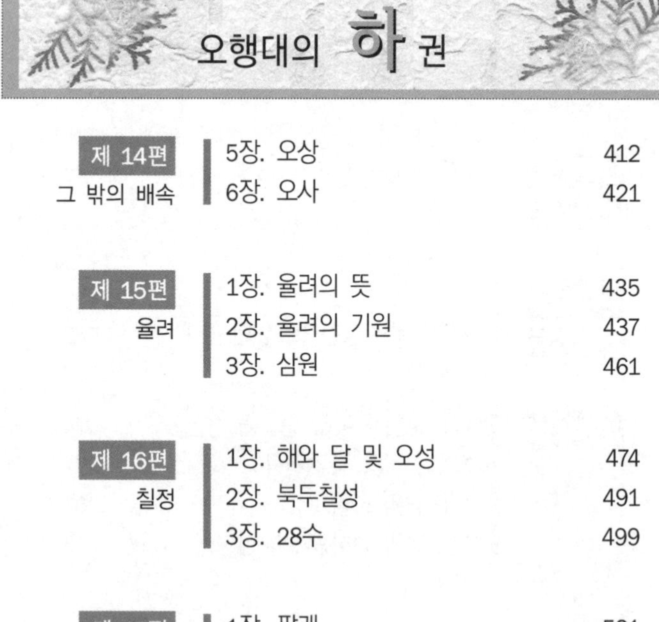

오행대의 하권

제 1편 이름을 풀이함

釋名

1장. 오행의 이름을 풀이함釋五行名

◆ 모든 물건에는 각자의 체질이 있으므로, 성인聖人이 그 종류와 형상을 따라서 이름을 지었다. 그래서 "이름으로 체질을 정의했다"고 했으며, 『도덕경』 1장에 "아무 이름도 없는 상태는 곧 하늘과 땅이 처음 생겨날 때이고, 이름은 모든 물건의 부모"라고 하니, 물건의 공적과 작용에 따라 이름을 만든 것이다.

『예기』에 말하기를 "어린아이가 태어난 지 석달이 되면 기침을 하므로 이름을 짓는다"고 했으니, 태어나지 않았을 때는 본래 이름이 없는 것이다. 오행이 모든 물건보다 선행하고, 오행의 조화에 힘입어서 형체와 용모를 띠니, 어찌 그 오행의 이름을 먼저 정립한 다음에 체와 용을 밝히지 않을 수 있겠는가?

❖ 『예기』「내칙內則」에 출전.

1 목木

◆◆ 『춘추원명포』에 말하기를 "나무(木)는 부딪혀 나가는 것

◆ 夫萬物 自有體質 聖人象類 而制其名 故曰名以定體 無名乃天地之始 有名則萬物之母 以其因功涉用 故立稱謂 禮云 子生三月 咳而名之 及其未生 本無名字 五行爲萬物之先 形容資於造化 豈不先立其名 然後明其體用

◆◆ 春秋元命苞曰 木者觸也 觸地而生 許愼云 木者冒也 言冒地而

(觸)이니, 땅을 뚫고 나온다"고 했다.

『설문해자』에 말하기를 "나무(木)는 덮어씌워진 것(冒)이니, 땅의 덮개를 뚫고 나오는 것이다. 글자가 '싹틀 철자屮'의 아래에 뿌리(八)가 난 것을 형상했으며, 방위는 동쪽이다"라고 했다.

『시자』에 말하기를 "동녘 동자의 뜻은 움직이는 것(動)이니, 기운이 떨치며 나오기 때문에 움직인다"고 했다.

❖『춘추원명포春秋元命苞』: 춘추위春秋緯의 하나로 지금은 전하지 않는다. 여기서 '위緯'라는 말은 '경經'과 대비되는 말로, 일상생활과 도덕을 주로 말한 경서經書와는 달리, 음양오행과 관련하여 미래의 일이나 길흉화복을 주 내용으로 한 책을 말한다.

❖『설문해자說文解字』: 한漢나라 허신許愼이 지은 책. 문자의 자형字形 의의意義 음성 등을 해설했다.

❖『시자尸子』: 전국시대 초楚나라 사람. 이름은 교佼로 상앙商鞅의 스승이다. 형벌보다는 인의를 앞세운 형명가刑名家로, 저서『시자』가 일부나마 전한다.

2 화火

◆『백호통』에 말하기를 "화火는 변화(化)하는 것이니, 양의 기운이 작용해서 모든 물건이 변화하는 것이다"라고 했다.

『설문해자』에 말하기를 "화는 타오르는 것(炎上)이니, 그 글자가 '불꽃 염炎'자의 위에 있는 '불 화火'자를 형상한 것이고, 그

出 字從於屮 下象其根也 位有在東方 尸子云 東者動也 震氣故動

◆ 白虎通云 火之爲言化也 陽氣用事 萬物變化也 許愼曰 火者炎上也 其字炎而上象形者也 其時夏 尙書大傳云 何以謂之夏 夏假也 假者 方呼萬物而養之 釋名曰 夏假者 寬假萬物 使生長也 其位南方 尙書大傳云 南任也 物之方任也

때는 여름이다"라고 했다.

❖ 『백호통』: 원래 이름은 『백호통의白虎通義』 또는 『백호통덕론白虎通德論』으로 4권으로 되어있다. 한漢나라 반고班固가 지었다. 옛날의 여러 일들을 정리한 책으로, 벼슬이름과 예악 문물 재변災變 등 온갖 항목을 고루 갖추어 설명했다. 사고제요四庫提要의 자부子部 잡가류雜家類에 기재되어 있다.

❖ '炎'자의 아래에 있는 '火'자를 형상하지 않고, 위에 있는 '火'자를 형상했다는 것은, 불꽃이 되어 타오르는 뜻을 나타낸 것이다.

『상서대전』에 말하기를 "무엇을 여름(夏)이라고 하는가? 여름은 여가(餘暇)를 주는 것이니, 여가라는 것은 모든 물건을 불러서 기르는 것이다"라고 했다.

『석명』에 말하기를 "여름휴가(夏假)는 모든 물건에게 너그럽게 여가를 주어서 생겨나 크게 하는 것이고, 그 자리는 남쪽이다"라고 했다.

『상서대전』에 말하기를 "남쪽은 회임懷姙하는 곳이니, 물건이 회임을 하게 되는 것이다"라고 했다.

❖ 『상서대전』: 사서삼경 중에 하나인 『서경』을 주석한 책이다. 『서경』을 상고에는 서書라고 하였고, 한나라 시대에서 『상서尙書』라고 하였으며, 송나라 때는 『서경』이라고 하였다. 원래는 3천여 편이었으나, 공자께서 1백 편으로 간추렸고, 진 시황秦始皇 때 불타서 없어졌다. 그 후 진秦의 박사 복생伏生이 발견해서 정리한 『금문상서今文尙書』와, 공자의 집 벽에서 발견한 『고문상서古文尙書』의 두 종류가 전해졌다. 또 이를 주석한 책들이 전했는데, 수나라 때는 『수지隋志』에 실릴 정도로 유명했다. 하지만 세월이 흘러 일실된 것을, 청나라 때 손지록孫之騄이 보궐한 책이 『상서대전』이란 이름으로 남아있다.

❖ 『석명釋名』: 후한後漢의 유희劉熙가 지은 책으로, 『이아爾雅』의 체를 모방하여 사물의 이름을 설명하였다.

3 토土

◆ 『춘추원명포』에 말하기를 "토土는 토하는 것(吐)이니, 정기를 머금기도 하고 토하기도 해서 물건을 내는 것이다"라고 했다.

『설문해자』에 말하기를 "토는 토해서 생겨나게 하는 것이다"라고 했다.

왕숙이 말하기를 "토는 땅의 별명으로 오행의 하나다"라고 했다.

❖ 왕숙王肅 : 중국의 삼국시대 동해東海 사람. 자는 자옹子雍, 시호는 경景. 중령군, 상기상시 등의 관직에 올랐음. 가규賈逵 마융馬融의 학에 심취했다. 저서에는 『상서』, 『시경』, 『논어』, 『삼례三禮』, 『좌씨左氏』 등을 해석하고, 『공자가어』에 주석을 했다.

『설문해자』에 말하기를 "그 글자(土)에서 '二'는 땅의 위와 땅의 가운데를 상징하고, 곧게 세운 한 획 'ㅣ'으로 물건이 처음 땅을 뚫고 나오는 것을 상징했다"고 했으니, 때로는 계하季夏(여름의 끝, 음력 6월)이다. '계季'라는 것은 늙었다는 뜻이다. 모든 물건이 여기에서 성숙하고 이루어지는 것이니, 사계절의 끝에서 늙고 왕성해지는 것이다. 그러므로 '늙는다(老)'고 한 것이다. 그 자리는 사방의 중심에 거처하니, 중심(內)은 사방으로 통하는 것

◆ 元命苞云 土之爲言吐也 含吐氣精 以生於物 許愼云 土者吐生者也 王肅云 土者地之別號 以爲五行也 許愼云 其字二 以象地之上與地之中 以一直劃 象物初出地也 其時季夏 季老也 萬物於此成就方老王於四時之季 故日老也 其位處內 內通也 禮斗威儀云 得皇極之正氣 含黃中之德 能苞萬物

이다.

『예기두위의禮記斗威儀』에 말하기를 "황극皇極의 바른 기운을 얻고 황중黃中의 덕을 머금어서, 모든 물건들을 감쌀 수 있다"고 했다.

❖『예기두위의禮記斗威儀』:『예기』의 위서緯書로 정현鄭玄이 지었다고 하나, 현재는 전하지 않는다.

4 금金

◆『설문해자』에 말하기를 "금金은 금지시키는 것(禁)이니, 음기가 처음 일어나서 만물이 금지되는 것이다. 토土가 금金을 낳으니 글자에 '토土'자가 들어 있으며, '토土'자 양 옆의 점 '丷'은 금이 흙(土)속에 들어있는 형상이고, 그 시절은 가을이다"라고 했다.

『예기』에 말하기를 "가을(秋)은 근심(愁)하는 것이니, 근심스러운 때를 당하여 의리를 살펴서 지키는 것이다"라고 했다.

『시자』에 말하기를 "가을은 엄숙한 것이니, 만물이 모두 엄숙히 하고 공경하는 것이다. 공경하고 장중하게 함은 예절의 기본이다"라고 했다.

『설문해자』에 말하기를 "하늘과 땅이 물건들로 하여금 돌이켜 반성하게 하는 것이 가을이 되니, 그 자리는 서쪽이다"라고

◆ 許愼云 金者禁也 陰氣始起 萬物禁止也 土生於金 字從土 左右注 象金在土中之形也 其時秋也 禮記云 秋之爲言愁也 愁之以時察守義者也 尸子云 秋肅也 萬物莫不肅敬 恭莊禮之主也 說文曰 天地反物爲秋 其位西方 尚書大傳云 西鮮也 鮮訊也 訊者始入之貌也

했다.

❖ 봄에는 만물을 내고, 가을이 되면 다시 만물을 걷어 들임을 말한다.

『상서대전』에 말하기를 "서쪽은 적어지는 것(鮮方)위이고, 적어지는 것은 들어간다는(訊) 것이니, 들어간다 함은 안으로 들어가기 시작하는 모습이다"라고 했다.

❖ '西'라는 글자를 보면, 위로 갈 길이 막힌 음과 양이(儿) 안(口)으로 들어가려는 형태를 띠고 있다. 밖이 근심스러워서 들어가는 것이다.

5 수水

◆ 『석명』·『광아』·『백호통』에서 말하기를 "물(水)은 평평한 것이니, 만물을 평준하게 하는 것이다"라고 했다.

❖ 『광아廣雅』: 위魏나라 장읍張揖이 지은 책으로, 『박아博雅』라고도 하며, 『이아』의 옛 목차를 거의 다 망라하여 총 19편으로 만들었다. 예악율려禮樂律呂는 물론 짐승 곤충에 이르기까지 광범위한 내용이다. 사고제요의 경부 소학류小學類에 실려있다.

『춘추원명포』에 말하기를 "물(水)은 널리 흘러 윤택하게 하는

◆ 釋名廣雅白虎通皆曰 水準也 平準萬物 元命苞曰 水之爲言演也 陰化淖濡 流施潛行也 故立字 兩人交 一以中出者爲水 一者數之始 兩人譬男女 陰陽交以起一也 水者五行始焉 元氣之湊液也 管子云 水者地之血氣 筋脉之通流者 故曰水 許愼云 其字象泉並流 中有微陽之氣 其時冬 尸子云 冬終也 萬物至此終藏也 禮記云 冬之爲言中也 中者藏也 其位北方 尸子云 北伏也 萬物至冬皆伏 貴賤若一也 五行之時及方位 故分而釋之

것이니, 습기있게 하고 부드럽게 하며 적시어서, 흘러내리고 숨어드는 것이다. 그러므로 두 사람이 사귐에(人+人=ㄱ〈) 하나(一)가 가운데서 나오는 것(丨)을 '수水'자로 삼은 것이다. 하나는 수數의 시작이고, 두 사람은 남녀를 비유한 것이다. 음과 양이 사귀어서 하나가 나온 것이니, 수水는 오행의 시작이며 원기元氣가 모인 진액溱液이다"라고 했다.

『관자』에 말하기를 "물(水)은 땅의 혈기血氣이니, 힘줄과 맥이 유통하는 것이다. 그러므로 수水라고 한다"고 했다.

❖ 『관자管子』: 춘추전국시대 사람으로 본명은 관중管仲이다. 제齊나라의 환공桓公을 도와 부국강병책을 썼다. 『관자』는 관중의 언행과 행적 및 사상과 정책이 들어있는 책으로, 관중의 사후의 일까지도 기록되어 있다. 총 24권이다.

『설문해자』에 말하기를 "그 글자가 샘물이 합쳐져 흐르고, 그 가운데에는 양陽의 기운이 미미하게 있음을 상징한 것이니, 시절로는 겨울이다"라고 했다.

『시자』에 말하기를 "겨울(冬)은 마치는 것(終)이다"라고 했으니, 모든 물건이 여기에 와서 마치고 감추는 것이다.

『예기』에 말하기를 "겨울은 속(中)을 말한 것이니, 속은 감추는 것이고, 그 자리는 북쪽이다"라고 했다.

『시자』에 말하기를 "북쪽은 엎드리는 것이니, 만물이 겨울이 되면 다 엎드려서, 귀하고 천한 것에 구별 없이 모두 하나와 같이 되는 것이다"라고 했다.

이것은 오행의 때와 방위를 나누어 해석한 것이다.

❖ 위의 절은 오행의 뜻을 먼저 해석하고, 때를 설명한 후에, 방위를 설명하였다.

2장. 간지의 이름을 논함論支干名

• 간지干支는 오행을 따라서 세운 것이니, 옛날에 헌원씨軒轅氏(황제씨)가 나라를 다스릴 때에 대요씨大撓氏가 만든 것이다. 채옹이 쓴 『월령장구』에 말하기를 "대요씨가 오행의 성정을 채취해서, 북두칠성의 조짐으로 달에 이름을 붙이는 것(자월, 축월, 인월 등)을 점친 것이다. 갑甲·을乙로 시작해서 해(日)에 이름 붙인 것을 간幹이라 하고, 자子·축丑으로 시작해서 달(月)에 이름 붙인 것을 지支라고 한다"고 했다.

하늘에 대한 일들은 '일日(천간)'을 쓰고, 땅에 대한 일들은 '진辰(지지)'을 쓰는데, 음양이 구별되기 때문에 간干과 지支의 이름이 있는 것이고, 각각 총괄적인 명칭과 개별적인 이름(別號)이 있으니, 먼저 총괄적인 명칭을 논하고, 다음에 개별적인 이름을 말하기로 한다.

❖ 헌원씨軒轅氏 : 오제五帝의 한사람으로 황제黃帝의 다른 이름이다. 21편 오제장五帝章 626쪽 참조.

❖ 대요씨大撓氏 : 황제를 도와 간지를 만들었다고 한다. 『삼성기전 三聖記全』에는 "대요씨가 치우황제에게 간지의 술법을 배워서 탁수의

• 支干者 因五行而立之 昔軒轅之時 大撓之所制也 蔡邕月令章句云 大撓採五行之情 占斗機所建也 始作甲乙 以名日謂之幹 作子丑以名月謂之支 有事於天 則用日 有事於地 則用辰 陰陽之別 故有支干名也 而各有總別 先論總名 次言別號

북쪽을 밑는 제후가 되었다"고 하였다.

❖ 『월령장구月令章句』: 후한後漢사람 채옹蔡邕이 쓴 책으로 현재는 전하지 않는다.

1 총괄적인 명칭

◆ 총괄적인 명칭의 간지幹支는 다음과 같다. 먼저 '간幹'자에는 세 가지가 있어 같지 않으니, 첫째는 '幹주관할 간'자를 쓰고, 둘째는 '榦줄기 간'자를 쓰고, 셋째는 '干방패 간'자를 쓴다.

① 줄기 간榦

◆◆ 이제 '줄기 간榦'자를 쓰는 것을 풀이해 보면, 가지(支)와 줄기(榦)가 서로 배합하여 이루어지는 것이, 나무에 가지와 줄기가 합하여 하나의 나무를 이루는 것과 같아 '간榦'자를 쓰는 것이다.

❖ 榦 : 줄기 간. 대개는 '조릿대 간'으로 많이 쓰이나 여기서는 줄기의 뜻으로 쓰임.

② 주관할 간幹

◆◆◆ 두 번째로 '주관할 간幹, 줄기 간'자로 한 것은, 간幹은 주관

◆ 名支幹者 幹字乃有三種不同 一作幹 二作榦 三作干字

◆◆ 今解榦字者 此支榦旣相配成用 如樹木之有枝條莖榦 共爲樹體所以云榦

◆◆◆ 又作幹者 幹濟爲義 支者支任爲義 以此日辰 任濟萬事 故云支幹

해서 처리하는 뜻이 되고, 지支는 갈라서 맡는다는 뜻이 되니, 이 일日과 진辰으로써 모든 일을 맡아서 주관하기 때문에 '지간支幹(간지)'이라 한 것이다.

③ 방패 간, 천간 간干

• 세 번째로 '방패 간干, 천간 간'자를 쓴 것은, 이 또한 대나무 줄기의 뜻으로, 물건이 대나무 장대 위에 있는 것 같아서, 곧게 서서 뚜렷하게 나타낼 수 있는 것이다. 그러므로 또한 '장대 간竿'자로 써야 하나, 세상 사람들은 쉽게 쓰려하기 때문에 약자로 '간干'자를 많이 쓰는 것이다.

2 천간의 개별적인 명칭

다음으로 개별적인 명칭은 다음과 같다.

① 갑甲 · 을乙

•• 『시위추탁재詩緯推度災』에 말하기를 "'갑甲'은 억누르고 잡아 가두는 것(押)이니, 봄에는 열고 겨울에는 닫는다"고 했다.

❖ 『시위추탁재』: 시위詩緯의 하나로 현재는 전하지 않는다.

• 又作干字者 亦是簳義 如物之在竿上 能竪立顯然 故亦云竿也 世書從易 故多干也

••次別號者 詩緯推度災云 甲者押也 春則開也 冬則闔也 鄭玄注禮記月令云 甲者抽也 乙者軋也 春時萬物皆解孚甲 自抽軋而出也

정현이 『예기』 「월령月令」에 주注를 달아 말하기를 "'갑甲'은 싹틔우고 잡아당기는 것이며, '을乙'은 꼬불꼬불한 것이니, 봄이 되면 모든 물건이 씨앗의 껍질을 뚫고 싹트며 꼬불꼬불 나오는 것이다"라고 했다.

② 병丙·정丁

◆ "'병丙'은 자루(柄)이다. 물건이 생겨나 자라면 각각 줄기자루를 잡는 것이다"는 말에 정현이 주를 달아 말하기를 "'병丙'은 빛나는 것(炳)이니, 여름에 모든 물건이 강대해져서 빛나게 나타나 보이는 것이다"라고 했다.

'정丁'은 머무를 정亭자와 같고, 정亭은 그쳐 쉬는 것이니, 물건이 생겨나서 크다가 그치게 되는 것이다.

③ 무戊·기己

◆◆ '무戊'는 '바꿀 무貿'와 같으니, 생겨나서 극에 달하도록 크면 당연히 이전의 몸체를 바꾸게 된다. '기己'는 '벼리 기紀'와 같은 것이니, 물건이 이미 이루어지면 줄기와 바탕이 되는 것이 있게 된다.

정현이 말하기를 "'무戊'는 '무성한 것(茂)'이고 '기己'는 '일어나는 것(起)'이다. 즉 모든 만물의 가지와 잎새가 무성해지니, 그

◆ 丙者柄也 物之生長 各執其柄 鄭玄云 丙者炳也 夏時萬物强大 炳然著見也 丁者亭也 亭猶止也 物之生長 將應止也

◆◆ 戊者貿也 生長旣極 極則應成貿易前體也 己者紀也 物旣始成 有條紀也 鄭玄云 戊之言茂也 己之言起也 謂萬物皆枝葉茂盛 其含秀者 抑屈而起也

중에서 빼어난 것(꽃)이 억눌리고 굽혔다가 일어서는 것이다"라고 했다.

④ 경庚・신辛

◆ '경庚'은 '고치는 것(更)'이고, '신辛'은 '새롭게 하는 것(新)'이다. 만물이 이루어짐에 교대하고 고쳐져서 새롭게 됨을 말한다. 정현이 말하기를 "만물이 모두 엄숙하게 고치고 변경되어서, 꽃과 열매가 빼어나고 새롭게 이루어지는 것이다"라고 했다.

⑤ 임壬・계癸

◆◆ '임壬'은 '맡기는 것(任)'이고, '계癸'는 '헤아리고 계책을 하는 것(揆)'이다. 즉 음이 양에게 맡겨서 물건이 싹트도록 헤아리고 계책하는 것이다. 정현이 말하기를 "만물을 닫아 감추는 때이니, 아래에서 회임을 해서 싹이 돋아나도록 하는 것이다"라고 했다.

◆ 庚者更也 辛者新也 謂萬物成代 改更復新也 鄭玄云 謂萬物皆肅然改更 秀實新成也

◆◆ 壬者任也 癸者揆也 陰任於陽 揆然萌牙於物也 鄭玄云 時維閉藏萬物 懷任於下 揆然萌牙也

3 지지의 개별적인 명칭

① 자子

◆ '자子'는 '낳는 것(孳)'이니, 양기가 움직임에 만물이 새끼 낳고 싹트는 것이다. 『삼례의종』에 말하기를 "양기가 이르름에 새끼 낳고 길러서 커가는 것이다"라고 했다.

❖ 『삼례의종三禮義宗』: 중국 양梁나라 때의 경학자인 최영은崔靈恩이 『삼례三禮』의 주석서로 지었으나, 현재는 전하지 않는다.

② 축丑

◆◆ '축丑'은 '끈 뉴紐'이고, '뉴'는 연결하는 것이니, 계속 싹터서 연달아 자라는 것이다. 그러므로 '자子'에서 싹터서 '축'에서 어금니 같이 맺혀지는 것이다. 『삼례의종』에 말하기를 "시작하고 마치는 때에 있기 때문에, 매듭짓는 것으로 이름을 했다"고 했다.

❖ 시작하고 마치는 때 : 축월은 겨울이 끝나고 봄이 시작되는 때이다. 또 방위로는 간방艮方에 속하고, 간에는 모든 것이 끝나고 시작하는 의미가 있다.

③ 인寅

◆◆◆ '인寅'은 '옮기는 것(移)'이며 또한 '이끄는 것(引)'이다. 물건

◆ 子者孳也 陽氣旣動 萬物孳萌 三禮義宗云 陽氣至 孳養生

◆◆ 丑者紐也 紐者繫也 續萌而繫長也 故曰 孳萌於子紐牙於丑 三禮義宗云 言居終始之際 故以紐結爲名

◆◆◆ 寅者移也 亦云引也 物牙稍吐 引而申之 移出於地也 淮南子云

의 싹이 점차 몸 밖으로 토해져서, 이끌리고 펴져 땅으로 옮겨 나오는 것이다. 『회남자』에 말하기를 "'인寅'은 지렁이(螾)가 살아나서 움직이는 것이다"라고 했으며, 『삼례의종』에 말하기를 "'인'은 '이끄는 것(引)'이니, '이끌어서 세우는(肆建)' 뜻이다"라고 했다.

❖ 『회남자淮南子』: 전한前漢시대 회남왕 유안劉安이 막하의 학자들에게 각각의 도를 강론시켜서 만든 책. 원명은 『회남홍렬淮南鴻烈』이었으나, 후에 회남자로 고쳤다.

④ 묘卯

◆ '묘卯'는 '덮는 것(冒)'이니, 물건이 나서 커져 땅을 덮는 것이다. 『회남자』에 말하기를 "'묘'는 '무성한 것(茂)'이니, 무성해지는 것이다"라고 했으며, 『삼례의종』에 말하기를 "'묘'는 무성한 것이니, 양기가 여기에 이르면, 물건이 나고 커서 무성해지는 것이다"라고 했다.

⑤ 진辰

◆◆ '진辰'은 '진동하는 것(震)'이니, 빠르게 진동해서 옛 몸체를 벗어나는 것이다. 『삼례의종』에 말하기를 "이 달(辰月:음력 3월)이 되면 물건이 모두 움직이고 자라난다"고 했다.

寅螾動生也 三禮義宗云 寅者引也 肆建之義也

◆ 卯者冒也 物生長大 覆冒於地也 淮南子云 卯茂也 茂然也 三禮義宗云 卯茂也 陽氣至此 物生滋茂

◆◆ 辰者震也 振動奮迅 去其故禮也 三禮義宗云 此月之時 物盡震動而長

⑥ 사巳

◆ '사巳'는 '그치는 것(已)'이니, 옛 몸체를 씻어내어 여기에서 마치게 되는 것이다. 『삼례의종』에 말하기를 "'사巳'는 '일어나는 것(起)'이니, 물건이 이 때에 이르러서 모두 자라기를 마치고 일어나는 것이다"라고 했다.

⑦ 오午

◆◆ '오午'는 '짝을 지는 것(仵)'이며, 또한 '꽃받침이 붙는 것(악萼)'이다. 한여름인 5월에 만물이 성대해져서 가지와 꽃받침이 짝지고 퍼지는 것이다. 『회남자』에 말하기를 "'오'는 짝을 지는 것이다"라고 했으며, 『삼례의종』에 말하기를 "오午는 길어지고 커지는 뜻이니, 물건들이 모두 길어지고 커짐을 밝힌 것이다"고 했다.

⑧ 미未

◆◆◆ '미未'는 '어두운 것(昧)'이다. 음의 기운이 이미 자라남에, 만물이 점차 쇠퇴해져서 몸체가 어둡게 덮이는 것이다. 그러므로 "'미'에서 어둡게 덮인다"고 했다. 『회남자』에 말하기를 "'미'는 맛(味)이다"라고 했고, 『삼례의종』에 말하기를 "물건이 미월

◆ 巳者已也 故體洗去 於是已竟也 三禮義宗云 巳起也 物至此時皆畢盡而起

◆◆ 午者仵也 亦云萼也 仲夏之月 萬物盛大 枝柯萼布於午 淮南子云 午者仵也 三禮義宗云 午長也 大也 明物皆長大也

◆◆◆ 未者昧也 陰氣已長 萬物稍衰 體薆昧也 故日薆昧於未 淮南子云 未味也 三禮義宗云 時物向成 皆有氣味

(음력 6월)을 만나 성숙해짐에, 모두 각자의 기운과 맛이 있게 된다"고 했다.

⑨ 신申

◆ '신申'은 '펴는 것(伸)'이다. '펼 신伸'은 '이끌어 당기는 것(引)이며 크는 것(長)'이니, 쇠퇴하고 늙은 것을 이끌어서 성숙시키는 것이다. 『회남자』에 말하기를 "'신'은 '신음하는 것(呻)'이다"라고 했고, 『삼례의종』에 말하기를 "'신'은 몸(身)이니, 만물이 모두 몸체를 이루는 것이다"라고 했다.

⑩ 유酉

◆◆ '유酉'는 늙은 것(老)이며 또한 익었다는 것(熟)이니, 만물이 극도로 늙어서 성숙한 것이다. 『회남자』에 말하기를 "'유'는 배부른 것(飽)이다"라고 했고, 『삼례의종』에 말하기를 "'유'는 앓는 것이니, 앓아서 피로한(猶倫) 뜻이다. 이때는 만물이 모두 축소되고 성숙해진다"고 했다.

❖ 유륜猶倫 : 앓을 유猶(=瘉), 피로할 륜倫(=惀).

⑪ 술戌

◆◆◆ '술戌'은 '멸하는 것(滅)'이며 '죽이는 것(殺)'이다. 음력 9월

◆ 申者伸 伸猶引也 長也 衰老引長 淮南子云 申呻也 三禮義宗云 申者身也 物皆身體成就也

◆◆ 酉者老也 亦云熟也 萬物老極 而成熟也 淮南子云 酉飽也 三禮義宗云 酉猶也 猶倫之義也 此時物皆縮小而成也

에 전부 죽이니, 만물이 모두 멸하게 되는 것이다. 『삼례의종』에 말하기를 "이때는 만물이 쇠퇴하여 멸망하는 것이다"라고 했다.

❖ 『회남자』에도 "술은 멸하는 것이다(戌者 滅也)"라고 하였다.

⑫ 해亥

• '해亥'는 씨앗(核)이며 문을 잠그는 것(閡)이다. 10월에 만물이 닫히고 숨어서, 모두 씨를 맺고 감추는 것이다. 『삼례의종』에 말하기를 "'해'는 탄핵하는 것(劾)이니, 음기가 만물을 탄핵하고 죽이는 것이다"라고 했다.

❖ 劾 : 캐물을 핵. 閡 : 문 잠글 애.

❖ 『회남자』에도 "해는 잠그는 것이다(亥者 閡也)"라고 하였다.

4 이아爾雅의 지지地支 명칭

① 인寅 ➛ 섭제격攝提格

•• 『이아』의 「세차歲次 : 목성의 차례」에 말하기를 "태세가 '인'에 있는 것을 섭제격이라 한다"고 했다. 『회남자』에 주석해서 말하기를 "'격格'은 일으키는 것이니, 만물이 양陽을 받들어 일어나는 것이다"라고 했다.

❖ 『이아爾雅』 : 13경의 하나로 중국 고대의 문자 해설서. 이하 지지

••• 戌者滅也 殺也 九月殺極 物皆滅也 三禮義宗云 此時物衰滅也

• 亥者核也 閡也 十月閉藏萬物 皆入劾閡 三禮義宗云 亥劾也 言陰氣劾殺萬物也

•• 爾雅歲次云 大歲在寅 名攝提格 淮南子注云 格起也 萬物承陽而起

를 설명한 글에서, 앞부분은 『이아』의 글이고, 뒤의 해설은 『회남자』의 「천문훈天文訓」의 내용이다.

❖ 태세太歲 : 해(歲)의 흐름을 뜻하는 말로 목성木星을 태세라고도 한다. 목성의 1주천 기간이 12년으로 12지지와 일치하므로, 목성이 머무는 방위를 그 해의 태세라고 한다. 위의 말을 쉽게 하면 "인년寅年을 섭제격이라 한다"의 뜻이다.

② 묘卯 → 단알單閼

◆ '묘'를 단알이라고 한다. '단單'은 다하는 것(盡)이고, '알閼'은 그치는 것이니, 양의 기운이 만물을 밀어서 일으킴에, 음의 기운이 모두 그치는 것이다.

③ 진辰 → 집서執徐

◆◆ '진'을 집서라고 한다. '집執'은 움츠리는 것이고, '서徐'는 펴는 것이니, 엎드려 움츠렸던 물건이 다 흩어지고 펴져서 나오는 것이다.

④ 사巳 → 대황락大荒落

◆◆◆ '사'를 대황락이라고 한다. '황荒'은 큰 것이니, 만물이 치열하고 성해져서, 크게 나와 낙락落落하고 넓게 흩어지는 것이다.

❖ 낙락落落 : 많고 큰 모양. 낙락장송落落長松.

◆ 卯名單閼 單盡 閼止也 言陽氣推萬物而起 陰氣盡止也

◆◆ 辰名執徐 執蟄也 徐舒也 言伏蟄之物 皆散舒而出也

◆◆◆ 巳名大荒落 荒大也 言萬物熾盛而大出落落而布散也

⑤ 오午 ➛ 돈장敦牂

• '오'는 돈장이라고 이름한다. 『회남자』에 말하기를 "'돈敦'은 성한 것이고 '장牂'은 건장한 것으로, 만물이 장성壯盛한 것을 말한다"고 했다.

⑥ 미未 ➛ 협흡協洽

•• '미'는 협흡이라고 한다. 『회남자』에 말하기를 "'협協'은 조화하는 것이고, '흡洽'은 합하는 것이니, 음이 조화를 부리려 함에 만물이 화합하는 것이다"라고 했다.

⑦ 신申 ➛ 군탄涒灘

••• '신'은 군탄이라고 이름한다. 『회남자』에 말하기를 "군탄은 크게 닦는 것이니, 만물이 모두 그 정기精氣를 닦는 것이다"라고 했다.

❖ 군涒 : 클 군. 탄灘 : 여울 탄.

⑧ 유酉 ➛ 작악作鄂

•••• '유'는 작악이라고 이름한다. 『회남자』에 말하기를 "작악은 떨어지는 것이니, 만물이 모두 떨어지는 것이다"라고 했다.

• 午名敦牂 淮南子云 敦盛 牂壯也 言萬物盛壯也

•• 未名協洽 淮南子云 協和也 洽合也 言陰欲化 萬物化合也

••• 申名涒灘 淮南子云 涒灘大修也 言萬物皆脩其精氣也

•••• 酉名作鄂 淮南子云 作鄂零落也 言萬物皆陊落也

⑨ 술戌 → 엄무掩茂

◆ '술'은 엄무라고 한다. 엄무의 '엄'은 엄폐하는 것이고, '무'는 덮는 것이니, 만물을 다 가리고 덮는 것이다.

⑩ 해亥 → 대연헌大淵獻

◆◆ '해'는 대연헌이라고 한다. '연淵'은 감추는 것이고 '헌獻'은 영접하는 것이다. 만물이 해에서 마침에, 크고 작은 것이 모두 깊게 감추어져서, 움츠리고 엎드렸다가 양을 맞이하는 것이다.

⑪ 자子 → 곤돈困敦

◆◆◆ '자'는 곤돈이라고 이름한다. '곤困'은 섞이는 것이고 '돈敦'은 어두운 것이니, 양의 기운이 혼돈해서 만물이 싹트려고 하는 것이다.

❖ 혼돈混沌 : 천지가 개벽할 때에 하늘과 땅이 아직 갈라지지 않은 상태를 뜻하는 말로, 여기서는 음양이 섞여 있다가 막 구별지어지려 할 때를 뜻한다.

⑫ 축丑 → 적분약赤奮若

◆◆◆◆ '축'은 적분약이라 이름하니, '분奮'은 일어나는 것이고 '약

◆ 戌名掩茂 掩蔽 茂冒也 言萬物皆蔽冒

◆◆ 亥名大淵獻 淵藏 獻迎也 言萬物終亥 大小深藏 窟伏以迎陽也

◆◆◆ 子名困敦 困混也 敦沌也 言陽氣混沌 萬物牙蘖也

◆◆◆◆ 丑名赤奮若 奮起也 若從也 言陽氣奮迅萬物而起 無不順其性 赤陽色也 春秋緯云 大陰所在之名 與淮南子爾雅不同 此並支干別名 大意終從氣解 故以具釋之

若'은 따르는 것이다. 양의 기운이 만물을 빠르게 떨쳐 일으키니, 모두 양의 성질을 따르는 것이다. 적분약의 '적赤'자는 양陽의 빛을 뜻한다.

『춘추위』에서 말한 태음이 있는 곳의 이름이 『회남자』와 『이아』의 말과 같지 않다. 그러나 여기서 간지의 별명과 함께 써서 풀이한 것은, 크게 보면 결국 기의 유행으로 해석했기 때문이다. 그래서 여기에 함께 해석하였다.

❖ 이아와 사기의 천간과 지지의 별명

천간	이아爾雅	사기史記
갑	알봉閼逢	언봉焉逢
을	전몽旃蒙	단몽端蒙
병	유조柔兆	유조游兆
정	강어强圉	강오彊梧
무	저옹著雍	도유徒維
기	도유屠維	축리祝犂
경	상장上章	상횡商橫
신	중광重光	소양昭陽
임	현익玄黓	횡애橫艾
계	소양昭陽	상장尙章

지지	이아	사기
자	곤돈困敦	좌동
축	적분약赤奮若	좌동
인	섭제격攝提格	좌동
묘	단알單閼	좌동
진	집서執徐	좌동
사	대황락大荒落	좌동
오	돈장敦牂	좌동
미	협흡協洽	좌동
신	군탄涒灘	좌동
유	작악作鄂	좌동
술	엄무掩茂	엄무淹茂
해	대연헌大淵獻	좌동

제 2편 체와 성辨體性

1장. 오행의 체와 성

◆ '체體'라고 함은 형질形質로써 이름을 붙인 것이고, '성性'이라고 함은 작용과 쓰임새(功用)로써 뜻을 삼은 것이다. 오행의 체와 성이 만물을 돕고 유익하게 하기 때문에 합해서 설명했다.

1 목木

◆◆ '목木'은 소양의 자리 동방에 거처하니, 봄기운이 온화하고 따스하며 부드럽다. 불(火)이 그 가운데 숨어있기 때문에, '목木'은 따스하고 부드러운 것으로 체(形質)를 삼고, 굽고 곧은 것으로 성(性品)을 삼는다.

❖ 목은 따스하고 부드러운 형질로 되어있고, 굽어지기도 하고 곧게 나가기도 하는 성품이다.

2 화火

◆◆◆ '화火'는 태양남방의 자리에 거처하니, 치열하게 불타고 뜨

◆ 體者以形質爲名 性者以功用爲義 以五行體性 資益萬物 故合而辨之

◆◆ 木居少陽之位 春氣和 煦溫柔弱 火伏其中 故木以溫柔爲體 曲直爲性

거우며 색깔이 붉다. 그러므로 '화'는 밝고 뜨거운 것으로 체를 삼고, 불꽃 타오르는 것으로 성품을 삼는다.

3 토土

◆ '토土'는 사계절의 사이에 있고, 여름의 끝에 거처한다. 양이 쇠퇴하고 음이 자라는 중간에 거처해서 4행을 총괄하며, 티끌을 쌓아서 내실한 것을 이룬다. 쌓으면 공간이 생기고, 공간이 있으면 머금고 포용할 수 있으며, 내실하기 때문에 지탱할 수 있다.

그러므로 토가 흩어지는 것을 모으고 내실을 지탱하는 것으로 체를 삼으며, 심고 거두는 것으로 성품을 삼는다.

❖ '토土'는 사계절의 사이에 있고, 여름의 끝에 거처한다 : 토에 방위를 부여하는 데는 두 가지 개념이 있다.

① 방위를 강조하는 개념 : 토를 오행의 중심인 중앙에 위치한다고 생각할 때는, 중앙에 위치해서 사방을 조화시킨다고 본다. 그래서 각 계절과 계절 사이에 놓여서, 계절에서 계절로 넘어가는 과도기를 맡아 중화하는 역할을 한다고 하는 것이다.

② 시간을 강조하는 개념 : 계절의 운행에 있어서 양이 쇠퇴하고 음이 자라나는 사이에 있어서, 음과 양을 중화하는 역할을 한다고 할 때는, 여름의 끝 달인 음력 6월에 해당한다고 본다. 즉 양은 5월에 쇠퇴하기 시작하므로, 양이 쇠퇴하고 음이 자라나는 중간에 거처한다고 하였다.

◆◆◆ 火居太陽之位 炎熾赫烈 故火以明熱爲體 炎上爲性

◆ 土在四時之中 處季夏之末 陽衰陰長 居位之中 總於四行 積塵成實 積則有間 有間故含容 成實故能持 故土以含散持實爲體 稼穡爲性

❖ 4행四行 : 오행 중에 토를 제외한 목·화·금·수를 말한다.

4 금金

◆ '금金'은 소음의 자리인 서방의 물건을 이루게 하는 장소에 거처한다. 물건이 이루어지면 강하게 엉겨붙게 되고, 소음 역시 맑고 찬 성질이다. 그러므로 '금'은 강하고 찬 것으로 체를 삼고, 따르고 변혁되는 것으로 성품을 삼는다.

5 수水

◆◆ '수水'는 차갑고 빈 것으로 체를 삼고, 윤택하게 불리고 내려가는 것으로 성품을 삼는다.

◆ 金居少陰之位 西方成物之所 物成則凝强 少陰則淸冷 故金以强冷爲體 從革爲性

◆◆ 水以寒虛爲體 潤下爲性

2장. 전적典籍에 나타난 오행의 체와 성

1 서경에 나타난 오행의 성

◆『서경』「홍범洪範」에 말하기를 "목은 구부러지고 곧으며, 화는 불타오르며, 토는 심고 거두며, 금은 따르고 변혁하며, 수는 윤택하게 불리고 내려간다"고 했으니, 이것이 그 성질이다.

2 회남자에 나타난 오행의 체와 성

◆◆『회남자』에 말하기를 "하늘과 땅의 정기를 이어받은 것이 음양이 되고, 음양의 정기를 한결같이 모은 것이 사계절이 되며, 사계절의 정기를 흩뜨린 것이 만물이 된다"고 했다.

❖ 음과 양의 정기가 섞이지 않은 채 온전하게 갖춘 것이 사계절이고, 사계절의 정기(음과 양의 정기)가 섞여서, 많이 받고 적게 받음에 따라 형질과 성품이 다른 만물로 나뉘어진다는 뜻이다.

◆ 洪範云 木曰曲直 火曰炎上 土曰稼穡 金曰從革 水曰潤下 是其性也

◆◆ 淮南子云 天地之襲精爲陰陽 陰陽之專精爲四時 四時之散精爲萬物 積陰之寒氣 反者爲水 積陽之熱氣 反者爲火 水雖陰物 陽在其內 故水體內明 火雖陽物 陰在其內 故火體內暗 木爲少陽 其體亦含陰氣 故內空虛 外有花葉 敷榮可觀 金爲少陰 其體剛利 殺性在外 內亦光明可照 土苞四德 故其體能兼虛實

음의 한기寒氣를 쌓아서 돌아와 모인 것이 물(水)이 되고, 양의 열기熱氣를 쌓아서 돌아와 모인 것이 불(火)이 된다. 물은 비록 음의 물건이나, 양이 그 안에 있기 때문에 물의 본체는 안이 밝고, 불은 비록 양의 물건이나, 음이 그 안에 있기 때문에 불의 본체는 안이 어둡다.

목木은 소양이 된다. 그 본체가 또한 음기운을 머금고 있기 때문에 안이 공허하나, 바깥은 꽃과 잎새가 있어서 펴지고 영화로워 누구나 잘 볼 수 있다.

금金은 소음이 된다. 그 본체가 강하고 예리하고, 바깥에 살성殺性이 있으나, 안은 또한 빛나고 밝아서 비출 수 있다.

토土는 수·화·목·금의 네 덕을 포용하기 때문에, 그 본체는 허와 실을 겸할 수 있다.

3장. 오행의 체와 성에 순할 때와 거역할 때

1 목은 굽고 곧다

◆『서경』「홍범」에 말하기를 "목木은 굽고 곧다"는 것은 동쪽이라는 뜻이고,『주역』에 말하기를 "땅 위에 나무가 있는 것이 관괘(䷓)가 된다"고 했으니, 봄에 땅에서 나온 나무가 굽기도 하고 곧기도 해서 꽃과 잎새를 관람할 수 있는 것이, 마치 사람의 위엄스러운 거동과 용모를 보는 것과 같다는 것이다.『설문해자』에 말하기를 "땅 위에 관람할 수 있는 것이 나무(木)만한 것이 없다. 그러므로 구경한다는 '相상'자가 '나무 목木'변에 '눈 목目'을 한 것이다"라고 했다.

❖ 땅 위에 나무가 있는 것이 관괘(䷓)가 된다 :『주역』「관괘」의 대상전에 나오는 말로, 관괘를 이루고 있는 괘상이 땅(☷)이 아래에 있고 나무(☴)가 위에 있는 형상을 하고 있다.

① 목에 순할 때

◆◆ 옛날에 임금이 수레에 오르면 방울의 음악소리로 화음을

◆ 洪範傳曰 木曰曲直者東方 易云 地上之木爲觀 言春時出地之木無不曲直 花葉可觀 如人威儀容貌也 許愼云 地上之可觀者 莫過於木 故相字目傍木也

◆◆ 古之王者 登輿有鸞和之節 降車有佩玉之度 田狩有三驅之制 飮

내는(鸞和) 예절이 있었고, 수레에서 내리면 옥패를 차서 부딪히는 소리로 화음을 이루는(佩玉) 법도가 있었으며, 사냥을 하는 데는 한 방향은 비워놓고 나머지 세 방향에서만 모는 제도가 있었으며, 술 마시고 전송할 때 잔을 올리고 돌리는 예가 있었다.

특별한 일이 없으면 순행巡幸하지 않아서, 백성들의 생업의 때를 빼앗지 않는 것은 봄에는 농사를 시작해야 되기 때문이고, 탐욕과 간사한 꾀를 내지 않는 것은 목木의 기운을 순히 따르는 것이다. 목의 기운이 순해지면 나무의 성질과 같이 무성하게 피어나고 열매를 맺으니, 백성들이 이용할 수 있게 되어서, 곧은 것은 먹줄로 쓰는 데 합당하고 굽은 것은 갈고리로 쓰는 데 합당하다.

❖ 『한서漢書』「오행지五行志」에 출전.

❖ 난화鸞和 : 천자의 수레와 말에 다는 황금으로 된 방울. 특히 이 난방울은 나무로 된 방울알을 넣은 것으로, 목기운의 난鸞방울이 울리면 금기운의 화和방울이 응답하는 것이다.

❖ 사냥을 하는 데는 한 방향은 비워놓고 나머지 세 방향에서만 모는 제도(삼구법三驅法)를 뜻한다. 사냥할 때 세 방향에서 짐승을 몰면서 앞쪽은 터 놓음으로써, 그 안으로 들어오는 것은 잡고 나머지는 도망갈 수 있도록 하는 방법이다. 다 잡지 않고 씨를 남겨두기 위한 것으로, 목의 살리는 덕을 베푼 것이다.

❖ 곧은 것은 먹줄로 쓰는 데 합당하고 굽은 것은 갈고리로 쓰는 데 합당하다 : 곧은 것은 먹줄로 쓴다는 뜻은, 재목을 재단할 때 먹줄을 이용하여 곧은 치수를 재므로, 기둥이나 대들보 같이 큰 재목으로 쓰는 것이다. 또 굽은 것은 갈고리에 합당하다는 것은, 보습이나 멍에와 같이 자질구레한 재목으로 활용한다는 뜻이다.

餞有獻酢之禮 無事不巡幸 無奪民時 以春農之始也 無貪欲姦謀所以順木氣 木氣順則如其性 茂盛敷實 以爲民用 直者中繩 曲者中鉤

② 목에 거역할 때

◆ 만약 임금이 위엄과 체통을 잃어서, 술이나 좋아하고 여색에 빠지며(淫縱), 부역을 과중하게 시키고 세금을 많이 걷으며, 사냥을 할 때 절도가 없으면, 목木이 그 본성을 잃게 될 것이다. 봄인데도 자라나고 크지 못해서 백성들이 이용하지 못할 것이니, 먹줄을 써야 하는 다리나 대들보를 만들 큰 재목은 구할 수 없게 된다. 그러므로 "목이 굽거나 곧게 되지 못한다"고 했다.

❖ 음종淫縱 : 음란하고 방종함.

2 화는 불타서 위로 오른다

◆◆ "'화火'는 불타서 위로 오른다"고 함은 불타오르는 것은 남쪽이니, 한여름에 빛을 발휘해서, 뜨거운 기운이 한껏 올라가기 때문에 "불타서 위로 오른다"고 했다. 왕이 밝은 곳을 향해서 다스리는 것은 대개 그와 같은 상을 취한 것이니, 옛날에 현명한 왕은 북쪽에 앉아 남쪽을 바라보면서 정치를 했다.

세상의 준수한 이를 가려 뽑아서 조정에 모아두는 것은, 밝은 것을 돕게 하려는 것이고, 사특하고 아부하는 신하를 물리쳐서 초야에 있도록 하는 것은, 막힌 곳을 뚫으려는 것이다. 그러므로 합당한 사람에게 소임을 맡기면 세상이 크게 다스려지니, 임금

◆ 若人君失威儀 酖酒淫縱 重徭厚稅 田獵無度 則木失其性 春不滋長 不爲民用 橋梁不從其繩墨 故曰木不曲直也

◆◆ 火曰炎上 炎上者南方 揚光輝在盛夏 氣極上 故曰炎上 王者向明而治 蓋取其象 古者明王南面聽政 攬海內雄俊 積之於朝 以助明也 退邪佞之人臣 投之於野 以通壅塞 任得其人 則天下大治 垂拱無爲

은 팔짱끼고 앉아서 쉬어도 되는 것이다.

① 화에 순할 때

◆『주역』에 리괘☲를 화火로 삼고 밝음으로 삼는데, 리괘가 거듭해서䷝ 거듭 밝게 되면, 임금과 신하가 모두 밝게 된다. 밝으면 화火의 기운을 순히 한 것이니, 화의 기운이 순히 되면 그 본성(불타서 위로 오르는 성품)과 같이 되고, 그 본성과 같이 되면 만물을 성숙시킬 수 있어서, 선비와 사람들의 등용이 순조로울 것이다. 등용하여 잘 쓰면 불의 기운이 일어날 것이고, 등용하지 않고 버리면 그치게 될 것이다.

② 화에 거슬릴 때

◆◆ 만약 임금이 현명하지 못해서, 어진 이를 멀리하고 참소하고 아부하는 이를 등용하며, 법률을 위반하고 골육을 멀리하며, 충성되게 간하는 이를 죽이고 죄인을 놓아주며, 적자를 폐하고 서자를 세우며, 첩을 정실로 삼는다면, 화火가 그 본성을 잃을 것이다.

불을 제대로 쓰지 않으면, 불길이 일어나서 바람따라 옆으로 퍼져 종묘와 궁실을 태우고 민가를 태우게 된다. 그러므로 "화가 불타서 위로 오르지 않는다"고 했다.

◆ 易以離爲火爲明 重離重明則君臣俱明也 明則順火氣 火氣順則如其性 如其性則能成熟 順人士之用 用之則起 捨之則止

◆◆ 若人君不明 遠賢良進讒佞 棄法律疎骨肉 殺忠諫赦罪人 廢嫡立庶 以妾爲妻 則火失其性 不用則起 隨風斜行 焚宗廟宮室 燎于民居 故曰火不炎上

3 토는 심고 거둔다

◆ "토土는 심고 거둔다(稼穡)"고 했다. "심고 거둔다"고 함은, 심는 것을 '가稼'라 하고, 거두어들이는 것을 '색穡'이라고 한다. 토는 땅의 도道가 되고, 모든 물건이 흙을 뚫고 나오기 때문에 "심고 거둔다"고 했다. 토가 중앙에서 사계四季를 주관함으로써 사계절을 이루니, 중앙은 안의 일, 궁궐, 부부, 친척의 상이 된다.

❖ 사계四季 : 각 계절의 끝부분인 계월季月을 말한다. 계절에서 계절로 넘어가는 과도기로, 계절과 계절 사이의 완충작용을 한다.

① 토에 순할 때

◆◆ 옛날에는 천자로부터 선비 백성에 이르기까지, 집과 침실 등에 높고 낮은 절도가 있었다. 그러나 지나친 것보다는 검소한 것을 좋게 보았으니, 우禹임금이 궁실을 낮게 지어 거처함에 공자님께서 칭찬하셨고, 왕후와 주변에 있는 잉첩媵妾 등에 차등이 있었으며, 구족九族에 차례가 있었고, 골육에는 은혜가 있어서 백성의 모범이 되었다.

이와 같이 해서 중앙의 화기和氣로운 기운을 순히 하면 토가 그 본성(심고 거두는 성품)을 얻을 것이고, 토가 본성을 얻으면 모든 곡식이 열매를 맺어서 심고 거두는 것이 성공하게 된다.

◆ 土爰稼穡 稼穡者種曰稼 斂曰穡 土爲地道 萬物貫穿而生 故曰稼穡 土居中 以主四季 成四時 中央爲內事宮室夫婦親屬之象

◆◆ 古者天子至於士人 宮室寢處皆有高卑節度 與其過也寧儉 禹卑宮室 孔子善之 后夫人左右妾媵有差 九族有序 骨肉有恩 爲百姓之所軌則 則如此 順中和之氣 則土得其性 得其性 則百穀實而稼穡成

② 토에 거역할 때

◆ 만일 임금이 제멋대로 해서, 궁궐이나 넓히고, 누각과 정자를 오색으로 아로새겨서 백성들의 힘을 소진시키며, 친하고 소원한 이를 구별하지 못하고, 첩이나 많이 두면, 곧 토가 그 본성을 잃게 된다.

토가 본성을 잃게 되면 토의 기운이 어지러워져서 심고 거두는 일이 이루어지지 않는다. 그러므로 오곡이 여물지 못하고, 바람과 안개로 인한 피해가 있기 때문에, "토가 심고 거두지 않는다"고 했다.

4 금은 따르고 변혁한다

◆◆ "금金은 따르고 변혁한다"고 했다. "따르고 변혁한다"는 것은 변혁해서 고침이니, 모형을 따라 고쳐서 형체를 변혁함으로써 그릇을 이루는 것이다. 서쪽에서 물건이 이미 성숙해지면, 죽이는 기운이 성해진다. 그러므로 가을 기운이 일어나면 새매들이 사나워져 새나 짐승을 공격하고, 봄기운이 움직이면 새매들이 순하게 변화하니, 이것이 죽이고 생겨나게 하는 두 가지 단서다.

❖ 『예기』 「월령」에 보면 "맹추(음 7월)에는 매나 소리개가 몹시 사

◆ 如人君縱意 廣宮室臺榭 雕鏤五色 罷盡人力 親疏無別 妻妾過度 則土失其性 土失其性 則氣亂 稼穡不成 故五穀不登 風霧爲害 故曰土不稼穡

◆◆ 金曰從革 從革者革更也 從範而更形革成器也 西方物旣成 殺氣之盛 故秋氣起 而鷹隼擊 春氣動而鷹隼化 此殺生之二端

> 나워져 새를 잡아 제사지내는 것처럼 늘어놓고(孟秋之月…鷹乃祭鳥), 중춘(음 2월)에는 … 새매가 비둘기 같이 순하게 된다(仲春之月…鷹化爲鳩)"고 하였다.

① 금에 순할 때

◆ 이슬이 얼어서 서리가 되면, 서리는 살벌한 것의 표상이니, 왕이 군사를 훈련시키고 무기를 집결시켜서, 불의한 이를 베어 죽이고 난폭한 이를 금지시킴으로써 백성을 편안하게 한다.

옛날의 임금은 편안할 때도 위태했던 때를 잊지 않음으로써, 갑작스러운 환란을 경계했다. 그러므로 "세상이 편안할 때라도 전쟁을 잊어버리면 위험하고, 나라가 강성하더라도 전쟁을 좋아하면 반드시 망한다"고 한 것이다. 죽이고 공격하는 것은 반드시 대의를 지켜야 하니, 대의에 순응하면 금의 기운이 순하고, 금의 기운이 순하면 그 본성(따르고 변혁하는 성품)대로 된다. 금의 본성대로 되면 공업이 일어나 물건을 만들며, 금의 모양을 변혁해서 그릇을 이루게 될 것이다.

② 금에 거역할 때

◆◆ 만일 임금이 침범하고 능멸함을 즐겨서, 전쟁과 침공을 좋

◆ 是以白露爲霜 霜者殺伐之表 王者教兵 集戎事以誅不義 禁暴亂以安百姓 古之人君 安不忘危 以戒不虞 故曰 天下雖安 忘戰者危 國邑雖强 好戰必亡 殺伐必應義 應義則金氣順 金氣順則如其性 如其性者 工冶鑄作 革形成器

◆◆ 如人君樂侵凌 好攻戰 貪色賂 輕百姓之命 人民騷動 則金失其性 冶鑄不化 凝滯渠堅 不成者衆 秋時萬物介熟 百穀已熟 若逆金氣 則萬物不成 故曰金不從革

아하고 여색과 뇌물을 탐내며, 백성의 목숨을 가벼이 해서 백성들이 소동을 일으키면, 금이 그 본성을 잃게 된다. 따라서 주조하고 만드는 일이 되지 않고, 막히고 체하며 크게 굳어져서, 이루어지지 못하는 것이 많게 된다. 가을에는 만물이 단단해지고 익으며, 모든 곡식이 성장을 마치고 숙성하는 것인데, 만약 금기운을 거스르면 모든 물건이 성숙하지 못한다. 그러므로 "금이 따르고 변혁하지 못한다"고 했다.

5 수는 윤택하게 불려주고 아래로 내려간다

◆ "수水는 윤택하게 불려주고 아래로 내려간다"고 했다. "윤택하게 불려주고 아래로 내려간다"는 것은, 물이 습한 데로 흘러서 더럽고 아래인 곳으로 나아가는 것이다. 북쪽은 지극히 음한 곳이니 종묘에 제사지내는 형상이고, 겨울은 양의 시작이며 음의 마치는 곳이니, 마치고 시작되는 곳은 중요한 벼리(紀綱)가 되는 시기이다.

① 수에 순할 때

◆◆ 죽은 사람의 혼魂은 하늘로 올라가 신神이 되고, 백魄은 아

◆ 水曰潤下 潤下者 水流濕就汙下也 北方至陰 宗廟 祭祀之象 冬陽之所始 陰之所終 終始者綱紀時也

◆◆ 死者魂氣上天爲神 魄氣下降爲鬼 精氣散在於外而不反 故爲之宗廟 以收散也 易曰 渙亨王假有廟 此之謂也 夫聖人之德 又何以加於孝乎 故天子親耕 以供粢盛 王后親蠶 以供祭服 敬之至也 敬之至 則鬼神報之以介福 此順水氣 水氣順 則如其性 如其性則源泉通流 以利民用

래로 내려와 귀鬼가 된다. 정기가 바깥에서 흩어져 돌아오지 않기 때문에, 종묘를 만들어서 흩어지는 것을 거두어 모으는 것이다. 『역경』의 환괘(䷺)에 "환은 형통하니, 왕이 종묘를 지극히 모신다"는 말이 이것이다. 성인의 덕이 또한 효도보다 더할 것이 무엇이 있겠는가? 그러므로 "천자가 친히 밭을 갈아서 제물로 바치고, 왕후가 친히 누에를 쳐서 제사의 의복을 만드는 것"이니, 공경함이 지극한 것이다. 공경이 지극하면 귀신이 큰 복으로 갚아줄 것이니, 이는 수水의 기운에 순히 한 것이다. 수의 기운에 순히 하면 수의 본성과 같이 되고, 수의 본성(윤택하게 불려주고 아래로 내려가는 성품)과 같이 되면, 근원이 되는 샘물이 그치지 않고 흘러 통해서 백성들의 용도에 편리하게 된다.

❖ 『예기』「월령」에는 "天子親耕 以共粢盛 王后親蠶 以共祭服"으로 되어 있다.

② 수에 거역할 때

• 만약 임금이 제사를 폐하고 귀신을 업신여겨서 하늘의 때를 거스르면, 수水가 그 본성을 잃을 것이다. 물(水)이 갑자기 쏟아져서 넘쳐 떠내려가고, 빠져 가라앉아서 성과 읍을 흙더미로 만들 것이니, 사람에게 해가 되기 때문에 "물이 윤택하게 불리고 아래로 내려가지 않는다"고 했다.

◆ 若人君廢祭祀 漫鬼神 逆天時 則水失其性 水暴出 漂溢沒溺 壞城邑 爲人之害 故曰水不潤下也

제 3편 수를 논함論數

1장. 역의 동정수와 대연수起大衍論易動靜數

◆ 모든 물건의 시작은 없는 데서(無) 시작하여 있게(有) 된다. 그러므로 "역易에 태극太極이 있으니, 이것이 양의兩儀를 낳고, 양의가 사서四序(사상四象)를 낳는 것이다"라고 했으니, 사서에서 생물이 나오게 되는 것이다. 만물이 불어나 번식한 뒤에 생성되니, 음양의 두 기운이 고무하고 도야陶冶하며 주조鑄造하여 서로 교감해서 나온 것이다. 그러므로 혼자 있는 양만으로는 낳지 못하고, 혼자 있는 음만으로는 성숙시킬 수 없으니, 반드시 음양이 배합을 해서 용광로(鑪)로 주조하고 단련해야, 만물이 모두 변화하고 형통하게 된다. 이것은 하늘에 그러한 형상(象)이 있어서 정기를 아래로 흐르게 하면, 땅의 도(地道)로 정기를 머금고 화육하여 형체를 만듦으로써 시작하는 것이다.

❖ 『역경』「계사상전」 11장에 "역易에 태극太極이 있으니, 이것이 양의兩儀를 낳고, 양의가 사상四象을 낳으며, 사상이 팔괘八卦를 낳는다(易有太極 是生兩儀 兩儀生四象 四象生八卦)"고 하였다.

◆ 凡萬物之始 莫不始於無而復有 是故易有太極 是生兩儀 兩儀生四序 四序生之所生也 有萬物滋繁 然後萬物生成也 皆由陰陽二氣鼓儛陶鑄 互相交感 故孤陽不能獨生 單陰不能獨成 必須配合 以鑪冶爾 乃萬物化通 是則天有其象 精氣下流 地道含化 以資形始 陰陽消長 生殺用成 明其道難明 非數不可究 故因數以辨之 數之顯理猶筌蹄之取魚兎 陽順唱始 陰佐其終 窮奇偶之數 備相成之道 極變化之源者 詳於蓍策之數也

음양의 소멸하고 성장함과, 생겨나고 죽이며 쓰고 성숙시키는 것은 그 도를 밝히기 어려워서, 수數가 아니면 연구할 수 없는 까닭에 수로써 분별하였다. 수로 이치를 나타내는 것은, 통발과 올가미로 물고기와 토끼를 잡는 것과 같다. 양이 순리대로 처음을 시작하면 음이 그 마침을 돕게 된다. 그러므로 홀짝의 수를 끝까지 깨달으면 서로 이루어주는 도를 갖추게 되니, 그 변화의 근원을 다하는 방법이 시초 책수의 수에 자세히 있다.

1 9 · 8 · 7 · 6수의 동과 정

• 7과 8은 고요한 수(靜數)가 되고, 9와 6은 움직이는 수(動數)가 된다. 양은 움직이면 나아간다. 그러므로 7이 변해서 9가 되는 것은, 기운이 불어나는 것을 상징한 것으로, 양의 도(陽道)가 펴지는 것을 밝혀서 임금의 덕을 상징한 것이다. 쉬지 않고 시작을 주창해서 일으키되, 굽히거나 뒤로 가지 않는다. 그래서 제일 첫 번째로 끝에까지 갔으나, 그래도 또 나아가기 때문에 9가 움직이는 수가 된다.

음은 움직이면 물러난다. 그러므로 8이 변해서 6이 됨은 기운이 소멸되는 것을 상징한 것으로, 신하의 법이 굽히고 뒤로해서 부르면 화답할 뿐임을 밝힌 것이다. 일의 이치가 임금(9)에 가까우면 숨을 죽여서 명령을 들어야 하니, 반드시 물러나고 양보해서 그 도리를 지켜야 하기 때문에 8이 고요한 수가 된다.

• 七八爲靜 九六爲動 陽動而進 變七之九 象氣息也 明陽道之舒以象君德 唱始不休 無所屈後 去極一等 而猶進之 故九動也 陰動而退 變八之六 象氣消也 以明臣法 有所屈後 唱和而已 事理近君則靖息以聽命 必須退讓以明其義 故八靜也

❖ 양은 7에서 9로 나아가고, 음은 8에서 6으로 물러난다. 그래서 설시법에서 9나 6이 나오면 효가 동했다고 하여, 양효는 음효로 변하고(9 → 8) 음효는 양효로 변한다(6 → 7).

❖ 효가 소양(7 : ▬)이나 소음(8 : ▪▪)일 경우는 변하지 않지만, 노양(9 : ▭)은 현재는 양이지만 동해서 음이 되고, 노음(6 : ✕)은 현재는 음이지만 동해서 양이 된다. 즉 ▭ → ▪▪, ✕ → ▬으로 각기 변한다. 그래서 9와 6을 동효라고 하는 것이다.

❖ 9·8·7·6수의 음양 및 동정

	9	8	7	6
음양	양	음	양	음
동정	동	정	정	동

2 하 · 은 · 주 세 나라의 9 · 8 · 7 · 6수의 쓰임

◆ 『역경』에서 말한 "둘로 나누어서 양의를 상징하고, 하나를 걸어서 삼재三才를 상징하며, 넷씩 세어서 사시四時를 상징한다"는 것은, 손으로 세고 난 나머지 책수가 7이 넷이 있는 28이므로 7이라고 했고, 8이 넷이 있는 32이므로 8이라고 이름했으니, 이와 같은 책수는 곧 고요한 효(靜爻 : ▪▪,▬)의 수다. 하夏나라와 은殷나라는 실질을 숭상하니, 고요한 효7·8로 점을 친 것이다.

❖ 『역경』에 말하기를 : 『역경』「계사상전」의 9장에 나오는 말이다.

◆ 易曰 分二以象兩 掛一以象三 揲之以四 以象四時者 餘手有四七 故名七也 有四八 故名八也 有此則靜爻之數 夏殷尙質 以用靜爻占之 餘有四九 故名九也 有四六 故名六也 此則動爻之數 周備質文 故兼用動爻

❖ 7일 경우 : 바닥에 놓인 산가지 수(세고 남은 산가지의 집합)의 총합이 21이 된다. 이를 시초의 운용수인 49에서 빼면 28(소양책수 : 4×7)이 되므로 소양(7)이 되는 것이다.

❖ 8일 경우 : 바닥에 놓인 산가지 수의 총 합이 17이 된다. 이를 시초의 운용수인 49에서 빼면 32(소음책수 : 4×8)가 되므로 소음(8)이 되는 것이다. 자세한 것은 윤상철 지음, 『주역입문』「설시법」, 대유학당, 2019 참조.

❖ 『춘추좌전』「양공襄公」 9년 조에, 노나라 성공成公의 생모(宣公의 부인)인 목강穆姜이 동궁에서 죽기 전에 시초점을 쳐서 간지팔艮之八이 나왔는데, 옆에 있던 사관史官이 말하길 "이것은 간괘艮卦가 수괘隨卦로 변한다는 것인데, '따를 수隨'는 나간다는 뜻이니, 소군께서는 속히 동궁을 나가십시오"하는 대목이 나온다. 하나라에서는 연산역을 쓰고, 은나라에서는 귀장역을 썼는데, 이 두 역은 모두 7과 8의 수로 점을 쳤고, 춘추시대에도 아직 그 잔재가 남아있었다.

손으로 세고 난 나머지 책수가 9가 넷인 36이기 때문에 9라고 했고, 6이 넷인 24이기 때문에 6이라고 이름했으니, 이는 움직이는 효(動爻 : ▭,✕)의 수다. 주周나라는 실질과 문식文飾을 다 갖추었기 때문에 고요한 효(7·8)에 움직이는 효(9·6)를 겸해서 썼다.

❖ 6일 경우 : 바닥에 놓인 산가지 수의 총 합이 25가 된다. 이를 시초의 운용수인 49에서 빼면 24(노음책수 : 4×6)가 되므로 노음(6)이 되는 것이다.

❖ 9일 경우 : 바닥에 놓인 산가지 수의 총 합이 13이 된다. 이를 시초의 운용수인 49에서 빼면 36(노양책수 : 4×9)이 되므로 노양(9)이 되는 것이다.

❖ 연산역·귀장역과는 달리 주역은 9·8·7·6의 네 수를 모두 쓴다. 즉 8과 7이 나오면 고요한 효(⚋,⚊)로 쓰고, 9와 6이 나오면 움직이는 효(▭,✕)로 쓴다.

3 대연수大衍數 50

• 대연수는 하늘과 땅의 수를 다 연출한 것이니 55이다. 경방京房은 10일 12진辰 28수宿로 50의 수를 부합시켰다. 그리고 "50의 수에서 하나를 쓰지 않는 것은, 하늘의 생하는 기운으로 비어있는 속에서 실질이 나옴을 상징코자 한 것이다. 그러므로 49를 쓴다"고 하였다.

❖ 경방京房 : 한漢나라의 돈구頓丘사람. 자는 군명君明, 본래의 성은 '이李'였는데 스스로 '경'으로 고쳤다. 역점에 통하여 『경씨역전京氏易傳』을 남겼다.

❖ 10일 12진辰 28수宿로 50의 수를 부합 : 10+12+28=50(10일과 12진은, 각기 10간과 12지를 뜻한다).

❖ 대연수 50에 대한 그 밖의 설은, 윤상철 지음, 『주역입문』「설시법」, 대유학당, 2019 참조.

마융馬融은 "『역경』에서 말하는 태극은 북극성이니 양의를 낳고, 양의는 해와 달을 낳으며, 해와 달은 사시를 낳고, 사시는 오행을 낳으며, 오행은 열두 달을 낳고, 열두 달은 24절기를 낳았다. 북극성은 제자리에 거처해서 움직이지 않고, 나머지 마흔아홉은 움직이며 작용을 한다"고 했다.

❖ 마융馬融 : 후한後漢의 부풍扶風사람. 자는 계장季長. 대학자로 정현의 스승이다. 『역경·상서·시경·효경·논어·삼례三禮·열녀전列女傳·

◆ 凡大衍極天地之數 五十有五也 京房以十日十二辰二十八宿 合應五十 其一不用者 天之生氣 將欲以虛求實 故用四十九焉 馬融以易之大極 謂北辰也 生兩儀 兩儀生日月 日月生四時 四時生五行 五行生十二月 十二月生二十四氣 北辰居位不動 其餘四十九 轉運而用也

노자·회남자·이소離騷』 등에 주를 달았다.

❖ 북극성(1)+양의(2)+해와 달(2)+사시(4)+오행(5)+열두달(12)+24절기(24)=50

◆ 정현이 말하기를 "일정팔회一貞八悔의 여섯 효가 본래 50이 있으나, 쓰는 것은 49다. 하늘과 땅의 수가 본래 55이나, 하늘의 수 5와 땅의 수 10이 통하고, 하늘의 수 1과 땅의 수 6이 통한다. 셀 때에 기氣는 합쳐지는 것이 있고, 합쳐지면 덜어내야 하니, 대연수에서 다섯을 덜었다. 그러므로 50이 된다. 그 쓰임(用)에 있어서도 50에서 하나를 빼기 때문에 49가 되니, 합쳐서 된 것이 아닌 것은 덜 수 없다"고 했다.

❖ 일정팔회一貞八悔의 여섯 효 : 본래 일정팔회란, 하나는 고집스레 그대로 있고 나머지 여덟은 바뀌어 변화한다는 뜻이다. 즉 여섯 획 괘인 64괘를 이룰 때, 팔괘 중에 한 괘는 그대로 있고 나머지 여덟 괘가 그대로 있는 팔괘의 위에서 변화하여 총 64괘를 얻음을 뜻한다. 여기서는 50개의 시초를 가지고 괘를 만들 때, 여섯 효를 만드는 수를 말한다.

❖ 하늘의 수 5와 땅의 수 10이 통하고, 하늘의 수 1과 땅의 수 6이 통한다 : 생수와 성수의 관계는 생수에 5를 더하면 성수가 된다. 즉 1에 5를 더해서 성수 6을 얻고, 2에 5를 더해서 성수 7을 얻으며, 3에 5를 더해서 성수 8을 얻고, 4에 5를 더해서 성수 9를 얻으며, 5에 5를 더해서 성수 10을 얻는다. 따라서 하늘의 수(홀수)와 땅의 수(짝수)가 5를 매개로 통하고, 생수와 성수도 5를 매개로 해서 통하게 된

◆ 鄭玄曰 貞悔六爻 本有五十 定所用者 四十有九 天地之數 本五十五 天五與地十通 天一與地六通 數之者 氣則有幷 幷則宜減焉 大衍減五 故有五十 其用減一 故四十有九 不幷者 不可減也 今總其數 五十者 天一至地十 凡五十五也 此合生成之數 若止言生數 唯有十五 從一至五也

다.

이제 총숫자 50이라는 것은, 하늘의 수 하나로부터 땅의 수 열까지의 합이 55이나, 이것은 생수와 성수를 모두 합친 것이고, 생수만 가지고 말한다면 오직 15뿐이니, 하나부터 다섯에 이르는 숫자다.

❖ 1에서 10까지의 숫자중에서, 생수는 1·2·3·4·5의 다섯 숫자를 말하고, 성수는 6·7·8·9·10의 다섯 숫자를 말한다. 생수를 모두 합하면 15(1+2+3+4+5)이다.

◆ 역의 효를 상징한 것이 모두 심오하기 때문에, 하늘과 땅의 숫자부터 해와 달 등의 숫자에 이르기까지 다 시초와 괘의 통어統御를 받고, 순환하고 변화해 움직여서 영원토록 끝이 없다. 55의 수에서, 5는 본래 하늘과 땅의 숫자가 합쳐진 수이다. 합쳐진 숫자는, 하늘과 땅이 각각 하나의 체를 가지고 있고, 체가 있으면 각각 서로 정응과 적대가 있기 마련이다. 그러나 지금 5가 더 많으니, 이것은 기가 합쳐진 숫자이다. 합쳐진 것은 다시 쓰지 않으니, 분배하는 뜻이다. 분배하면 곧 빈 상태가 되니 실물이 나오지 않고, 실물이 없기 때문에 일을 주관할 바가 없는 것이다. 그래서 시초 산가지를 세는 데 5를 쓰지 않는다.

◆ 易之所象爻 盡之有邃 故自天地以下 日月等數 皆爲蓍卦所攝 循環變轉 萬世無窮 而五十有五 五本幷數 幷數者 天之與地共各有一體 體各有一 正應敵對 今盈於五 則是氣之幷數 幷不再用 是其配義 配則爲虛 不當於實 不當於實 故事無所主 所以揲蓍不用 又虛其一者 掛一象無 無無可象 故有之用極 則無之功見 故曰 尋太業而得吉凶 尋吉凶而得八卦 尋八卦以得四時 尋四時以至兩儀 尋兩儀以至太極 太極者 大殺而極 窮無之致也 遣有以極邃 減多以就少此之謂也 故曰 太極無所復象 明其空寂 非言象所詮也

❖ 이상이 대연수 55에서 5를 쓰지 않는 이유이다. 5는 책력에서 말하는 기영氣盈에 해당한다. 낙서수洛書數 45와 하도수河圖數 55를 합하면 100이 된다. 이를 다시 둘로 나누면 50이 된다. 즉 하도에서 남는 수(氣盈數) 5를 덜어 낙서의 모자라는 수(朔虛數) 5를 보충하는 뜻이 있다.

또한 그 50에서 하나를 빼놓는 것은, 하나를 걸어놓고 무無를 상징한 것이니, 무는 상으로 할 것이 없기 때문이다. 유有의 작용을 극도로 쓰면 무無의 공이 나타나기 때문에, '큰 업적을 찾아 길흉을 얻고, 길흉을 찾아 팔괘를 얻으며, 팔괘를 찾아 사시를 얻고, 사시를 찾아 양의에 이르며, 양의를 찾아 태극에 이른다'고 하니, '태극에 이른다' 함은 유有(큰 업적)를 크게 좁혀서 극에 이른 것이고, 무無(태극)가 있는 끝에까지 간 것이다. '유에서 추구해 올라가 지극히 오묘한 데로 가고, 많은 것을 감소시켜 적은 데로 나간다'는 것이 이 말이다.

❖ 『역경』「계사상전」 11장에 "역에 태극이 있으니 … 팔괘가 길하고 흉함을 정하며, 길하고 흉함이 큰 업적을 낳느니라(易有太極…八卦定吉凶 吉凶生大業)"고 한 것은 무에서 유로 나아감을 설명한 것이고, 이를 거꾸로 좁혀 들어가면 위에서 말한 내용이 된다.

유	큰 업적↔길흉↔팔괘↔사시↔양의↔태극	무

그러므로 '태극을 상으로 표현할 수 없다'고 했으니, 태극이 공적空寂해서 말이나 상으로 기록할 수 있는 것이 아님을 밝힌 것이다.

❖ 태극이 공적空寂해서 말이나 상으로 기록할 수 없으므로, 50개의 산가지에서 태극을 상징하는 1개를 빼고 괘를 짓는 것이다.

2장. 오행과 생성하는 수論五行及生成數

◆ 오행이라고 다섯을 말한 것은, 비록 만물이 많으나 숫자는 다섯에 불과함을 밝힌 것이다. 그러므로 하늘에 오성五星이 있고, 오성의 신이 오제五帝가 되니, 공자님께서 말씀하시기를 "옛날에 내가 노자(노담老聃)에게 들으니, '하늘에 금·목·수·화·토의 오행이 있는데 그 신을 오제라 하고, 땅에는 오방五方이 있어서 그 곳을 통괄해 진압하고 있는 것이 오악五岳이다'라고 했다"고 하셨다.

『물리론』에 이르기를 "땅이 오악으로 진압하는 것은 사람에 있어서는 오장五藏이 되고, 그 징후는 오관이 된다"고 했고, 『황제소문』에 말하기를 "오장의 징후가 오관에 나타나니, 눈·귀·입·코·혀이다"라고 했다.

❖ 『물리론物理論』: 진晉나라의 양천楊泉이 지은 책으로, 진秦나라와 한漢나라 시대의 여러 학설을 종합했다.

❖ 『황제소문黃帝素問』: 황제와 그 신하이자 명의인 기백岐伯의 문답 형식으로 된 의학서. 진나라 또는 한나라시대 사람이 황제의 이름을 빌려 저술했다고도 한다. 사고제요四庫提要 자부子部 의가류醫家類에 실려있다.

◆ 行言五者 明萬物雖多 數不過五 故在天爲五星 其神爲五帝 孔子曰 昔丘聞諸老聃云 天有五行 木金水火土 其神謂之五帝 在地爲五方 其鎭爲五岳 物理論云 鎭之以五岳 在人爲五藏 其候五官 黃帝素問云 五藏候在五官 眼耳口鼻舌也

❖ 오장五藏 : 사람 몸 안에 있는 오장육부五臟六腑 중에 오장을 말한다.

❖ 오관五官 : 사람의 몸 밖에서 오장의 상태를 알 수 있는 징후가 되는 기관.

◆오행이 교제해 가며 서로 짊어지고 휴休·왕王·상相·생生해서 만물을 낳고 성취시키니, 운용해서 쉬지 않기 때문에 행한다는 행行자를 쓴 것이다. 『춘추번로』에 말하기를 "하늘과 땅의 기운이 오행으로 배열되니, 오행이라 함은 행해지는 것이다"라고 했다.

❖ 『춘추번로春秋繁露』 : 한漢나라 시대의 동중서董仲舒가 지음. '춘추春秋'의 뜻을 밝히되 『공양전公羊傳』의 내용을 주로 하였고, 음양오행에 관한 학설을 밝혔다.

1 『역경』 계사전의 오행수

◆◆『역경』「계사전」에 말하기를 "하늘의 수가 다섯이다"라고 했다. 왕필王弼이 주해하기를 "다섯은 1·3·5·7·9의 다섯 홀수를 말한다"고 했으며, 한강백韓康伯도 주해하기를 "다섯은 홀수를 말한다"고 하였다.

❖ 『역경』「계사상전」 9장을 뜻한다. 이하 같음.

❖ 왕필王弼 : 삼국시대 위魏나라의 학자. 자는 보사輔嗣로 하남성 산양山陽출신이다. 어려서부터 학식과 변설로 유명하였고, 특히 노장학에 심취했다. 저서로는 『주역주周易注, 노자주老子注, 노자지략老子指

◆ 五行遞相負載 休王相生 生成萬物 運用不休 故云行也 春秋繁露云 天地之氣 列爲五行 夫五行者行也

◆◆ 易上繫曰 天數五 王曰 謂一三五七九也 韓曰 五奇也

之略, 주역약례周易略例』 등이 있다.

❖ 홀수 : 여기서 한강백이 말한 홀수는 1에서 10사이의 수 중에서 1·3·5·7·9의 다섯 홀수를 말한다. 뒤에 한강백이 짝수라고 하는 것도 2·4·6·8·10의 다섯 짝수를 말한다.

❖ 한강백韓康伯 : 진晉나라의 경학자로 강백은 자이고, 본명은 백伯이다. 하남성 장사長社 출신으로, 이부상서 영군장군 등의 관직을 거쳤다. 왕필의 『주역주』에 빠져있는 「계사전」, 「설괘전」, 「서괘전」, 「잡괘전」 등을 보충해서 주석하였다.

◆ 『역경』 「계사전」에 말하기를 "땅의 수가 다섯이다"라고 했다. 왕필이 주해하기를 "다섯은 2·4·6·8·10의 다섯 짝수를 말한다"고 했으며, 한강백도 주해하기를 "다섯은 짝수를 말한다"고 하였다.

「계사전」에 "다섯 자리가 서로 얻는다"고 했으니, 왕필이 말하기를 "다섯 자리는 금·목·수·화·토이다"라고 했다.

◆◆ 『역경』 「계사전」에 말하기를 "다섯 수가 각각 합이 있다"고 하니, 왕필이 말하기를 "수水가 하늘에서는 1이 되고, 땅에서는 6이 되며, 6과 1이 북쪽에서 합해진다. 화火가 하늘에서는 7이 되고, 땅에서는 2가 되며, 2와 7이 남쪽에서 합해진다. 금金이 하늘에서는 9가 되고, 땅에서는 4가 되며, 4와 9가 서쪽에서

◆ 地數五 王曰 謂二四六八十也 韓曰 五偶也 五位相得 王曰 五位金木水火土也

◆◆ 而各有合 王曰 謂水在天爲一 在地爲六 六一合於北 火在天爲七 在地爲二 二七合於南 金在天爲九 在地爲四 四九合於西 木在天爲三 在地爲八 三八合於東 土在天爲五 在地爲十 五十合於中 故曰 五位相得 而各有合 謝曰 陰陽相應 奇偶相配 各有合也 韓曰 天地之數 各有五 五數相配 以合成金木水火土也

합해진다. 목木이 하늘에서는 3이 되고, 땅에서는 8이 되며, 3과 8이 동쪽에서 합해진다. 토土가 하늘에서는 5가 되고, 땅에서는 10이 되며, 5와 10이 중앙에서 합해진다. 그러므로 '다섯 자리가 서로 얻고, 다섯 수가 각각 합이 있다'"고 했다.

사만謝萬이 말하기를 "음양이 서로 응하고, 홀수 짝수가 서로 짝해서 각각 합이 있는 것이다"라고 했다.

❖ 사만謝萬 : 진晉나라 사람으로 자는 만석萬石이다. 필설과 시문에 능하였고, 벼슬로는 예주자사 산기상시 등을 지냈다.

한강백이 말하기를 "하늘과 땅의 수가 각각 다섯이 있으니, 다섯 수가 서로 짝해서 금·목·수·화·토를 합성한 것이다"라고 했다.

❖ 이상의 내용을 종합해서 요약하면 옆의 도표와 같이 된다.

	2.7 화(남)	
3.8 목(동)	5.10 토(중)	4.9 금(서)
	1.6 수(북)	

2 오행의 생수

◆ 『서경』「홍범」에 말하기를 "오행은 첫째는 수고, 둘째는 화며, 셋째는 목이고, 넷째는 금이며, 다섯째는 토다"라고 하니, 다 생수를 말했고, 『예기』「월령」에 말하기를 "목의 수는 8, 화

◆ 尙書洪範篇曰 五行 一曰水 二曰火 三曰木 四曰金 五曰土 皆其生數 禮記月令篇云 木數八 火數七 金數九 水數六 土數五 皆其成數 唯土言生數

의 수는 7, 금의 수는 9, 수의 수는 6, 토의 수는 5다"라고 하여 성수를 말했으나, 오직 토만 생수를 말했다.

① 수水의 수 **1**

◆ 하늘이 1이라는 수를 북방 군자의 자리에 낳고, 양기가 황천黃泉의 밑에서 미미하게 움직이니, 처음 움직일 때는 둘이 없다. 그러므로 하늘의 수가 양陽과 합치되며 하나가 된다. 수水가 비록 음의 물건이나, 양이 안에 있어서 양을 따라 시작하기 때문에, 수水의 수가 1이 된 것이다.

❖ 황천黃泉 : 지하의 샘이라는 뜻으로, 그윽하고 깊은 땅속을 말한다.

② 화火의 수 **2**

◆◆ 양이 극에 이르면 음이 생겨나게 되니, 음은 오午에서 시작한다. 처음 나오는 음 또한 둘이 없다. 음양의 두 기운이 각각 처음 시작을 하니, 응당 1이 되어야 하는데 2라고 한 것은 양을 높였기 때문이다. 높은 양이 이미 시작했으면 낮은 음은 짝이 되어 돕고 화답해야 한다. 그러므로 생겨나 양수와 짝이 되어, 음이 화火 가운데 있는 것이다. 그러므로 화가 비록 양의 물건이나, 음의 짝을 따라 음을 시작하는 것이 합당하다. 그래서 음을 처음 시작한다는 뜻에서 화의 수는 2이다.

◆ 天以一生數於北方 君子之位 陽氣微動於黃泉之下 始動無二 天數與陽合而爲一 水雖陰物 陽在於內 從陽之始 故水數一也

◆◆ 極陽生陰 陰始於午 始亦無二 陰陽二氣 各有其始 正應言一 而云二者 以陽尊故 尊旣括始 陰卑贊和配 故能生而陽數偶陰在火中 火雖陽物 義從陰配合陰始 故從始立義 故火數二也

③ 목木의 수 **3**

• 노자老子가 말하기를 "하늘은 하나를 얻어 맑아졌고, 땅은 하나를 얻어 편안해졌다"고 했으니, 이는 음양 모두에 하나의 뜻이 있으며, 부르고 화답해서 시작을 같이함을 안 것이다. 그러므로 말하기를 "목木은 양의 움직임을 배당받아 왼쪽으로 나아가 동방에서 자란다"고 했으니, 자라면 불어나 번성하고, 불어나 번성하면 수가 늘어나기 때문에 목의 수는 3이다.

④ 금金의 수 **4**

•• 음이 양의 소멸을 도울 때에, 음의 길은 오른쪽으로 돌아가고 서쪽에 거처하며 양의 뒤에 자리하니, 이치가 양과 같을 수 없기 때문에 금의 수는 4이다.

⑤ 토土의 수 **5**

••• 음양의 수가 한바퀴 돈 뒤에야, 양이 가운데로 통달해서 나머지 4행을 총괄하니, 포용하려면 제일 많아야 하기 때문에 토의 수는 5이다.

이상은 모두 생수로 시작을 주관하는 것만 말했고 성수는 밝히지 않았으니, 성수를 이루지 못하면 또한 작용을 할 수 없다.

• 老子云 天得一以清 地得一以寧 是知皆有一義 唱和同始 是以云木配陽動 而左長於東方 長則滋繁 滋繁則數增 故木數三也

•• 陰佐陽消 陰道右轉而居於西 在陽之後 理無等義 故金數四也

••• 陰陽之數 始乎一周 然後陽達於中 總括四行 苞則彌多 故土數五也 此竝生數 皆云據始 未明成數 數旣未成 亦未能爲用

3 오행의 성수

◆ 영용穎容의 『춘추석례春秋釋例』에 말하기를 "오행의 생수는 변화해서 각 오행의 일을 성취할 수 없다. 수水는 엉기지만 흘러가지 못하고, 화火는 형체는 있지만 타오르지 못하며, 목木은 정기가 깨뜨려져서 몸체가 굳어지고, 금金은 강해서 쪼개지며, 토土는 거칠어서 조각조각 갈라진다. 그러므로 하늘이 다섯으로써 백성에게 임해서 조화를 주관했다"고 했다.

❖ 영용穎容의 『춘추석례春秋釋例』: 후한後漢의 장평長平 사람. 자는 자엄子嚴이다. 박학하여 여러 방면으로 달통했고, 특히 『춘추좌씨전』에 정통했다. 저서로는 『춘추조례春秋條例』가 있는데, 아마도 『춘추조례』를 잘못 표기한 것 같다. 또 『춘추석례春秋釋例』는 진晉나라의 두예杜預가 주석했다는 책으로, 『춘추좌전』에 나오는 예문 및 지명, 역수曆數 등의 같고 다름을 설명한 책이다.

❖ 오행이 생수만으로는 자신의 고유한 일을 성취하지 못하므로, 반드시 성수의 도움이 있어야 오행으로서의 역할을 제대로 하지, 그렇지 않으면 위의 내용처럼 잘못되는 것이다.

① 오행전五行傳의 설

◆◆ 『오행전』에 말하기를 "5의 수로 배합해 성취시킨다"고 했으니, 5를 쓴 까닭은 하늘의 수 중에서 가운데 수이기 때문이다.

◆ 穎容春秋釋例云 五行生數 未能變化 各成其事 水凝而未能流行 火有形而未生炎光 木精破而體剛 金强而斫 土鹵而片 於是天以五臨民 君化之

◆◆ 傳曰 配以五成 所以用五者 天之中數也 於是水得於五 其數六 用能潤下 火得於五 其數七 用能炎上 木得於五 其數八 用能曲直 金得於五 其數九 用能從革 土得於五 其數十 用能稼穡

그래서 수水는 5를 얻어서 그 수가 6이 되면, 윤택하게 불리고 흘러 내려가는 작용을 할 수 있고, 화火는 5를 얻어 그 수가 7이 되면, 불타오르는 작용을 할 수 있으며, 목木은 5를 얻어 그 수가 8이 되면, 굽고 곧게 커나가는 작용을 할 수 있고, 금은 5를 얻어서 그 수가 9가 되면, 따르고 변혁하는 작용을 할 수 있으며, 토는 5를 얻어서 그 수가 10이 되면, 심고 거두는 작용을 할 수 있는 것이다.

❖ 『오행전五行傳』: 『상서尙書』의 위서緯書에 속하므로, 『상서오행전尙書五行傳』이라고도 한다. 술수術數에 관한 내용이라고 하는데 전하지는 않는다.

❖ 수의 수 1에 5를 더하면 6이 되고, 화의 수 2에 5를 더하면 7이 되며, 목의 수 3에 5를 더하면 8이 되고, 금의 수 4에 5를 더하면 9가 되며, 토의 수 5에 5를 더하면 10이 된다.

② 정현鄭玄의 설

• 정현이 말하기를 "수가 만약 생수 다섯만 있으면, 양은 짝이 없고 음은 배우자가 없게 되는 까닭에, 생수와 성수가 합해서 수를 이룬다. 홀수는 양이니 처음을 불러 일으켜서 제도制度

◆ 鄭玄云 數若止五 則陽無匹偶 陰無配義 故合之而成數也 奇者陽唱於始 爲制爲度 偶者陰之本 得陽乃成 故天以一始 生水於北方 地以其六而成之 使其流潤也 地以二生火於南方 天以七而成之 使其光曜也 天以三生木於東方 地以其八而成之 使其舒長盛大也 地以四生金於西方 天以九而成之 使其剛利有文章也 天以五合氣於中央生土 地以十而成之 以備天地之間所有之物也 合之則地之六爲天一匹也 天七爲地二偶也 地八爲天三匹也 天九爲地四偶也 地十爲天五匹也 陰陽各有合 然後氣性相得 施化行也 故四時之運 成於五行 土總四行 居時之季 以成之也

를 만드는 것이고, 짝수는 음의 근본이니 양을 얻으면 성취된다.

그러므로 하늘이 1로써 시작해서 북방에서 수水를 낳으면, 땅은 6으로써 이루어서 흐르고 윤택하게 불린다. 또 땅이 2로써 남방에서 화火를 낳으면, 하늘은 7로써 이루어서 빛나게 한다. 하늘이 3으로써 동방에서 목木을 낳으면, 땅은 8로써 이루어서 잘 자라서 성대하게 한다. 땅이 4로써 서방에서 금金을 낳으면, 하늘은 9로써 이루어서 강하고 예리하며 빛나게 만든다. 하늘이 5로써 중앙에서 기운을 합하여 토土를 생하면, 땅이 10으로써 이루어서 하늘과 땅 사이에 있는 물건을 모두 갖추게 한다.

이를 합해서 말하면, 땅의 6은 하늘의 1과 배필이 되고, 하늘의 7은 땅의 2와 짝이 되며, 땅의 8은 하늘의 3과 배필이 되고, 하늘의 9는 땅의 4와 짝이 되며, 땅의 10은 하늘의 5와 배필이 되는 것이니, 음양이 각각 합쳐진 뒤에야, 기운과 성품을 서로 얻게 되고 베푸는 조화가 행해지게 된다. 그러므로 사시四時의 운행이 오행에서 이루어지고, 토土는 나머지 4행을 총괄하여 사시의 끝에 거처해서 이루도록 한다"고 했다.

③ 오행전과 백호통의 설

◆ 『오행전』과 『백호통』에 말하기를 "목木은 토土가 아니면 뿌리와 씨가 나서 무성하게 번영하지 못하며, 화火는 토가 아니면 번영하지 못하니 토를 얻어야 형체가 나타나며, 금金은 토가

◆ 五行傳及白虎通皆云 木非土不生 根核茂榮 火非土不榮 得土著形 金非土不成 入範成名 水非土不停 隄防禁盈 土扶微助衰 應成其道 故五行更互須土 土王四季 而居中央 不以名成時 故知同時俱起 但託義相生

아니면 거푸집을 만들어 이름을 날릴 수 없고, 수水는 토가 아니면 멈추거나 막아서 가득 찰 수가 없다.

토는 작은 것을 부축하고 노쇠한 것을 도와서 그 도道를 이루게 하기 때문에, 오행이 서로 토를 필요로 하는 것이니, 토는 네 계절의 끝(四季)에서 왕성(王)하고 중앙에 거처하며, 토의 이름으로 독립된 계절이 없다. 그러므로 사시와 함께 일어나나, 단지 사시에 의탁해서 서로 생해줄 뿐이다"라고 했다.

④ 오행전과 상종수의常從數義의 설

◆ 『오행전』에 말하기를 "오행이 아울러 일어남에 각각의 다른 이름이 있다"고 했다. 상종常從이 쓴 『상종수의』에 말하기를 "북방에서 해亥·자子는 수水니 생수가 1이고, 축丑은 토土니 생수가 5다. 1과 5가 서로 얻으면 6이 되므로, 수의 성수는 6이다.

❖ 북방을 해·자·축의 3지지가 맡은 것으로 보았다.

동방에서 인寅·묘卯는 목木이니 생수가 3이고, 진辰은 토이니 생수가 5이다. 3과 5가 서로 얻어 8이 되므로, 목의 성수는 8이다.

❖ 동방을 인·묘·진의 3지지가 맡은 것으로 보았다.

◆ 傳曰 五行竝起 各以名別 常從數義云 北方亥子水也 生數一 丑土也 生數五 一與五相得爲六 故水成數六也 東方寅卯木也 生數三 辰土也 生數五 三與五相得爲八 故木成數八也 南方巳午火也 生數二 未土也 生數五 二與五相得爲七 故火成數七也 西方申酉金也 生數四 戌土也 生數五 四與五相得爲九 故金成數九也 中央戊己土也 生數五 又土之位在中 其數本五 兩五相得爲十 故土成數十也

남방에서 사巳·오午는 화火니 생수가 2이고, 미未는 토이니 생수가 5이다. 2와 5가 서로 얻어 7이 되므로, 화의 성수는 7이다.

❖ 남방을 사·오·미의 3지지가 맡은 것으로 보았다.

서방에서 신申·유酉는 금이니 생수가 4고, 술戌은 토이니 생수가 5이다. 4와 5가 서로 얻어 9가 되므로, 금의 성수는 9이다.

❖ 서방을 신·유·술의 3지지가 맡은 것으로 보았다.

중앙에서 무戊·기己는 토土이니 생수가 5고, 또한 토의 자리는 중앙에 있어서 그 수가 본래 5니, 두 5가 서로 얻어 10이 된다. 그러므로 토의 성수는 10이다"라고 했다.

❖ 중앙을 무·기의 2천간이 맡은 것으로 보았다.

◆ 이는 음양의 두 기운이 각각 한바퀴 돈 것이니, 오행이 함께 한바퀴 돈 것은 생수이고, 각각 한바퀴를 돈 것은 성수이다. 양은 가볍고 맑은 것으로써 올라가서 하늘이 되고, 음은 무겁고 흐린 것으로써 내려와서 땅이 된다.

그러나 양이 다섯번째 이르러서 중앙으로 들어가는 것은, 양의 본체가 조급하고 빠르기 때문에 함께 한바퀴 돈 뒤에 중앙에 들어가는 것이고, 음이 열번째 이르러야만 중앙에 들어가는 것은, 음의 본체가 늦게 펼쳐지기 때문이다. 그러므로 각각 한바퀴를 돈 뒤에 비로소 들어가는 것이나, 오행이 다 중앙의 기운을

◆ 此陰陽兩氣 各一周也 共一周 則爲生數 各一周 則爲成數 陽以輕清上爲天 陰以重濁下爲地 而陽至第五而入中者 其體躁疾 故共一周而入中 陰至第十方入中者 其體遲緩 故各一周而始入耳 然五行皆得中氣而後成 土居中而王四季 幷須土以成之也

얻은 뒤에 이루어지고, 토는 중앙에 거처하며 사계四季에 왕성(王)하니, 모두 토土로 해서 이루어지는 것이다.

⑤ 서경과 예기의 학설비교

◆『서경』「홍범」은 아주 옛날에 창제된 글이기 때문에 생수生數로 말했고,『예기』「월령」은 시절과 기후에 대한 글이니, 일과 업적을 성취시키는 것이 중요하기 때문에 성수成數로 말했다.

『예기』「월령」에서 오직 토만을 생수로 말한 것은, 토는 생해주는 것으로써 귀중함을 삼고, 또한 나머지 4행을 이루게 하니, 생수만 말하고 성수는 생략한 것이다. 이것은 토가 생하기도 하고 성취시키기도 한다는 뜻이다.

⑥ 정현과 상종의 학설비교

◆◆ 정현은 하늘과 땅이 서로 배합하는 것으로써 음양의 이치를 취했고, 상종은 간지의 수가 화합하는 것으로써 일진을 취해서 썼다. 두 설이 비록 다르나 큰 뜻은 같아서,『역경』「계사상전」 9장의 '하늘 하나로부터 시작해서 땅 열에 이르는 뜻'과 합치된다.

❖ 하늘과 땅이 서로 배합하는 것 : 천수 1과 지수 6이 합해서 수水를 이룸, 지수 2와 천수 7이 합해서 화火를 이룸, 천수 3과 지수 8이 합

◆ 洪範 是上古創制之書 故言生數 禮記月令 是時候之書 所貴成就事業 故言成數 唯土言生數者 土以能生爲貴 且以成四行 足簡之矣 是其能生 能成之義也

◆◆ 鄭玄曰 以天地相配 取陰陽之理 常從 以支干數和合 取日辰爲用 兩說雖別 大意還同 終會易經天一至地十之義

해서 목木을 이룸, 지수 4와 천수 9가 합하여 금金을 이룸, 천수 5와 지수 10이 합하여 토土를 이룸.

❖ 간지의 수가 화합하는 것 : 앞서 말한 상종의 학설로, 예를 들어 자·해의 수 1과 축의 수 5를 합해서 6의 성수를 이루는 것을 뜻한다. 중앙의 토는 천간(무·기)을 썼으므로 간지의 수라고 하였다.

⑦ 효경원신계孝經援神契의 설

◆ 『효경원신계』에 말하기를 "하나로써 세우고, 둘로써 꾀하며, 셋으로써 나오고, 넷으로써 새끼 낳으며, 다섯으로써 합치고, 여섯으로써 즐기며, 일곱으로써 변하고, 여덟으로써 펴며, 아홉으로써 벌리고, 열로써 고르게 한다"고 했다.

❖ 『효경원신계』 : 효경위孝經緯의 하나. 효도와 음양 및 귀신을 하나로 연결하여 생각한 책.

㉠ 1 · 6수 ◆◆ 오행이 하나로써 수水를 세우니 하나가 생수가 되고, 다섯으로써 하나에 배합하니 수水의 성수가 된다. 그러므로 '하나로 세우고 여섯으로 즐긴다'고 한 것이니, 즐긴다는 것은 흥기興起한다는 뜻이다.

㉡ 2 · 7화 ◆◆◆ 2는 화火의 생수고 7은 화의 성수이므로 '둘로

◆ 孝經援神契言 以一立 以二謀 以三出 以四孳 以五合 以六嬉 以七變 以八舒 以九列 以十均

◆◆ 五行以一立水 一爲生數 以五配一 水之成數 故言一立而六嬉 嬉是興義

◆◆◆ 二是火之生數 七是火之成數 故言二謀 火以變化爲能 故言七變 謀者以其爲變之始也

꾀한다'고 했으며, 화는 변화를 잘하기 때문에 '일곱으로 변한다'고 한 것이니, 꾀한다는 것은 변하게 하는 시작이기 때문이다.

ⓒ 3·8목 ◆ 3은 목木의 생수고 8은 목의 성수이다. 오행이 동방에서 시작하기 때문에 '셋으로 난다'고 했으며, 8로 성장하기 때문에 '여덟으로 편다'고 한 것이다.

ⓓ 4·9금 ◆◆ 4는 금의 생수고 9는 금의 성수이다. 서방은 성취시키는 곳이기 때문에 '4로 새끼 낳는다'고 했으며, 여러 물건의 종류가 같지 않기 때문에 '아홉으로 벌려 놓는다'고 한 것이다.

❖ 『효경원신계』의 위에 원문에는 '사자四孳'로 되어 있고, 지금의 설명문에는 '사자四滋'로 되어 있다. 글자의 뜻은 같다.

ⓔ 5·10토 ◆◆◆ 5는 토의 생수고 10은 토의 성수이다. 하늘의 5로써 땅의 10과 합치면 수數의 뜻이 다 갖추어지기 때문에, 다섯은 '합친다'고 말하고 열은 '고르게 한다'고 한 것이니, '고르게 한다'는 것은 모두 성취되어 갖추어진다는 뜻이다.

◆ 三木之生數 八木之成數 五行始於東方 故云三出 八而成長 故曰八舒

◆◆ 四金之生數 九金之成數 西方成就 故言四滋 品類不同 故稱九列

◆◆◆ 五是土之生數 十是土之成數 以天之五 合地之十 數義斯畢 所以五言其合 十言其均 均是成備之義

⑧ 춘추원명포의 설

◆ 『춘추원명포春秋元命苞』에 말하기를 "모태母胎에서 섞여 연동작용을 해서 고르게 되니 1이고, 움직여 둘이 되기 때문에 음양이 되며, 셋으로 받아서 이루어지기 때문에 해와 달과 별이 되고, 넷으로 차례로 펴기 때문에 사시四時가 되며, 다섯으로 일어서기 때문에 오행이 되고, 여섯으로 움직이며 퍼지기 때문에 육률六律이 되고, 일곱으로 나뉘어 달리기 때문에 칠수七宿가 되며, 여덟로 고쳐서 싹트기 때문에 팔풍八風이 되고, 아홉으로 끝까지 펼쳐 있기 때문에 구주九州가 되며, 열에서 모두 드러나기 때문에 공을 이루게 되고 수가 그치게 된다"고 했으니, 이것은 오행의 생성수生成數가 열을 넘지 않는 경위를 밝힌 것이다.

❖ 오행의 생성수

오행	수	화	목	금	토
생수	1	2	3	4	5
성수	6	7	8	9	10

◆ 春秋元命苞云 胎錯僢連 以均一 動合於二故陰陽 受成於三故日月星 序張於四故時 起立於五故行 動布於六故律 踊分於七故宿 改萌於八故風 布極於九故州 吐畢於十故功成數止 此幷經緯 共明五行生成數之數 不過十也

3장. 간지의 수論支干數

◆ 간지의 수는 두 가지가 있으니, 첫째는 통수通數고 둘째는 별수別數다. 여기서는 먼저 통수를 말하고 뒤에 별수를 말하기로 한다.

❖ 통수는 천간天干의 숫자가 10이고, 지지地支의 숫자는 12가 됨을 말한다. 천간과 지지를 통합적으로 말한 수이다. 또 별수는 천간 10개와 지지 12개의 각 개별적인 수를 말한다.

1 통수通數 천간수 10

◆◆ 천간干이 열가지가 있는 것은, 하늘과 땅의 큰 수와 부합시킨 것이다. 『역경』「계사전」에 "하늘의 수가 다섯이고, 땅의 수가 다섯이다"라고 했으니, 하늘과 땅의 수가 10을 넘지 않는 것이다. 그러므로 천간은 10에서 끝나니, 10은 날짜를 주관하여 10일이 1순旬이 된다.

◆ 支干數者 凡有二種 一通數 二別數 今先辯通數 後論別數 通數者 十干十二支也

◆◆ 干有十者 應天地之大數也 易繫辭言 天數五 地數五 天地之數不過於十 故以干極於十 十主日 十日爲一旬也

2 통수通數 지지수 12

◆ 지지支가 열둘이라는 것은, 『예기禮記』 「계명징稽命徵」에 말하기를 "열두 가지 정치를 펴니, 높고 낮음이 차례가 있다"고 했으며, 『효경원신계』에 말하기를 "3·3으로 참여하여 행하고, 4·4로 서로 부조扶助한다"고 했다.

❖ 『예기禮記』 「계명징稽命徵」 : 예위禮緯의 하나로 옛날의 징조를 정리했다고 하는데, 현재는 일실되었음.

하늘에는 사계절(四時)의 기운이 있어서, 석달로 한 계절을 이루기 때문에 '3·3으로 참여해서 행하고, 4·4로 서로 부조한다'고 한 것이다. 하늘과 땅 그리고 사람을 삼재三才라고 하니, 셋은 물건이 나오는 상수常數가 된다. 셋이 각각 셋을 낳으면, 근본은 셋이고 끝은 아홉이 되기 때문에, 합해서 열둘이 되는 것이다.

◆◆ 『춘추원명포』에 말하기를 "수가 셋에서 이루어지기 때문에 3에 합치되니 3개월이고, 양이 아홉에서 극에 달하기 때문에 한 계절이 90일이 된다. 지지(支)는 달을 상징한 것이니 12개월이 한 해가 된다"고 하였으니, 이는 통수를 변론한 것이다.

❖ 『오행대의』의 천본天本에는 "數成於三 故合於三 三月陽極於九 故一時

◆ 支十二者 禮稽命徵言 布政十二 尊卑有序 援神契言 三三參行 四四相扶 天有四時之氣 以三月成一時 故言三三參行 四四相扶 天地人謂之三才 是爲三者 物生之常數 因而各生三 本三而末九 所以十二

◆◆ 元命苞言 數成於三 故合於三 三月陽極於九 故一時九十日也 支象於月 十二月爲一歲也 此辨通數

九十日也"가 "수가 셋에서 이루어지기 때문에 3개월에 합치되고, 양이 아홉에서 극에 달하기 때문에 한 계절의 때가 90일이며(數成於三 故合於三月 陽極於九 故一時九十日也)"로 되어 있다.

3 지지의 별수別數

◆ 별수라는 것은 다음과 같다.

지지의 별수는 자는 9, 축은 8, 인은 7, 묘는 6, 진은 5, 사는 4, 오는 9, 미는 8, 신은 7, 유는 6, 술은 5, 해는 4이다.

		陽始						陰始			
자	축	인	묘	진	사	오	미	신	유	술	해
9	8	7	6	5	4	9	8	7	6	5	4

① 자와 오의 수는 9

◆◆ 『태현경太玄經』에 말하기를 "자子와 오午의 수가 9인 것은, 양은 자에서 일어나서 오에서 마치고, 음은 오에서 일어나서 자에서 마치기 때문에, 자와 오는 상충하는 것으로 음양의 두 기운이 일어나는 곳이다.

❖ 『태현경太玄經』: 한漢나라 양웅揚雄이 지은 책으로, 하나에서 셋이 나오고, 셋에서 아홉이 나오며, 아홉에서 여든하나가 나오는 원리로

◆ 別數者 支數 則子數九 丑八 寅七 卯六 辰五 巳四 午九 未八 申七 酉六 戌五 亥四

◆◆ 太玄經云 子午九者 陽起於子 訖於午 陰起於午 訖於子 故子午對衝 而陰陽二氣之所起也 寅爲陽始 申爲陰始 從所起而左數 至所始而定數 故自子數至申數九 自午數至寅亦九 所以子午九也

만든 『역경』과 비슷한 책이다. 사고제요의 자부子部 술수류術數類에 실려있다.

인寅은 양의 시작이 되고 신申은 음의 시작이 된다. 일어나는 곳부터 왼쪽으로 세어서, 상대되는 것이 시작되는 곳에 이르러서 수를 정한다. 그러므로 양은 자로부터 신까지 세면 9이고, 음도 오부터 인까지 세면 또한 9가 되기 때문에, 자와 오의 수가 9가 된다.

② 축과 미의 수는 **8**

◆ 축과 미는 상충이 되며, 축부터 신까지 세면 8이고, 미부터 인까지 세면 또한 8이니, 축과 미의 수가 8이 된다.

③ 인과 신의 수는 **7**

◆◆ 인과 신은 상충이 되며, 인부터 신까지 세면 7이고, 신부터 인까지 세면 또한 7이니, 인과 신의 수가 7이 된다.

④ 묘와 유의 수는 **6**

◆◆◆ 묘와 유는 상충이 되며, 묘부터 신까지 세면 6이고, 유부터 인까지 세면 또한 6이니, 묘와 유의 수가 6이 된다.

⑤ 진과 술의 수는 **5**

◆◆◆◆ 진과 술은 상충이 되며, 진부터 신까지 세면 5이고, 술부터

◆ 丑未爲對衝 自丑數至申數八 自未數至寅亦八 所以丑未八也

◆◆ 寅申爲對衝 自寅數至申數七 自申數至寅亦七 所以寅申七也

◆◆◆ 卯酉爲對衝 自卯數至申數六 自酉數至寅亦六 所以卯酉六也

인까지 세면 또한 5니, 진과 술의 수가 5가 된다.

⑥ 사와 해의 수는 **4**

• 사와 해가 상충이 되며, 사부터 신까지 세면 4고, 해부터 인까지 세면 또한 4니, 사와 해의 수가 4가 된다"고 했다.

•• 또 말하기를 "양수는 9에서 극에 가니, 자·오子午는 하늘과 땅의 경도經道가 되기 때문에, 양의 극한 수를 취한 것이다. 자子·축丑·미未·사巳로 내려가면서는, 위의 수에서 각각 하나씩 덜어서 8부터 4까지 이른 것이니, 이치를 스스로 알 수 있을 것이다"라고 했다.

4 천간의 별수

••• 천간天干의 수는 갑은 9, 을은 8, 병은 7, 정은 6, 무는 5, 기는 9, 경은 8, 신은 7, 임은 6, 계는 5이다.

갑	을	병	정	무	기	경	신	임	계
9	8	7	6	5	9	8	7	6	5

① 갑甲과 기己의 수는 **9**

•••• 辰戌爲對衝 自辰數至申數五 自戌數至寅亦五 所以辰戌五也

• 巳亥爲對衝 自巳數至申數四 自亥數至寅亦四 所以巳亥四也

•• 又云 陽數極於九 子午爲天地之經 故取陽之極數 子丑未巳下數各減一 從八至四 理自可知

••• 干數者 甲九 乙八 丙七 丁六 戊五 己九 庚八 辛七 壬六 癸五

◆『태현경』에 말하기를 "갑甲과 기己의 수가 9인 것은, 갑은 갑자甲子에서 처음에 일어나니 자를 따라가기 때문에 9며, 기와 갑은 짝이 되기 때문에 갑과 함께 9가 된다.

② 을乙과 경庚의 수는 **8**

◆◆ 을은 을축乙丑에서 처음 일어나니 축을 따르기 때문에 8이고, 을과 경은 짝이 되니 경과 함께 8이 된다.

③ 병丙과 신辛의 수는 **7**

◆◆◆ 병은 병인丙寅에서 처음 일어나니 인을 따르기 때문에 7이고, 신은 병의 짝이니 병과 함께 7이 된다.

④ 정丁과 임壬의 수는 **6**

◆◆◆◆ 정은 정묘丁卯에서 처음 일어나니 묘를 따르기 때문에 6이고, 정은 임과 짝이니 임과 함께 6이 된다.

⑤ 무戊와 계癸의 수는 **5**

◆◆◆◆◆ 무는 무진戊辰에서 처음 일어나니 진을 따르기 때문에 5이고, 계는 무와 짝이 되니 무와 함께 5가 된다.

◆ 太玄經云 甲己九者 甲起甲子 從子故九 己爲甲配 故與甲俱九

◆◆ 乙起乙丑 從丑故八 乙配於庚 與庚俱八

◆◆◆ 丙起丙寅 從寅故七 辛配於丙 與丙俱七

◆◆◆◆ 丁起丁卯 從卯故六 丁配於壬 與壬俱六

◆◆◆◆◆ 戊起戊辰 從辰故五 癸配於戊 與戊俱五

◆ 지지支는 열두개가 있어서 상충되는 것과 수가 같기 때문에, 9부터 4까지 이르는 여섯가지고, 천간干은 오직 열개가 있어서 짝이 되는 것과 수가 같기 때문에, 9에서 5에 이르는 다섯가지다"라고 했다.

또 말하기를 "지支는 땅의 수를 따르기 때문에 수가 음수陰數에서 끝나니 짝수인 4에서 끝나고, 간干은 하늘을 따르기 때문에 수가 양수陽數에서 끝나니 홀수인 5에서 끝나는 것이다. 5는 오기五氣에서 그치는 것이고, 4는 사시四時에서 끝나는 것이며, 많은 수라도 9보다 적은 까닭은 9가 양수의 끝이기 때문이다"라고 했다.

◆◆ 오행과 간지의 수가 상相은 배로 하고, 왕王은 10으로 곱하며, 휴休는 본래 수대로 하고, 수사囚死는 절반으로 하니, 이 네가지로 불려 넓혀 나가면 수가 끝없이 전개된다. 이것은 모두 기氣를 따라서 더하고 빼는 것이니, 기가 성하면 많이 하고, 기가 쇠하면 적게 하는 것이다.

◆ 支有十二 以對衝同數 故自九至四 干唯有十 以配合同數 故自九至五 又云 支從地 故數畢於陰 以四偶也 干從天 故數畢於陽 以五奇也 五則止於五氣 四則極於四時 上不過九者 陽之極數也

◆◆ 五行及支干之數 相則倍之 王則十而倍之 休則如本囚死半之 以此四而華 數乃無極 此幷從氣增減 氣盛則多 氣衰則少也

4장. 납음수를 논함論納音數

1 납음수納音數의 뜻

◆ 납음수라는 것은 사람의 본명本命이 소속된 음音을 말하니, '음音'은 곧 궁宮·상商·각角·치徵·우羽의 다섯이고, '납納'은 이 음을 취해서 소속해 있는 성씨(성질)를 조율하는 것이다.

❖ 성씨 : 납음은 성姓을 결정하는 것이지만, 여기는 성질로 번역한다.

① 납음수

◆◆ 『악위樂緯』에 말하기를 "공자께서 말씀하시기를 '내가 음률을 불어서 성질을 정했으니, 첫번째 소리로 토음을 얻으니 궁이요, 세번째 소리로 화를 얻으니 치요, 다섯번째 소리로 수를 얻으니 우요, 일곱번째 소리로 금을 얻으니 상이요, 아홉번째 소리로 목을 얻으니 각이고, 이것은 모두 양수다.

❖ 『악위樂緯』 : 송균宋均이 주석했다는 위서緯書로 「협도징叶圖徵 동성의動聲儀 계요가稽耀嘉」 등의 3편으로 되어 있었으나, 현재는 전하지 않는다.

◆ 納音數者 謂人本命所屬之音也 音卽宮商角徵羽也 納者取此音以調姓所屬也

◆◆ 樂緯云 孔子曰 丘吹律定姓 一言得土曰宮 三言得火曰徵 五言得水曰羽 七言得金曰商 九言得木曰角 此幷是陽數

② 생수生數 · 장수壯數 · 노수老數

• 오행에는 모두 생수生數·장수壯數·노수老數의 세 종류가 있는데, 목의 생수는 3이고, 장수는 8이며, 노수는 9이다. 화의 생수는 2이고, 장수는 7이며, 노수는 3이다. 토의 생수는 5이고, 장수는 10이며, 노수는 1이다. 금의 생수는 4이고, 장수는 9이며, 노수는 7이다. 수의 생수는 1이고, 장수는 6이며, 노수는 5이기 때문이다'라고 하셨다"라고 했다.

❖ 궁宮·상商·각角·치徵·우羽의 다섯 음의 수는, 생수·장수·노수 중에 노수를 쓴다. 이를 도표로 만들면 다음과 같다.

오행		토	금	목	화	수
오음		궁	상	각	치	우
言		1	7	9	3	5
수	생수	5	4	3	2	1
	장수	10	9	8	7	6
	노수	1	7	9	3	5

2 납음수에 노수를 쓰는 이유

① 관로管輅의 설

•• 관로가 말하기를 "토土의 노수가 1이라는 것은, 토는 만물

◆ 凡五行有生數壯數老數三種 木生數三 壯數八 老數九 火生數二 壯數七 老數三 土生數五 壯數十 老數一 金生數四 壯數九 老數七 水生數一 壯數六 老數五

◆◆ 管輅云 土老數一者 土爲萬物之主 一切歸之 所以一也 三才交而人理具 火之爲德 取三才之義 故老數三 水上應五星 下同五藏

의 주인이 되니 일체가 토로 돌아간다. 그래서 1이 된다. 삼재三才가 사귀어 사람의 이치가 갖추어지니, 화火의 덕은 삼재의 뜻을 취했기 때문에 노수가 3이다. 수水는 위로 오성五星과 응하고 아래로는 오장五藏과 같이 하기 때문에 수의 노수는 5고, 금金은 칠요七曜와 짝하기 때문에 금의 노수는 7이다. 목木은 하늘에서는 구성九星이 되고, 땅에서는 구주九州가 되며 사람에게는 아홉 구멍九竅*이 된다. 그러므로 목의 노수는 9다. 생수가 먼저이고, 장수가 다음이며, 노수가 뒤에 있는 것이나, 납음은 본명을 논하기 때문에 마지막 수로 말했다"고 했다. 그러나 이 해석은 미진한 곳이 있다.

* 관로管輅 : 삼국시대 위魏나라의 평원平原사람. 자는 공명公明. 풍각점風角占과 관상에 정통하였다. 저서로는 『주역통령결周易通靈訣』과 『주역통령요결周易通靈要訣』이 있다.
* 아홉구멍 : 눈(2), 코(2), 귀(2), 입(1), 앞의 생식기와 뒤의 항문(2).

② 소길蕭吉의 설

• 만물이 모두 오상五常의 기운을 받아 화합해서 물건을 낳으니, 난 뒤에는 반드시 장성하게 되며, 장성한 뒤에는 반드시 노쇠해지기 때문에, 생수·장수·노수의 세가지 뜻이 있는 것이다.

故水老數五 金配七曜 故金老數七 木在天爲九星 在地爲九州 在人爲九竅 故木老數九 先生數 次壯數 後老數 納音論其本命 故以終數言之 此釋猶爲未盡

◆ 夫萬物皆稟五常之氣 化合而生物 生之後 必至成壯 成壯之後 必有衰老 故有三種義 爲人之道 自壯及老 莫不本乎禮義而以立身 然存禮義者 靡不有初 鮮克有終 今旣論納音人之所屬 非人莫能行其禮義 故以終老之數 禮義明之

사람의 도리는 장성해서 늙을 때까지 예의를 근본으로 해서 행세를 해야 하나, 예의를 지키려는 사람도 처음은 잘하지만 끝까지 지키는 이는 드물다. 이제 납음으로 사람의 속성을 논했으나, 사람이 아니면 그 예의를 행할 수 없기 때문에, 마지막 노수에 예의로써 밝힌 것이다.

❖ 소길蕭吉 : 수隋나라 사람으로, 자는 문휴文休이다. 박학다식하였고, 특히 음양학과 산술학算術學에 정통하였다. 본 책인 『오행대의』의 저자이기도 하며, 저서로는 『금해상경요록金海相經要錄, 택경宅經, 장경葬經, 악보樂譜, 제왕양생방帝王養生方, 상수판요결相手版要訣, 태일입성太一立成』 등이 있다. 원저자 약력 참조.

3 납음수를 정함

① 토土의 납음수 1

◆ "첫번째 소리로 토土를 얻었다"는 것은, 토는 큰 것을 머금은 두터운 덕으로 지위가 높으므로 임금이 된다. 임금은 백성의 주인이 되고, 주인은 둘이 없으니, 시작을 불러일으키기 때문에 수가 1이다.

② 화火의 납음수 3

◆◆ "세번째 소리로 화火를 얻었다"는 것은, 화는 예를 주관하므로 효와 공경이 먼저이며, 자기를 나아준 덕을 버릴 수 없기

◆ 一言得土者 土以含弘德厚位高爲君 君爲民主 主則無二 唱始之言 故數一也

◆◆ 三言得火者 火旣主禮 孝敬爲先 不敢棄所生之德 故其數三 從木數也

때문에 그 수가 3이니, 목의 수를 따른 것이다.

❖ 목이 화를 생하므로, 목은 화의 부모가 된다.

③ 수水의 납음수 5

◆ 수水는 음陰의 자리에 있으니 신하의 도道다. 토가 수를 제어하는 것은 임금이 신하를 제어하는 것과 같아서, 놓아주면 가고 막으면 그치니, 수水가 마음대로 하지 못한다. 때문에 토의 수인 5를 따르는 것이다.

❖ 토가 수를 극하고, 토는 오행을 총괄하는 임금격이므로, 토와 수를 임금과 신하에 비유하였다.

④ 금金의 납음수 7

◆◆ 금金은 의리를 주관하니, 의리는 부부의 도다. 아내는 스스로 마음대로 하지 못하고 지아비를 따라야 하는 뜻이 있다. 화는 금의 지아비가 되기 때문에, 화의 수인 7을 쓰는 것이다.

❖ 금이 목을 극하고, 자신을 극하는 것은 지아비이므로, 화를 지아비로 금을 아내로 보았다.

⑤ 목木의 납음수 9

◆◆◆ 목은 어짊과 효를 주관하고, 금은 목을 극하니 종묘의 형상

◆ 水居陰位 人臣之道 土能制水 如君制臣 縱之則行 壅之則止 水不自專 故從土數五也

◆◆ 金旣主義 義是夫妻之道 妻無自專 有從夫之義 火爲金夫 故用火數七也

◆◆◆ 木主仁孝 金能剋木 宗廟之象 式經云 金爲骸骨 木爲棺槨 此

이다. 『식경式經』에 말하기를 "금은 해골이 되고 목은 널(棺槨)이 된다"고 했으니, 이것은 금과 목이 귀신의 일이 됨을 밝혀, 공경해서 섬기도록 한 것이다. 그러므로 목은 금의 수를 따라서 9다.

❖ 식경式經 : 식경에는 『황제식경黃帝式經, 현녀식경요법玄女式經要法, 육임식경잡점六壬式經雜占』 등이 있는데, 어느 것을 뜻하는지는 모르겠다.

◆ 첫 번째는 임금의 덕을 보여주고, 두 번째는 부모에게 순히 하며, 세 번째는 신하의 절개를 나타내고, 네 번째는 남편을 공경하고 따르게 하며, 다섯 번째는 귀신을 섬기게 하니, 이것으로 예의가 갖추어지고 사람의 일이 다 끝나기 때문에 납음의 숫자로 쓴 것이다.

4 천간과 지지의 납음수

① 천간과 지지를 팔괘에 배속함

◆◆ 납음으로 볼 때,

자子와 오午는 경庚에 속하니 진괘(震卦☳)가 맡은 일진이고,

明金木爲鬼神之事 以敬事 故木從金數 故數九也

◆ 一示君德 二順父母 三表臣節 四敬從夫 五事鬼神 此則禮義備而人事畢矣 故納音用之數

◆◆ 納音者 子午屬庚 震卦所直日辰也 丑未屬辛 巽卦所直日辰也 寅申屬戊 坎卦所直日辰也 卯酉屬己 離卦所直日辰也 辰戌屬丙 艮卦所直日辰也 巳亥屬丁 兌卦所直日辰也

축丑과 미未는 신辛에 속하니 손괘(巽卦☴)가 맡은 일진이며, 인寅과 신申은 무戊에 속하니 감괘(坎卦☵)가 맡은 일진이다. 묘卯와 유酉는 기己에 속하니 리괘(離卦☲)가 맡은 일진이고, 진辰과 술戌은 병丙에 속하니 간괘(艮卦☶)가 맡은 일진이며, 사巳와 해亥는 정丁에 속하니 태괘(兌卦☱)가 맡은 일진이다.

❖ 팔괘와 천간지지

팔괘	건괘 ☰	곤괘 ☷	진괘 ☳	손괘 ☴	감괘 ☵	리괘 ☲	간괘 ☶	태괘 ☱
천간	갑·임	을·계	경	신	무	기	병	정
지지			자·오	축·미	인·신	묘·유	진·술	사·해

② 육십갑자를 납음오행에 배속함

◆ "첫번째 소리로 토를 얻었다"는 것의 예를 들면, 본명本命이 경자庚子일 때, 자는 경에 속한다. 수가 하나라고 함은 자에서 바로 경을 얻으니, 그 수가 1임을 말한다.

❖ 경자의 자는 경에 속하므로(위에 있는 도표 「팔괘와 천간지지」 참조. 이하 같음), 경에서 경까지 세면 1(경 → 경)이 된다. 따라서 경자의 수는 1에 해당하고, 1은 토의 소리이므로, 경자는 납음으로 볼 때 토에 해당한다. 경자는 신축과 더불어 벽상토壁上土라고 한다.

"세번째 소리로 화를 얻었다"는 것의 예를 들면, 본명이 병인

◆ 一言得土者 本命庚子 子屬於庚 數之一言 便以得之是也 三言得火者 本命丙寅 寅屬於戊 從丙數至戊 凡三是也 五言得水者 本命壬戌 戌屬於丙 從壬數至丙 凡五是也 七言得金者 本命壬申 申屬於戊 從壬數至戊 凡七是也 九言得木者 本命己巳 巳屬於丁 從己數至丁 凡九是也 六十甲子 例皆如是

丙寅일때, 인은 무에 속하므로, 병부터 무까지 세면 셋이 된다.

❖ 병인의 인은 무에 속하므로, 병에서 무까지 세면 3(병 → 정 → 무)이 된다. 따라서 병인의 수는 3에 해당하고, 3은 화의 소리이므로, 납음으로 볼 때 병인은 화에 해당한다. 병인은 정묘와 더불어 노중화爐中火라고 한다.

"다섯번째 소리로 수를 얻었다"는 것의 예를 들면, 본명이 임술壬戌일때, 술은 병에 속하므로, 임부터 병까지 세면 다섯이 된다.

❖ 임술의 술은 병에 속하므로, 임에서 병까지 세면 5(임 → 계 → 갑 → 을 → 병)가 된다. 따라서 임술의 수는 5에 해당하고, 5는 수의 소리이므로, 납음으로 볼 때 임술은 수에 해당한다. 임술은 계해와 더불어 대해수大海水라고 한다.

"일곱번째 소리로 금을 얻었다"는 것의 예를 들면, 본명이 임신壬申일때, 신은 무에 속하므로, 임부터 무까지 이르면 일곱이 된다.

❖ 임신의 신은 무에 속하므로, 임에서 무까지 세면 7(임 → 계 → 갑 → 을 → 병 → 정 → 무)이 된다. 따라서 임신의 수는 7에 해당하고, 7은 금의 소리이므로, 납음으로 볼 때 임신은 금에 해당한다. 임신은 계유와 더불어 검봉금劍鋒金이라고 한다.

"아홉번째 소리로 목을 얻었다"는 것의 예를 들면, 본명이 기사己巳일때, 사는 정에 속하므로, 기부터 정까지 세면 아홉이 된다.

❖ 기사의 사는 정에 속하므로, 기에서 정까지 세면 9(기 → 경 → 신 → 임 → 계 → 갑 → 을 → 병 → 정)가 된다. 따라서 기사의 수는 9에

해당하고, 9는 목의 소리이므로, 납음으로 볼 때 기사는 목에 해당한다. 기사는 무진과 더불어 대림목大林木이라고 한다.

육십갑자를 다 위와 같은 예에 의해 오행을 정하는 것이다.

❖ 육십갑자 납음오행표

六甲	갑자	을축	병인	정묘	무진	기사	경오	신미	임신	계유
납음오행	海中金		爐中火		大林木		路中土		劍鋒金	
六甲	갑술	을해	병자	정축	무인	기묘	경진	신사	임오	계미
납음오행	山頭火		澗下水		城頭土		白鑞金		楊柳木	
六甲	갑신	을유	병술	정해	무자	기축	경인	신묘	임진	계사
납음오행	泉中水		屋上土		霹靂火		松柏木		長流水	
六甲	갑오	을미	병신	정유	무술	기해	경자	신축	임인	계묘
납음오행	沙中金		山下火		平地木		壁上土		金箔金	
六甲	갑진	을사	병오	정미	무신	기유	경술	신해	임자	계축
납음오행	覆燈火		天河水		大驛土		釵釧金		桑柘木	
六甲	갑인	을묘	병진	정사	무오	기미	경신	신유	임술	계해
납음오행	大溪水		沙中土		天上火		石榴木		大海水	

③ 지지에 납음을 배속하는 법

• 지지를 팔괘에 소속시켜 납음을 만드는 것은, 모두 차례로 상충되는 것을 취했다. 즉 자子와 오午가 경庚에 소속되는 것을 보면, 자와 오가 서로 상충되기 때문이니, 나머지도 모두 그렇다. 세상의 모든 것은 양이 베풀어야 음이 만들어 내게 된다. 또 기운을 받아 형체가 정해지는 것은, 모두 음양의 힘을 빌어 기르고 성숙되는 것이니, 사람의 속성도 모두 양수陽數로써 말을

◆ 支屬八卦 爲納音者 皆以次而取對衝 如子午屬庚 子午相對衝也 餘例悉然 夫陽施陰化 故受氣定形 皆資於陰陽 以養成之 是以人之所屬 皆以陽數言也

한 것이다.

• 자子와 오午를 경庚에 소속시키는 등, 지지를 천간에 배속시키는 까닭은 다음과 같다. 건☰은 아버지가 되고 곤☷은 어머니가 되어 함께 여섯 자식을 두었다. 그러므로 말하기를, 건이 세 아들을 거느리니 진☳·감☵·간☶이고, 곤이 세 딸을 거느리니 손☴·리☲·태☱다.

음과 양은 서로 낳기 때문에, 건은 딸을 낳고 곤은 아들을 낳는다. 건이 첫번째 낳아 손을 얻으니 장녀이고, 두번째 낳아 리를 얻으니 중녀이며, 세번째 낳아 태를 얻으니 소녀이다. 곤이 첫번째 낳아 진을 얻으니 장남이고, 두번째 낳아 감을 얻으니 중남이며, 세번째 낳아 간을 얻으니 소남이다.

④ 천간을 팔괘에 배속시킴

•• 갑甲은 양간陽干의 시작이니 건䷀의 하괘 세효가 취하고, 임壬은 양간의 끝이니 건䷀의 상괘 세효가 취하며, 을乙은 음간陰干의 시작이니 곤䷁의 하괘 세효가 취하고, 계癸는 음간의 끝이니 곤䷁의 상괘 세효가 취한다.

❖ 건䷀의 하괘에 있는 초효·이효·삼효에 갑을 배속하고, 상괘에 있

• 所以子午屬庚之例者 乾爲父 坤爲母 共有六子 故曰 乾將三男 震坎艮 坤將三女 巽離兌 陰陽相生 故就乾索女 就坤索男 所以乾一索而得巽 曰長女 再索而得離 曰中女 三索而得兌 曰少女 坤一索而得震 曰長男 再索而得坎 曰中男 三索而得艮 曰少男

•• 甲是陽干之始 乾下三爻取之 壬是陽干之末 乾上三爻取之 乙是陰干之始 坤下三爻取之 癸是陰干之末 坤上三爻取之

는 사효·오효·상효에 임을 배속한다. 또 곤☷의 하괘에 있는 초효·이효·삼효에 을을 배속하고, 상괘에 있는 사효·오효·상효에 계를 배속한다.

• 나머지 여섯 천간은 양은 아들괘에 소속시키고, 음은 딸괘에 소속시킨다. 갑·을 다음에 병丙·정丁이므로, 병을 소남 간艮☶에 소속시키고, 정을 소녀 태兌☱에 소속시킨다. 병·정 다음에 무戊·기己이므로, 무를 중남 감坎☵에 소속시키고, 기를 중녀 리離☲에 소속시킨다. 무·기 다음에 경庚·신辛이므로, 경을 장남 진震☳에 소속시키고, 신을 장녀 손巽☴에 소속시킨다. 젊은 것부터 먼저 해서 늙은 것으로 소속시켜 간 것은, 작은 것으로부터 큰 것에 미치고, 미세한 것으로부터 현저한 것에 이르기 때문이다.

❖ 천간의 팔괘 배속표

천간	갑	을	병	정	무	기	경	신	임	계
팔괘	☰	☷	☶	☱	☵	☲	☳	☴	☰	☷

⑤ 지지를 팔괘에 배속시킴

㉠ 진 •• 천간을 모두 소속시켰으면 다음은 지지를 배속시켜

• 餘有六干 陽付其男 陰付其女 甲乙之後 次於丙丁 故以丙付少男艮 以丁付少女兌 丙丁之後 次於戊己 故以戊付中男坎 以己付中女離 戊己之後 次於庚辛 故以庚付長男震 以辛付長女巽 所以從少而付老 自小及大 從微至著故也

•• 付干旣訖 次付其支 震爲長子 故其卦初九 得乾之子 九四得乾之午 震干庚 故子午屬庚

야 한다. 진☳은 장자이기 때문에, 진䷲의 하괘 초구가 건䷀의 자子를 얻고, 상괘 구사가 건의 오午를 얻으며, 진의 천간은 경이므로 자午·오子가 경庚에 소속된다.

ⓛ 손 ◆ 손☴은 장녀이고, 자子 다음에 축丑이니 손䷸의 하괘 초육이 곤䷁의 축丑을 얻고, 오午 다음에 미未니 손의 상괘 육사가 곤의 미未를 얻으며, 손의 천간은 신辛이기 때문에 축丑·미未가 신辛에 소속된다.

❖ 건에 배속된 자와 오, 그리고 곤에 배속된 축과 미에 대한 해설이 빠졌다.

ⓒ 감 ◆◆ 감☵은 중남이 되고, 축丑 다음에 인寅이니 감䷜의 하괘 초육이 건䷀의 인寅을 얻고, 미未 다음에 신申이니 감의 상괘 육사가 건의 신申을 얻으며, 감의 천간은 무戊이기 때문에 인寅·신申이 무戊에 소속된다.

ⓡ 리 ◆◆◆ 리☲는 중녀가 되고, 인寅 다음에 묘卯이니 리䷝의 하괘 초구가 곤䷁의 묘卯를 얻고, 신申 다음에 유酉이니 리의 상괘 구사가 곤의 유酉를 얻으며, 리의 천간은 기己이기 때문에 묘·유卯酉가 기己에 소속된다.

◆ 巽爲長女 子後次丑 故其卦初六 得坤之丑 午後次未 六四得坤之未 巽干辛 故丑未屬辛

◆◆ 坎爲中男 丑後次寅 其卦初六 得乾之寅 未後次申 六四得乾之申 坎干戊 故寅申屬戊

◆◆◆ 離爲中女 寅後次卯 故其卦初九 得坤之卯 申後次酉 九四得坤之酉 離干己 故卯酉屬己

㉤ 간 ◆ 간☶은 소남이 되고, 묘卯 다음에 진辰이니 간☶의 하괘 초육이 건☰의 진辰을 얻고, 유酉 다음에 술戌이니 간의 상괘 육사가 건의 술戌을 얻으며, 간의 천간은 병丙이기 때문에 진辰·술戌이 병丙에 소속된다.

㉥ 태 ◆◆ 태☱는 소녀가 되고, 진辰 다음에 사巳이니 태☱의 하괘 초구가 곤☷의 사巳를 얻고, 술戌 다음에 해亥이니 태의 상괘 구사가 곤의 해亥를 얻으며, 태의 천간은 정丁이기 때문에 사巳·해亥가 정丁에 소속된다.

❖ 위의 내용을 도표로 만들면 다음과 같다.

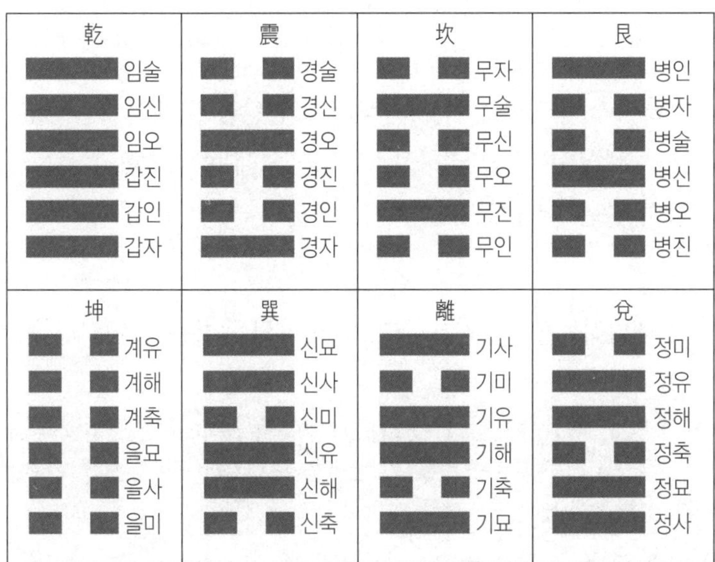

乾	震	坎	艮
임술	경술	무자	병인
임신	경신	무술	병자
임오	경오	무신	병술
갑진	경진	무오	병신
갑인	경인	무진	병오
갑자	경자	무인	병진

坤	巽	離	兌
계유	신묘	기사	정미
계해	신사	기미	정유
계축	신미	기유	정해
을묘	신유	기해	정축
을사	신해	기축	정묘
을미	신축	기묘	정사

◆ 艮爲少男 卯後次辰 故其卦初六 得乾之辰 酉後次戌 六四得乾之戌 艮干丙 故辰戌屬丙

◆◆ 兌爲少女 辰後次巳 故其卦初九 得坤之巳 戌後次亥 九四得坤之亥 兌干丁 故巳亥屬丁

◆ 여섯 자식괘의 천간을 취하는 것은 부모괘인 건·곤괘가 취한 나머지를 취하나, 지지를 취하는 것은 모두 건과 곤으로부터 얻으니, 양은 건의 것을 취하고 음은 곤의 것을 취한다. 부모의 것을 모두 받았기 때문에 여섯 자식괘가 12진辰을 모두 주관하고, 사람의 납음이 모두 그안에 달려있게 된다. 갑甲·을乙·임壬·계癸가 납음이 되지 않는 것은, 건과 곤에 소속되어 있기 때문이다.

❖ 갑甲·을乙·임壬·계癸 : 갑과 임은 건괘가 취한 천간납음이고, 을과 계는 곤괘가 취한 천간납음이다. 이 네 천간을 다른 여섯 자식괘가 납음으로 취하지 않으므로, "여섯 자식괘의 천간을 취하는 것은 부모괘인 건·곤괘가 취한 나머지를 취한다"고 하였다.

◆◆ 혹자가 묻기를, "여섯 자식괘가 천간을 쓸때는 부모괘(乾·坤)가 쓰지 않는 것을 취하고, 지지를 쓸때는 부모괘의 것을 모두 같이 씀은 어째서입니까?"

◆◆◆ 대답하기를, "천간은 양陽이니, 양의 몸체는 홀이기 때문에

◆ 六子取干 則乾坤之餘 取支竝從乾坤而得 陽取於乾 陰取於坤 皆受於父母 故六子併主十二辰 人之納音 皆所繼焉 甲乙壬癸 不爲納音者 以屬乾坤故也

◆◆ 或問曰 六子用干 則取父母之不用者 用支則竝同於父母者何

◆◆◆ 答曰 干是陽也 陽體奇 故正得一往分用 支是陰也 陰體偶 故以再往用之 又復龜則用日 是以正求於干 故發兆分爲十分 筮則用辰 正求於支 是以飛伏六爻 竝論十二支 雖復體不兼 要須相配以明義 干爲尊 故不得不先設而後求支 筮雖不正用干 亦須干助以顯其趣 猶如龜判十二支 兆體雖無支象 必約而論之 筮雖闕三甲 三壬 三乙 三癸 亦約虛以求實

바로 하나씩 가면서 나누어 쓴다. 지지는 음이니, 음의 몸체는 짝이기 때문에 둘씩 가면서 쓰는 것이다.

❖ 홀수는 한 방향으로 나가므로 1은 10이고, 3은 30이며, 5는 5로 그 수가 줄지 않으나, 짝수는 쌍방향으로 나가므로 2는 1과 1의 합이고, 4는 2와 2의 합이 되는 등 그 수가 반으로 줄어든다. 따라서 양인 천간을 쓸때는 부모와 자식이 각자 쓰는 것이고, 음인 지지를 쓸때는 부모와 자식이 같이 쓰는 것이다.

또한 거북점은 일日을 쓰는 까닭에, 바로 천간에서 구한다. 그러므로 징조를 발하는 것이 열부분으로 나뉜다. 시초점은 진辰을 쓰는 까닭에, 바로 지지에서 구한다. 그러므로 육효의 비복飛伏이 모두 12지를 논하니, 비록 본체가 음양을 겸하지는 못했으나, 서로 배합해서 뜻을 밝혀야 하는 것이다.

❖ 거북점에서 거북의 꼬리부터 머리의 중심부를 가르는 선을 천리로千里路라고 하며, 천리로를 중심으로 가로로 갑을甲乙·요금腰金·두재兜財의 세부분으로 나뉘고, 각 부분에서 천리로의 왼쪽을 갑을甲乙이라 하고, 오른쪽을 병정丙丁이라 한다.

❖ 각 부분의 단위갑을 또는 병정의 부분에 각기 갑·을·병·정·무·기·경·신·임·계의 10천간이 자리하여 점을 치는데, 중앙부터 세어서 초효를 갑·을의 자리로 보고 머리(頭) 또는 청룡青龍 또는 재신財神이라고 하며, 이효를 병·정의 자리로 보고 주작朱雀 또는 관귀官鬼로 보며, 삼효를 무의 자리로 보아 등사螣蛇 또는 조부祖父로 보며, 사효를 기의 자리로 보아 구진勾陳 또는 조모祖母로 보며, 오효를 경·신으로 보아 백호白虎 또는 형제兄弟로 보며, 제일 가에 있는 육효를 임·계의 자리로 보아 현무玄武 또는 자손子孫으로 본다.

천간은 높은 것이 되기 때문에 먼저 설정해 놓고 그 뒤에 지지를 구해야만 된다. 마치 시초점이 천간을 쓰지 않으나, 또한 천간으로 그 취지를 나타내야 하고, 거북점으로 12지를 판별할 때 조짐의 본체에는 지지의 상이 없으나 반드시 간략하게 논하며, 시초점이 3갑甲 3임壬 3을乙 3계癸를 생략하나, 또한 생략하고 빈 것에서 실질을 구하는 것과 같다.

• 또한 천간을 설정해 갈 때 먼저 부모괘부터 시작하고, 뒤에 여섯 자식괘에 미치게 한다. 즉 갑으로써 건☰에 배속하고, 을로써 곤☷에 배속하며, 병으로써 간☶에 배속하고, 정으로써 태☱에 배속하며, 무로써 감☵에 배속하고, 기로써 리☲에 배속하며, 경으로써 진☳에 배속하고, 신으로써 손☴에 배속한다. 팔괘를 모두 마치면 임은 다시 건☰에 이르고, 다음의 다시 계는 곤☷에 이르게 하니, 10간을 배열할 때에 있어서 부모괘인 건·곤의 여섯효가 지위가 높으므로 그 시작과 끝을 취함은 당연한 이치이다.

•• 건·곤의 괘체가 각각 천간 두 개를 얻었으면, 건·곤의 지지는 효마다 얻어 12지지를 써야 한다. 그러므로 모든 괘의 지지가 건·곤 두 괘에 다 갖추어 있으니, 양괘는 건·곤의 양지陽支를 취하고 음괘는 건·곤의 음지陰支를 취해서, 네 괘는 같은 양이고

• 且設干往 先從父母而爲始 後及六子 以甲付乾 以乙付坤 以丙付良 以丁付兌 以戊付坎 以己付離 以庚付震 以辛付巽 歷八卦訖 壬還到乾 次癸還到坤 十干所在 六爻乾坤位尊 取其始末理然

•• 體各得二干 支旣當爻正用 故卦別皆備 陽卦取其陽支 陰卦取其陰支 四卦同陽 四卦同陰 非正同於父母 當伏羲劃八卦爲三爻 備天地人 所以分干 卦別取三 乾坤居始 故取甲乙 後神農重之 以爲八純子 有重來之理 所以卦六干竝同父母 無二之義 故後卦取乎壬癸 其甲乙壬癸 各少三者 皆排在虛用之中 不全無者 陰有從陽之義

네 괘는 같은 음을 쓰나, 부모괘와 똑같지는 않다.

❖ 양괘陽卦는 아버지괘인 건☰을 비롯해서 장남괘인 진☳, 차남괘인 감☵, 소남괘인 간☶의 네 괘를 뜻한다. 또 음괘陰卦는 어머니괘인 곤☷을 비롯해서, 장녀괘인 손☴, 차녀괘인 리☲, 소녀괘인 태☱의 네 괘를 말한다.

❖ 양지陽支는 홀수번째 지지인 자·인·진·오·신·술의 여섯지지를 말하고, 음지陰支는 짝수번째 지지인 축·묘·사·미·유·해의 여섯지지를 말한다. 100쪽 참조.

복희씨가 팔괘를 세 획으로 그은 것은 하늘과 땅과 사람의 삼재를 갖춘 것이니, 천간을 나눌 때 양괘와 음괘별로 세 개씩 취했고, 건·곤은 처음에 있기 때문에 갑甲·을乙을 취한 것이다. 뒤에 신농씨가 팔괘를 거듭 놓아서 팔순괘八純卦를 만드니, 거듭 와야 하는 이치가 있게 되었다. 그래서 여섯 자식괘가 부모괘와 같이 각각 하나의 천간을 얻었으나 두 개를 얻어야 하는 뜻이 없기 때문에, 건·곤의 후괘(상괘)가 임壬·계癸를 취한 것이다. 건·곤에 배당된 갑甲·을乙·임壬·계癸가 각각 셋씩 지지가 적은 것은, 다 용用을 비워 놓은 것이고 전혀 없는 것이 아니니, 음이 양을 따르는 뜻이 있는 것이다"라고 했다.

❖ 팔순괘八純卦 : 상괘와 하괘가 같은 괘로 이루어진 괘를 뜻한다. 건☰을 거듭한 건괘䷀, 곤☷을 거듭한 곤괘䷁, 진☳을 거듭한 진괘䷲, 손☴을 거듭한 손괘䷸, 감☵을 거듭한 감괘䷜, 리☲를 거듭한 리괘䷝, 간☶을 거듭한 간괘䷳, 태☱를 거듭한 태괘䷹의 여덟괘가 있다.

❖ 건·곤에 배당된 갑甲·을乙·임壬·계癸가 각각 셋씩 지지가 적은 것은 다 용用을 비워 놓은 것이고 전혀 없는 것이 아니니,다른 여섯 자식괘는 한개의 천간이 여섯효를 맡아서 납음이 된다. 그러나 건괘의 하괘는 갑이 맡고 상괘는 임이 맡으며, 곤괘의 하괘는 을이 맡고 상괘

는 계가 맡는다. 이렇게 세효씩을 맡으므로 “각각 셋이 적다”고 하였다. 그러나 하괘의 천간납음이 상괘의 천간납음에 암암리 작용하고 (차용납갑이라고 한다), 상괘의 천간납음이 하괘의 천간납음에 암암리 작용하므로, “전혀 없는 것이 아니다”고 하였다.

5장. 구궁수를 논함論九宮數

1 구궁의 뜻

◆ 9궁은 위로는 하늘을 나누었고, 아래로는 땅을 구별해서 각각 아홉 개의 자리가 있으니, 하늘에는 28수와 북두9성이고, 땅은 사방四方과 사유四維 및 중앙의 아홉구역으로 나뉜다. '궁宮'이라고 말한 것은, 각 궁이 모두 신이 노니는 곳이기 때문에 '궁'이라고 이름했다.

❖ 사방四方은 동·서·남·북의 정방향을 뜻하고, 사유四維는 동북·동남·서북·서남 등 사잇방을 말한다.

정사농鄭司農이 말하기를 "태일太一이 팔괘의 궁을 운행하되, 늘 네번째 만에 중앙에 들어오니, 중앙은 지신地神이 거처하는 곳이다. 그러므로 구궁이라고 한다"고 했다.

❖ 정사농鄭司農 : 후한後漢의 개봉開封사람. 자는 중사仲師, 어려서부터 총명하여 12세 때에 아버지로부터 『춘추좌전』을 배웠다. 『역경易經』 『시경詩經』 등에 정통했으며, 『춘추난기조례春秋難記條例』 등을 지었다. 후세에 정사농 또는 선정先鄭이라고 한다.

◆ 九宮者 上分於天 下別於地 各以九位 天則二十八宿 北斗九星 地則四方四維及中央 分配九有 謂之宮者 皆神所遊處 故以名宮也 鄭司農云 太一行八卦之宮 每四乃入中央 中央者 地神之所居 故謂之九宮

2 구궁수

◆ 『역위건착도易緯乾鑿度』에 말하기를 "역은 '한 번은 음이 주관하고 한 번은 양이 주관하는 것을 도道'라고 하기 때문에, 태일太一이 그 수를 취해서 구궁을 행한다"고 했다. 『역경』에 말하기를 "하늘 하나, 땅 둘, 하늘 셋, 땅 넷, 하늘 다섯, 땅 여섯, 하늘 일곱, 땅 여덟, 하늘 아홉, 땅 열"이라고 하니, 하늘과 땅의 수가 합해서 55다. 구궁에 쓰는 것은, 하늘의 하나를 빼고, 땅의 둘을 빼며, 사람의 셋을 빼면 49가 남으니 시초의 책수와 같다. 또 사계절의 넷을 빼면 45가 남는데, 여기서 5는 오행의 수이고 40은 오행의 성수의 합이다.

❖ 『역위건착도易緯乾鑿度』: 역위易緯의 하나로 사고제요 경부經部 역류易類에 있다.

❖ 하늘과 땅의 수 : 하늘 수가 25(1+3+5+7+9)이고, 땅의 수가 30(2+4+6+8+10)이므로 합하면 55가 된다.

❖ 시초의 책수 : 55-하늘(1)-땅(2)-사람(3)=49.

❖ 49-4=45=오행의 수(5)+오행의 성수의 합(40=6+7+8+9+10)

합치면 1절節의 수로 5방(사방과 중앙)에 나누어 둔다. 방方이 각각 9인 것은, 한 계절時의 수가 90일이니 사방이 사계절을 이

◆ 易緯乾鑿度云 易一陰一陽之謂道也 故太一取其數 以行九宮 易曰 天一地二 天三地四 天五地六 天七地八 天九地十 天地之數 合五十有五 九宮用者 天除一 地除二 人除三 餘四十九 以當蓍策之數 又四時除四 餘四十五 五者五行 四十者五行之成數 合之則一節之數 分置五方 方各九者 一時九十日之數 四方成四時也 三宮相對 止十五者 爲一氣之數 成二十四氣也

루는 것이고, 3궁의 합한 수가 15인 것은, 1기氣의 수가 되어서 24기를 이룬다.

❖ 합치면 1절의 수로 5방에 나누어 둔다 : 45(40+5=45)가 1절의 수이고, 이를 5방으로 나누면 1방에 9씩 배당된다. 이를 3궁의 합한 수가 15가 되도록 9방에 고루 나누면 아래 오른쪽 낙서의 배열이 된다.

	9	
9	9	9
	9	

4	9	2
3	5	7
8	1	6

❖ 3궁의 합한 수가 15 : 위의 오른쪽 그림은 낙서洛書의 수다. 가로로 세 궁의 수를 합해도, 세로로 세궁의 수를 합해도, 또는 대각선으로 세궁의 수를 합해도 모두 15가 된다. 또 1기는 15일이므로, 24기는 360일이 된다.

3 홍범구주洪範九疇와 구궁

① 감궁坎宮

◆『서경』「홍범」에 말하기를 "첫 째는 오행五行이다"라고 했으니, 자리가 북방에 있어서 양기가 시작되는 곳이므로, 만물이 장차 싹트는 것이다.

❖ 구궁에서 북방의 감궁☵을 말한다. 감궁의 수는 1이고, 구주九疇로 보면 오행五行에 해당한다.

② 곤궁坤宮

◆◆ "둘 째는 다섯 가지 일을 공경스럽게 쓴다"고 했으니, 자리가 서남방에 있어서 겸손하고 마음을 비워 덕으로 나아가므로,

◆ 尙書洪範云 初一曰五行 位在北方 陽氣之始 萬物將萌

◆◆ 次二曰 敬用五事 位在西南方 謙虛就德 朝謁嘉慶

아침마다 아름다운 경사가 있는 것이다.

❖ 구궁에서 서남방의 곤궁☷을 말한다. 곤궁의 수는 2이고, 구주九疇로 보면 오사五事에 해당한다.

③ 진궁震宮

◆ "셋 째는 농사 지으며 팔정八政을 쓴다"고 했으니, 자리가 동방에 있어서 백가지 곡식을 심고 가꾸므로, 삼과 모시로 길쌈하며 뽕나무로 누에 치는 것이다.

❖ 구궁에서 동방의 진궁☳을 말한다. 진궁의 수는 3이고, 구주九疇로 보면 팔정八政에 해당한다.

④ 손궁巽宮

◆◆ "넷 째는 오기五紀를 써서 화합한다"고 했으니, 자리가 동남방에 있어서 해 뜨고 달 뜨며 별 뜨고 새벽되므로, 구름과 비가 함께 일어나는 것이다.

❖ 구궁에서 동남방의 손궁☴을 말한다. 손궁의 수는 4이고, 구주九疇로 보면 오기五紀에 해당한다.

⑤ 중궁中宮

◆◆◆ "다섯 째는 황극皇極으로써 세운다"고 했으니, 자리가 중앙에 있어서 모든 관리의 표본을 세우므로, 정치로 공경公卿들을 교화하는 것이다.

❖ 구궁에서 중앙의 중궁中宮을 말한다. 중궁의 수는 5이고, 구주九疇

◆ 次三曰 農用八政 位在東方 耕種百穀 麻枲蚕桑

◆◆ 次四曰 叶用五紀 位在東南方 日月星晨 雲雨竝興

◆◆◆ 次五曰 建用皇極 位在中宮 百官立表 政化公卿

로 보면 황극皇極에 해당한다.

⑥ 건궁乾宮

◆ "여섯 째는 삼덕三德으로 다스린다"고 했으니, 자리가 서북쪽에 있어서 강폭한 이를 눌러 굴복시키므로, 소송과 송사를 결단하고 제재하는 것이다.

❖ 구궁에서 서북방의 건궁☰을 말한다. 건궁의 수는 6이고, 구주九疇로 보면 삼덕三德에 해당한다.

⑦ 태궁兌宮

◆◆ "일곱 째는 계의稽疑로써 밝힌다"고 했으니, 자리가 서방에 있어서 길하고 흉한 것을 결단하므로, 의심스러운 것을 분별하는 것이다.

❖ 구궁에서 서방의 태궁☱을 말한다. 태궁의 수는 7이고, 구주九疇로 보면 계의稽疑에 해당한다.

⑧ 간궁艮宮

◆◆◆ "여덟 째는 서징庶徵으로써 생각한다"고 했으니, 자리가 동북방에 있어서 엄숙하고 공경하여 덕이 방정하기도 하고, 광기와 참람함으로 난행하기도 하는 것이다.

❖ 구궁에서 동북방의 간궁☶을 말한다. 간궁의 수는 8이고, 구주九疇로 보면 서징庶徵에 해당한다.

❖ 광참狂僭 : 『서경』「홍범」에 "미침에 항상 비가 오며(曰狂 恒雨若)"

◆ 次六曰 乂用三德 位在西北 抑伏强暴 斷制獄訟

◆◆ 次七曰 明用稽疑 位在西方 決定吉凶 分別所疑

◆◆◆ 次八曰 念用庶徵 位在東北 肅敬德方 狂僭亂行

라 하여, 임금의 판단이 바르지 못하여 행동이 부실할 때는 홍수가 난다고 하였고, "어긋남에 항상 볕이 나며(曰僭 恒暘若)"라 하여 남이 싫어해도 왕이 좋다고 일을 강행하면 가물게 되어 나무와 풀이 말라 버린다고 하였다.

⑨ 리궁離宮

• "아홉 째는 오복五福으로써 누리고 육극六極으로써 위엄을 보인다"고 했으니, 자리가 남쪽에 있어서 만물이 가득하고 열매 맺으며, 음의 기운이 펴져서 시절에 맞는 일년의 덕을 이루므로, 음양이 온화하게 고르고 오행이 어긋나지 않는 것이다.

❖ 구궁에서 남방의 리궁☲을 말한다. 리궁의 수는 9이고, 구주九疇로 보면 오복五福과 육극六極에 해당한다.

손궁☴ 4	리궁☲ 9	곤궁☷ 2
오기五紀	오복五福 육극六極	오사五事
진궁☳ 3	중궁中宮 5	태궁☱ 7
팔정八政	황극皇極	계의稽疑
간궁☶ 8	감궁☵ 1	건궁☰ 6
서징庶徵	오행五行	삼덕三德

•• 그러므로 『황제구궁경』에 말하기를 "아홉을 이고 하나를

• 次九曰 嚮用五福 威用六極 位在南方 萬物盈實 陰氣宣布 時成歲德 陰陽和調 五行不忒

•• 故黃帝九宮經云 戴九履一 左三右七 二四爲角 六八爲足 五居

밟으며, 왼쪽은 셋이고 오른쪽은 일곱이며, 둘과 넷이 뿔이 되고, 여섯과 여덟이 발이 되며, 다섯이 중궁에 거처해서 얻고 잃음을 총괄하고 제어한다. 그 수는 감☵이 하나, 곤☷이 둘, 진☳이 셋, 손☴이 넷, 중궁中宮이 다섯, 건☰이 여섯, 태☱가 일곱, 간☶이 여덟, 리☲가 아홉이니, 태일太一이 구궁을 행함에 하나부터 시작하여 작은 데서 많은 데로 가니, 그 수를 순히 따른 것이다"라고 했다.

❖ 『황제구궁경黃帝九宮經』: 『구궁경九宮經』 또는 『황제사부구궁경黃帝四部九宮經』이라고도 하는데, 현재는 전해지지 않는다.

❖ 낙수洛水에서 나왔다는 신구神龜의 등에 난 무늬를 설명한 것이다. 이 무늬에서 후천팔괘 및 구궁도가 연유한다고 한다.

❖ 태일太一: 태을太乙이라고도 하며, 하늘의 자미원紫微垣에 있는 별로, 음양오행을 총괄한다고 한다.

4 구궁과 낙서수

① 진궁震宮 3과 건궁乾宮 6

◆ 배산법配箕法에 말하기를, "중앙과 사방의 중간궁(정방위궁)에 각각 아홉개의 산가지를 나누어 놓고 명령하기를 '나뭇잎은 떨어져 뿌리로 돌아가니, 여섯 산가지를 나누어 해방亥方에 간다'고 하고는, 진궁☳의 여섯 산가지를 취해서 건궁☰에 놓는다.

中宮 總御得失 其數則坎一 坤二 震三 巽四 中宮五 乾六 兌七 艮八 離九 太一行九宮 從一始 以少之多 順其數也

◆ 配筭曰 中央及四仲 各分九筭 命云 木落歸本 分六至亥 故取震六筭 以置於乾

② 감궁坎宮 1과 간궁艮宮 8

◆ 또 '물은 흘러 끝으로 가니, 여덟 산가지를 나누어 축방丑方에 간다'고 하고는, 감궁☵의 여덟 산가지를 취해서 간궁☶에 놓는다.

③ 태궁兌宮 7과 곤궁坤宮 2

◆◆ 또 '금은 의롭고 굳으니, 산가지 둘을 나누어 미방未方에 돌린다'고 하고는, 태궁☱의 산가지 둘을 취해서 곤궁☷에 놓는다.

④ 리궁離宮 9

◆◆◆ 또 '불은 본래 타오르고 성하니, 스스로 그 고향에 거처한다'고 하고는, 리궁☲의 산가지는 움직이지 않고 그대로 둔다.

⑤ 중궁中宮 5와 손궁巽宮 4

◆◆◆◆ 또 '토는 각 계절의 계월에 왕성하니, 근본이 사방巳方에서 난다'고 하고는, 중궁의 산가지 넷을 취해서 손궁☴에 놓는다. 이렇게 하면, '아홉을 이고 하나를 밟게 되는 자리'를 얻는다"고 했다.

◆ 水流向末 分八至丑 故取坎八筭 以置於艮

◆◆ 金義而堅 分二還未 故取兌二筭 以置於坤

◆◆◆ 火本炎盛 自處其鄉 故離筭不動

◆◆◆◆ 土王四季 本生於巳 故分中宮四筭 以置於巽 故成戴九履一之位也

❖ 위의 방식대로 아래의 그림과 같이 하면 낙서 구궁의 수가 모두 정해진다.

	9	
9	9	9
	9	

→

+4 중궁에서 =4	9 不動 =9	+2 태궁에서 =2
9-6 건궁으로 =3	9-4 손궁으로 =5	9-2 곤궁으로 =7
+8 감궁에서 =8	9-8 간궁으로 =1	+6 진궁에서 =6

→

4	9	2
3	5	7
8	1	6

5 구궁을 팔괘八卦에 배속함

① 10간 12지에 산가지를 배속함

㉠ 수생목水生木 ◆ 또한 처음에 팔괘를 이루는 법에 "방위를 명하는 산법은 "먼저 북방의 아홉 산가지를 취해서 명하기를 '수는 목을 생한다'고 하고 산가지 하나를 인방寅方 위에 놓으며, 산가지 하나는 묘방卯方 위에 놓고, 산가지 하나는 진방辰方 위에 놓으며, 또 산가지 하나는 갑방甲方 위에 비껴놓고, 산가지 하나는 을방乙方 위에 놓는다.

㉡ 목생화木生火 ◆◆ 다음으로 동방의 아홉 산가지를 취해서 명하기를 '목이 화를 남방에서 낳는다'고 하고 산가지 다섯을 먼저의 방법대로 펴놓는다.

◆ 又初成八卦之法 命方之筭 先取北方九筭 命曰 水生木 從一筭置寅上 一筭置卯上 一筭置辰上 又橫一筭置甲上 一筭置乙上

◆◆ 次取東方九筭 命曰 木生火於南方 布五位

㉢ 화생토火生土 ◆ 또한 남방의 산가지를 취해서 명하기를 '화가 토를 중앙에서 낳는다'고 하고 산가지 하나는 서북쪽 무방戊方에 놓으며, 산가지 하나는 서남쪽 기방己方에 놓는다.

㉣ 토생금土生金 ◆◆ 또 중앙의 산가지를 취해서 명하기를 '토가 금을 서방에서 낳는다'고 하고 산가지 다섯을 펴놓는다.

㉤ 금생수金生水 ◆◆◆ 또 서방의 산가지를 취해서 명하기를 '금이 수를 북방에서 낳는다'고 하고 산가지 다섯을 펴놓는다.

❖ 동쪽의 방위인 인·갑·묘·을·진방에 각기 산가지 하나씩을 놓고, 남쪽의 방위인 사·병·오·정·미방에 각기 산가지 하나씩을 놓으며, 중앙의 방위인 무와 기에 각기 산가지 하나씩을 놓고, 서쪽의 방위인 신·경·유·신·술방에 각기 산가지 하나씩을 놓고, 남쪽의 방위인 해·임·자·계·축방에 각기 산가지 하나씩을 놓는다. 이렇게 되면 동서남북과 중앙에 각기 10간과 12지에 해당하는 22개의 산가지가 놓이게 된다.

② 음간陰干과 양지陽支에 산가지를 배속함

◆◆◆◆ 다섯 방위에 10간과 12지를 편 다음에, 음간陰干에 각각 하나씩 더하고 명하기를 '음수는 짝이다'라고 하고, 다음으로 양지陽支에 각각 하나씩 더하고 명하기를 '지지의 본체는 본래 그 시

◆ 又取南方之筭 命曰 火生土於中央 一筭於西北爲戊 一筭於西南爲己

◆◆ 又取中央之筭 命曰 土生金於西方 布五位

◆◆◆ 又取西方之筭 命曰 金生水於北方 布五位

◆◆◆◆ 五方布十干十二支位訖 然後加陰干各一 命曰 陰數偶也 次加陽支各一 命曰 支體本加其始 餘筭十二月之數也

작을 더한 것이다'라고 하며, 나머지로 12월의 수를 계산한다.

❖ 10간과 12지에 해당하는 22방위에 각기 산가지 하나씩을 놓은 후에, 음간陰干인 을·정·기·신·계에 각기 산가지 하나씩을 더 놓고, 양지陽支인 자·인·진·오·신·술에 각기 산가지 하나씩을 더 놓으면, 22방위에 모두 33개의 산가지가 놓이게 된다. 45개의 산가지에서 33개의 산가지를 방위에 배치했으므로, 나머지는 12개가 남고, 그 12개의 산가지를 12월의 수에 배당한다는 말이다.

③ 서북방과 서남방에 산가지를 배속함

• 산가지 하나를 서북쪽에 놓고 명하기를 '건乾의 시작이다'라고 하고, 산가지 둘을 서남쪽에 놓고 명하기를 '곤坤의 시작이다'라고 하며, 또한 나머지 아홉 산가지를 중앙에 두면 역易의 상이 된다.

❖ 12월의 수에 해당하는 12개의 산가지에서, 하나는 서북쪽 건방에 놓고, 둘은 서남쪽 곤방에 놓으며, 나머지 아홉은 중앙에 둔다. 이렇게 배치하면 먼저 배치한 33개의 산가지와 합하여 모두 45개의 산가지가 9궁 안에 배치되므로, 역易의 상이 된다고 하였다.

❖ 이상의 산가지 배속(①,②,③)을 그림으로 나타내면 다음과 같다.

◆ 一筭置西北 命曰 乾之始也 二筭置西南 命曰 坤之始也 又餘筭九置于中央 爲易象也

① 10간과 12지에 산가지를 배속함

	사(1) 丙(1) 오(1) 丁(1) 미(1)	
진(1) 乙(1) 묘(1) 甲(1) 인(1)	戊(1) 己(1)	신(1) 庚(1) 유(1) 辛(1) 술(1)
	축(1) 癸(1) 자(1) 壬(1) 해(1)	

② 음간과 양지에 1개씩의 산가지를 더 배속함

	사(1) 丙(1) 오(1+1) 丁(1+1) 미(1)	
진(1+1) 乙(+1) 묘(1) 甲(1) 인(1+1)	戊(1) 己(1+1)	신(1+1) 庚(1) 유(1) 辛(1+1) 술(1+1)
	축(1) 癸(1+1) 자(1+1) 壬(1) 해(1)	

③ 서북방과 서남방에 산가지를 배속함

	사(1 丙(1 오(1+1 丁(1+1 미(1	2
진(1+1) 乙(1+1) 묘(1) 甲(1) 인(1+1)	戊(1) 己(1+1)	신(1+1) 庚(1) 유(1) 辛(1+1) 술(1+1)
	축(1) 癸(1+1) 자(1+1) 壬(1) 해(1)	1

6 배속된 산가지로 팔괘를 지음

① 부모괘

㉠ 건괘乾卦 • 명하기를 '건괘는 갑甲·임壬을 주관한다'고 하고, 갑·임방의 산가지를 취해서 건괘☰를 이룬다.

❖ 갑방에 놓인 산가지가 하나이고, 임방에 놓인 산가지가 하나이며, 그리고 건방乾方에 놓인 산가지도 하나이다. 세 방위에 놓인 산가지가 모두 홀수이므로 건괘☰가 된다.

❖ "건괘는 갑甲·임壬을 주관한다"는 「4장. 납음수를 논함」의 '4 천간과 지지의 납음수'에서 「팔괘와 천간지지」 도표 79쪽 참조. 이하 같음.

❖ 여기에서 산가지 둘은 짝수이므로 음효⚋를, 산가지 하나는 홀수이므로 양효⚊를 의미한다.

◆ 命曰 乾主甲壬 卽取甲壬上筭 以成乾卦

㉡ 곤괘坤卦 ◆ 또 명하기를 '곤괘는 을乙·계癸를 주관한다'고 하고, 을·계방의 산가지를 취해서 곤괘☷를 이룬다.

❖ 을방에 놓인 산가지가 둘이고, 계방에 놓인 산가지가 둘이며, 곤방坤方에 놓인 산가지도 둘이다. 세 방위에 놓인 산가지가 모두 짝수이므로, 곤괘☷가 된다.

② 장남괘와 장녀괘

㉠ 진괘震卦 ◆◆ 부모괘의 효상이 이미 정해지면, 다음은 여섯 자식괘를 정해야 한다. 먼저 장남괘를 일으켜서 명하기를 '진괘는 경庚과 자子·오午를 주관한다'고 하고, 경과 자·오 위의 산가지를 취해서 진괘를 이룬다.

❖ 경방에 놓인 산가지가 하나이고, 자방에 놓인 산가지가 둘이며, 그리고 오방에 놓인 산가지 둘이다. 홀수가 하나이고 짝수가 둘이므로, 양효가 하나이고 음효가 둘인 진괘☳를 이룬다.

❖ 여기에서 주의할 점은 장남·장녀괘는 천간으로 얻은 효가 초효를 이루고, 중남·중녀괘는 천간으로 얻은 효가 중효를 이루며, 소남·소녀괘는 천간으로 얻은 효가 상효를 이룬다는 점이다. 진괘에서도 경방에 놓인 산가지로 얻은 효가 양효이고, 장남괘부터 얻는 것이므로 진괘☳의 괘상이 되는 것이다.

㉡ 손괘巽卦 ◆◆◆ 다음은 장녀괘를 일으키되, 명하기를 '손괘는 신辛과 축丑·미未를 주관한다'고 하고, 신과 축·미 위의 산가지를 취해서 손괘를 이룬다.

◆ 又命曰 坤主乙癸 次取乙癸上筭 以成坤卦

◆◆ 父母之卦 爻象旣定 次及六子 先起長男 命曰 震主庚子午 卽取庚及子午上筭 以成震卦

◆◆◆ 又次長女 命曰 巽主辛丑未 次取辛及丑未上筭 以成巽卦

❖ 신방에 놓인 산가지가 둘이고, 축방에 놓인 산가지가 하나이며, 그리고 미방에 놓인 산가지가 하나이다. 홀수가 둘이고 짝수가 하나이므로, 양효가 둘이고 음효가 하나인 손괘☴를 얻는다.

❖ 장남괘와 마찬가지로 천간으로 얻은 음효가 초효가 된다.

② 중남괘와 중녀괘

㉠ 감괘坎卦 • 그 다음은 중남괘를 일으키되, 명하기를 '감괘는 무戊와 인寅·신申을 주관한다'고 하고, 무와 인·신 위의 산가지를 취해서 감괘를 이룬다.

❖ 무방에 놓인 산가지가 하나이고, 인방에 놓인 산가지가 둘이며, 신방에 놓인 산가지가 둘이다. 홀수가 하나이고 짝수가 둘이므로, 양효가 하나이고 음효가 둘인 감괘☵를 이룬다.

❖ 중남괘이므로 천간으로 얻은 효(양효)가 중효가 된다.

㉡ 리괘離卦 •• 다음은 중녀괘를 일으키되, 명하기를 '리괘는 기己와 묘卯·유酉를 주관한다'고 하고, 기와 묘·유 위에 있는 산가지를 취해서 리괘를 이룬다.

❖ 기방에 놓인 산가지가 둘이고, 묘방에 놓인 산가지가 하나이며, 유방에 놓인 산가지가 하나이다. 홀수가 둘이고 짝수가 하나이므로, 양효가 둘이고 음효가 하나인 리괘☲를 이룬다.

❖ 중남괘와 마찬가지로 천간으로 얻은 효(음효)가 중효가 된다.

③ 소남괘와 소녀괘

㉠ 간괘艮卦 ••• 또 다음으로 소남괘를 일으키되, 명하기를 '간

• 又次中男 命曰 坎主戊寅申 次取戊及寅申上筭 以成坎卦

•• 又次中女 命曰 離主己卯酉 次取己及卯酉上筭 以成離卦

괘는 병丙과 진辰·술戌을 주관한다'고 하고, 병과 진·술 위의 산가지를 취해서 간괘를 이룬다.

❖ 병방에 놓인 산가지가 하나이고, 진방에 놓인 산가지가 둘이며, 술방에 놓인 산가지가 둘이다. 홀수가 하나이고 짝수가 둘이므로, 양효가 하나이고 음효가 둘인을 간괘☶를 이룬다.

❖ 소남괘이므로 천간으로 얻은 효(양효)가 상효가 된다.

㉡ 태괘兌卦 ◆ 또 소녀괘를 일으키되, 명하기를 '태괘는 정丁과 사巳·해亥를 주관한다'고 하고, 정과 사·해 위의 산가지를 취해서 태괘를 이룬다.

❖ 정방에 놓인 산가지가 둘이고, 사방에 놓인 산가지가 하나이며, 해방에 놓인 산가지가 하나이다. 홀수가 둘이고 짝수가 하나이므로, 양효가 둘이고 음효가 하나인 태괘☱를 이룬다.

❖ 소녀괘이므로 천간으로 얻은 효(음효)가 상효가 된다.

7 팔괘의 연원과 구궁팔괘

① 팔괘의 연원

◆◆ 팔괘가 이미 이루어지면 묻기를 '팔괘가 어디서 시작되었는가?', 답하기를 '오행으로 인해서 나왔다'고 하고, 또 묻기를 '오행은 어디서 나왔는가?', 답하기를 '하늘과 땅으로부터 나왔다'고 하며, '하늘과 땅은 어디로부터 나왔는가?'하면 '태일로부

◆◆◆ 又次少男 命曰 艮主丙辰戌 次取丙及辰戌上筭 以成艮卦

◆ 又次少女 命曰 兌主丁巳亥 次取丁及巳亥上筭 以成兌卦

◆◆ 八卦旣成 問曰 八卦從何而始 曰 因五行生 又問 五行因何生 曰 因天地生 天地因何生 曰 因太一生 太一因何生 曰 因易生 故云 易有太極 是生兩儀

터 나왔다'고 하고, '태일은 어디로부터 나왔는가?'하면, '역易으로부터 나왔다'고 한다. 그러므로 '역에 태극이 있으니, 이것이 양의를 낳았다'고 한 것이다.

❖『역경』「계사상전」11장에 출전.

❖ 역易 ➛ 태일太一 ➛ 하늘과 땅 ➛ 오행 ➛ 팔괘

② 팔괘와 구궁

• 그러므로 '역易'자가 변해서 태일이 되고, '태일太一'자가 변해서 '하늘 천天'자가 되어, 하늘이 하나를 낳고 땅이 둘을 낳는 것이다. '천天'자가 변해서 수水가 되니 하늘이 수를 낳으며, '수水'자가 변해서 목木이 되니 수가 목을 생한다. '목木'자가 변해서 화火를 이루니 목이 화를 생하며, '화火'자가 변해서 토土를 이루니 화가 토를 생한다. '토土'자가 변해서 금金을 이루니 토가 금을 생하며, '금金'자가 변해서 '팔괘八卦'자를 이루니 팔괘가 오행으로 인해서 난 것이다.

'팔괘八卦'자가 변해서 '12월十二月'자가 되니 팔괘가 달(月)을 주관하는 것이고, '12월'자가 변해서 땅(地)을 이루니, 땅에서 만물이 나오고 마지막에는 땅으로 돌아가는 것이다"라고 했으니, 이것으로 구궁팔괘의 창제하는 법이 모두 갖추어졌다.

❖ 역易 ➛ 태일太一 ➛ 천天(하늘과 땅) ➛ 오행(天 ➛ 水 ➛ 木 ➛ 火 ➛

◆ 故變易字爲太一 變太一字爲天 天一生 地二生也 變天字爲水 天生水也 變水字爲木 水生木也 變木字成火 木生火也 變火字成土 火生土也 變土字成金 土生金也 變金字成八卦字 八卦因五行生也 變八卦字爲十二月字 八卦所主月也 變十二月字成地 出萬物以終歸乎地也 此九宮八卦創制之法備矣

土 → 金) → 팔괘 → 12월 → 땅

❖ 앞서 총 45개의 산가지에서 33개의 산가지를 10간과 12지에 배속하고, 나머지 12개로 12월을 운용한다고 하였다. 그 12개의 산가지를 건乾에 하나를 주고, 곤坤에 둘을 주며, 나머지 아홉개는 중궁에 두었으므로, 12월이 변해서 땅을 이루고 만물이 운행하다가 다시 중궁(땅)으로 돌아간다고 한 것이다.

6장. 구궁수의 운용

1 오행수五行數 1

◆ 오행수 1이 북방으로부터 일어나 시작하는 것은, 감☵ 1은 정북방으로 하늘의 시작에 해당되니, 시작은 둘이 없기 때문에 1이다. 북방은 오행의 시작이므로 오행이 북방에 있는 것이다. 그러므로 "양기가 시작됨에 만물이 장차 싹튼다"고 했다.

❖ 오행수 1 : 원문에는 '구궁수 1九宮數一'이라고 되어 있는데, 「제 5장 구궁수를 논함」에서 '3.홍범구주와 구궁'의 내용으로 보나, 여기에 적힌 문맥으로 보나 '오행수 1'이 맞다고 생각하여 바꾸어 놓았다.

2 오사수五事數 2

◆◆ 오사五事의 수 2가 서남쪽에 있는 것은, 오사는 용모(貌)와 말(言)과 보는 것(視)과 듣는 것(聽)과 생각하는 것(思)의 다섯으로, 책의 뒷쪽에 따로 해석해 놓았다. 오행으로 인해서 오사가 그 다음에 있게 되기 때문에 2이다.

◆ 九宮數一 起自北方始者 坎一正北 應天之始 始無二 故一 北方五行之始 所以五行在北方 故云 陽氣之始 萬物將萌

◆◆ 五事數二 在西南者 五事貌言視聽思也 別在後篇解 因五行而有五事 次之故二 又云 坤二在西南 應地之數 西南林鐘之管 氣之次二也 五事人事之先也 故曰 謙虛就德 朝謁嘉慶 竝五事所主也

또 말하기를, "곤☷ 2가 서남쪽에 있는 것은 땅의 수와 맞춘 것이다. 서남방은 임종林鐘이 주관하는 곳이니 기운의 두번째이다. 오사五事는 사람 일 중에 제일 먼저이기 때문에, 겸손하고 마음을 비워 덕에 나아가며, 아침마다 아름다운 경사가 있는 것이니, 모두 오사가 주관하는 것이다"라고 했다.

❖ 오사에 대해서는 14편 6장 421쪽 참조.

3 팔정수八政數 3

◆ 팔정八政의 수 3이 동방에 있는 것은, 팔정은 음식(食)·재화(貨)·제사(祀)·사공(司空)·사도(司徒)·사구(司寇)와 손님 대접함(賓)과 가르침(師)의 여덟이다. 이미 오사가 있으면 이 여덟가지 정사를 닦아야 하기 때문에 3이다.

또 말하기를, "진☳ 3이 정동방에 있는 것은 사람의 수와 맞춘 것이니, 삼재三才의 뜻이 갖추어진 것이고, 동방의 봄은 농사의 시작이다. 팔정 중에 '음식'은 심고 가꾸며 밥짓고 삶는 것이며, '재화'는 많은 돈과 비단과 금과 병장기를 저축하는 것이며, '제사'는 제사하여 신을 받드는 것이다. '사공'은 토지와 전답이고, '사도'는 백성들 호구戶口의 많고 적은 수이며, '사구'는 도적을 금지시키고 막으며 비상하게 살피고 조사하는 것이다. '손님

◆ 八政之數三 在東方者 八政食貨祀司空司徒司寇賓師也 旣有五事 此修八政 故三 又云 震三正東 應人之數 三才義畢 東方春 農之始也 食者耕種炊烹也 貨者 蓄積儲博 錢布金兵也 祀者祭祀供神也 司空者土地畝也 司徒者 民戶口大小數也 司寇者 禁備盜賊 糾察非常也 賓者注籍往來 受容嘉慶也 師者敎訓農夫 耒耜設法也 故云 耕種百穀 麻枲蚕桑

대접함'은 가고 오는 것을 기록하고 경하사절을 받아들이는 것이며, '가르침'은 농부에게 쟁기질하고 쓰레질하는 법을 가르치는 것이다. 그러므로 '백가지 곡식을 심고 가꾸며, 삼과 모시로 길쌈하며, 뽕나무로 누에 치는 것'이다"라고 했다.

4 오기수五紀數 4

◆ 오기五紀의 수 4가 동남쪽에 있는 것은, 오기는 한해(歲)·해(日)와 달(月)·봉화奉化·일진日辰 그리고 역수曆數이니, 팔정을 이미 닦았으면 한해의 계절과 해와 달이 아니면, 씨뿌리고 심을 수 없으므로 팔정의 다음에 있어 4이다.

또 말하기를, "손☴ 4가 동남쪽에 있는 것은, 바람이 사시四時로 부니, 사시의 수와 맞춘 것이다. 동남의 사巳에서 순건純乾☰이 일을 하는데, 건☰은 하늘을 주관하고 손☴은 명령을 주관하기 때문에 동남에 거처하는 것이다"라고 했다.

'한해'는 사시로써 차례를 삼아 성하고 쇠하며 시작하고 끝나는 것이고, '해와 달'은 만물을 밝게 비추어서 멀고 가까움에 따라 기후를 만드는 것이다. '봉화'는 곧 왕의 교화를 우러러 봐서

◆ 五紀數四 在東南者 五紀歲 日月 奉化 日辰 曆數也 八政旣修 非歲時日月 無以數播植 次之故四 又云 巽四東南 風行四時 以應四時之數 東南巳 純乾用事 乾主天 巽主號令 故居東南 歲者 以四時有序盛衰始終也 日月者 照明萬物 氣候遠近也 奉化者 卽仰王化須建功貢寶也 日辰者 次序陰陽 斷制産物也 曆數者 記綴度數 農夫候望 賦斂隨時也 故曰 王者惟歲 稅數握成 以化下也 卿士惟月 奉化行道 以立寶 師允惟日 陳列衆職 制作於萬品 歲月日 時無易 修務敬時 以順紀也 故云 日月星辰 雲雨竝興也

공을 세우고 보물을 바치는 것이며, '일진'은 음양의 차례를 정해서 생산물을 금하고 통제하는 것이다. '역수'는 도수를 기록해서 농부가 기후를 알게하고, 때에 따라 부역하고 곡식을 거두어 들이게 하는 것이다.

그러므로 말하기를, "왕王은 오직 한해의 실적이 좋아야 한다"고 하니, 세금의 목표수치를 달성하여 아랫사람을 다스려야 하고, "경대부(卿)와 사대부(士)는 오직 한달이라"고 하니, 교화를 받들어 도를 행해서 보배로운 업적을 세워야 하며, "사윤師允은 오직 하루이다"라고 하니, 모든 직책을 수행해서 만가지 물건을 만들어 내는 것이다. 세월일歲月日은 때에 따라 바뀜이 없이 책무를 다하고, 경건하게 때에 맞추어서 기율을 따라야 한다. 그러므로 앞에서 "일월성신과 구름과 비가 함께 일어난다"고 한 것이다.

❖ 왕자유세王者惟歲 : 『서경』「홍범」의 원문에는 "왕성유세王省惟歲"로 되어 있다. 또 "사윤유일師允惟日"은 "사윤유일師尹惟日"로 되어 있다.

❖ 여기서 한해(歲)한달(月)·하루(日)의 실적이라고 말한 것은, 임금으로부터 신하까지 이해의 대소로써, 그 존귀하고 비천함을 나타낸 것이다.

5 황극수皇極數 5

◆ 황극수 5가 중앙에 있는 것은, 임금이 만국萬國을 세우고

◆ 皇極數五 在中央者 皇王建萬國 處中分別四方 百官以治 萬事畢理 歲時成就 職貢均等 租稅五穀 以供王事 故在其中央 中央之數本五也 又云 土居中央 應五行之數 若王者動不得中 則不能建萬事

중앙에 거처해서, 사방을 나누어 백관들과 같이 다스리므로 만사가 다 다스려진다. 일년 사시四時의 모든 것이 두루 이루어지고, 직책과 공물이 균등하며, 오곡을 조세로 받아서 왕을 섬기는 까닭에 중앙에 있는 것이니, 중앙의 수는 본래 5이다.

또 말하기를, "토가 중앙에 있는 것은 오행의 수와 맞춘 것이니, 만약 왕이 일을 함에 중도中道로 하지 않으면, 모든 일을 해낼 수 없다. 그러므로 임금이 극을 세우지 못함을 '세우지 못한다不建'고 하는 것이다." 그러므로 "모든 관리의 표본을 세우고, 정치로 공경公卿들을 교화한다"고 한 것이다.

6 삼덕수三德數 6

◆ 삼덕三德의 수 6이 서북쪽에 있는 것은, 삼덕은 정직正直·강극剛克·유극柔克의 셋인데, 서북방에 있는 건☰의 자리는 하늘 자리로 임금의 상이나, 5를 지났기 때문에 수가 6이 된다.

또 말하기를, "건이 서북쪽에 있는 것은, 음양의 기운이 서북쪽에서 갈라지기 때문에 육률六律의 수에 맞춘 것이고, 서북은 건이 있는 곳이기 때문에 임금이 거처한다.

① 정직正直

◆◆ '정직'은 사람의 덕이니, 군자가 옳음義理으로써 방정하게

故曰皇之不極 是謂不建也 故曰 百官立表 政化公卿也

◆ 三德數六 在西北者 三德正直剛克柔克 乾位天位 人君之象 過五故數六 又云 乾在西北 陰陽氣分於西北 故應六律之數也 西北乾之所處 故人君居之

하면, 잘못되거나 사사로움이 없기 때문에, "평탄하고 편안하며 정직해서 그 덕을 의심치 않는다"고 한 것이다.

② 강극剛克

◆ '강극(강하게 다스리는 것)'은 하늘의 덕이니, 법도를 잃지 않으면 가볍고 무거운 죄인이 모두 굴복하기 때문에, "잠기고 가라앉는 것은 강하게 다스린다"고 한 것이다.

③ 유극柔克

◆◆ '유극(부드럽게 다스리는 것)'은 땅의 덕이니, 덕있는 이에게 녹을 주고 벼슬시켜서 모든 직책을 안정시키고, 만국萬國을 상주기 때문에 "높고 밝은 이(高明)는 부드럽게 다스린다"고 하니, "강폭한 이를 눌러 굴복시키고 소송과 송사를 결단하고 제재한다"고 한 것이다.

7 계의수稽疑數 7

◆◆◆ 계의稽疑 수 7이 서쪽에 있는 것은, 계의는 점치는 사람을

◆◆ 正直者人德也 君子方正以義 無所曲私 故云 平康正直 不疑其德

◆ 剛克者天德也 法度不失 輕重罪服 故曰 沈潛剛克

◆◆ 柔克者地德也 有德秩祿 安定衆職 賞賜萬國 故曰 高明柔克 故云 抑伏强暴 斷制獄

◆◆◆ 稽疑數七 在西方者 稽疑者 建立卜筮 問疑擇善 占天地之象 以定吉凶 蓍圓卦方 龜筮共知可否 三人占 從二人之言 昔者聖人愼謀重始 動事作業 樹本開基 決嫌定疑 必謀以賢知 以耆艾 參以

뒤서 의심스러운 것을 물어 봄으로써 착한 것을 택하고, 하늘과 땅의 상을 점쳐서 길하고 흉함을 정하는 것이다. 시초에는 모든 것이 다 포함되었고, 괘에는 구체적인 사건 사물을 밝혀 있으니, 거북점이나 시초점이 모두 옳고 그름을 알 수 있는 점법이다.

그리고 "세 사람이 점을 치면 두 사람의 말을 따른다"는 말이 있듯이, 옛날에 성인이 신중하게 계획을 하고 시작을 치밀하게 해서, 움직여 일을 해 근본을 세우고 터전을 열 때에, 의심스러운 것을 결정하려면, 반드시 어질고 지혜로운 이나 원로들에게 상의하고, 시초점과 거북점으로써 참고한다. 그러므로 일에 지나침이 없으며 계획에 실수가 없다.

오랑캐 민족에게 임금과 신하를 구별하는 질서는 없었으나, 의심을 풀기 위한 점은 있었다. 혹 쇠와 돌로 점치고, 혹 나무나 풀로 점쳤으니 계의稽疑의 일을 아는 것이다. 계의는 성인이 숭상하는 것이니 건☰의 뒤에 차례하기 때문에 수가 7이다.

❖ 건은 하늘을 상징하고 그 수는 6이다. 그래서 그 다음의 수인 7을 계의의 수로 쓴 것이다.

또 말하기를, "태는 정서방으로 묘卯·유酉가 하늘과 땅의 문이 되니, 묘卯는 시작을 주관하고 유酉는 마침을 주관한다. 그러므로 북두의 자루가 묘를 가리키면 만물이 다 나오게 되고, 유를 가리키면 만물이 다 들어가게 된다."라고 했다. 태☱는 칠성의

蓍龜 故擧無過事 慮無失計 蠻夷雖無君臣之序 亦有決疑之卜 或以金石 或以木草 故知稽疑之事 聖人所尙 以其次乾之後 故數七也 又云 兌正西 卯酉爲天地之門 卯主始 酉主終 故斗指卯 則萬物皆出 指酉 則萬物皆入 兌應七星之數 兌爲金主悅言 故在西方 故云決定吉凶 分別所疑也

수와 맞으며, 태는 금이 되고 기뻐하는 것을 주관하므로 서방에 있는 것이니, "길하고 흉한 것을 결정하고 의심스러운 것을 분별한다"고 한 것이다.

8 서징수庶徵數 8

◆ 서징庶徵의 수 8이 동북쪽에 있는 것은, 서징은 모든 징조이니, 왕과 뭇서민들에게 이르기까지 모두 안으로는 허물을 반성하고, 바깥으로는 상서로운 징조를 살피는 것이다. 징조를 순히 하고 기미를 알면 화와 근심이 없을 것이고, 자기의 허물을 살피지 않고 징후를 생각하지 않으면, 화가 와도 깨닫지 못해서 패망하는 날이 곧 올 것이다. 기미와 징후를 보는 사람은 반드시 상제上帝를 공경하여 섬기고 지나친 일은 하지 않으니, 곧 하늘이 복을 내리는 것이다.

◆◆ 『시경』에 말하기를 "상제를 밝게 섬기시어 / 많은 복을 오

◆ 庶徵數八 在東北者 庶徵者衆徵也 王者以及衆庶 莫不內省咎過 外察徵祥 順徵知機 則無禍患 不審其過 不念庶徵 則禍至不悟 敗亡無日矣 有機徵見者 必恭事上帝 用不爲過 則降以福應 詩云 昭事上帝 聿懷多福 如不共御善 不畏上帝 羣神乃怒 必有譴罰 數八者 次七後也 又云 艮八在東北 艮是止義 艮爲徑路 萬物大出於震 小出於艮 震爲衆男之長 艮爲衆男之少 故應八卦之數 艮旣爲止 令止惡就善也 故在東北 故云 肅敬德方 狂僭亂行

◆◆ 詩云 昭事上帝 聿懷多福 如不共御善 不畏上帝 羣神乃怒 必有譴罰 數八者 次七後也 又云 艮八在東北 艮是止義 艮爲徑路 萬物大出於震 小出於艮 震爲衆男之長 艮爲衆男之少 故應八卦之數 艮旣爲止 令止惡就善也 故在東北 故云 肅敬德方 狂僭亂行

게 하시니"라고 하니, 만일 함께 착한 일을 하지 않고 상제를 두려워하지 않으면, 모든 신이 성내서 반드시 꾸짖고 벌을 줄 것이다. 수가 8인 것은 7 다음에 있기 때문이다.

❖ 『시경』「대아大雅」'대명大明'에 나오는 시구이다.

또 말하기를, "간☶의 8이 동북에 있는 것은, 간은 그치는 뜻이고 좁은 길이 되니, 만물이 진震☳에서 크게 나오고 간艮에서 작게 나오는 것이다. 진은 모든 자식 중에 가장 어른이고, 간은 모든 자식 중에 가장 어린 사람이다. 그러므로 팔괘의 마지막 수인 여덟에 응하는 것이다." 간은 그치는 것이 되니, 악한 것을 그치게 하고 착한 데로 나가는 것이다. 그러므로 동북쪽에 있는 것이며, "엄숙하고 공경하여 덕이 방정하기도 하고, 광기와 참람함으로 난행하기도 하는 것이다"라고 했다.

9 오복육극수五福六極數 9

◆ 오복육극五福六極의 수 9는 남방에 있다.

① 오복

◆◆ 오복은 장수함(壽)·부유함(富)·편안함(康寧)·좋은 덕이 있음(攸好德)·죽을 때 자식앞에서 유언하고 죽음(考終命)이다.

㉠ '장수함'은 효도하고 공손해서 도덕이 갖추어진 뒤에, 신단神

◆五福六極數九 在南方

◆◆五福壽富康寧攸好德考終命 壽者孝悌道德備 然後脩神丹 延壽命 富者德化所及 豐穰無闕 康寧者 國化安寧 長樂無事 攸好德者 論理比類 進善抑惡 考終命者 順時成務 可以壽命統著善德

丹을 닦아 수명을 연장하는 것이다.

❖ 신단神丹 : 신선의 영약靈藥이라는 뜻으로, 여기서는 단전을 수련함을 말한다.

㉡ '부유함'은 덕의 교화가 미쳐서, 풍성하여 모자람이 없는 것이다.

㉢ '편안함'은 나라의 정치가 편안해서, 즐거운 일만 있고 잘못을 바로잡아야 할 일이 없는 것이다.

㉣ '좋은 덕이 있음'은 모든 사물의 이치를 따져서, 착한 것을 진취시키고 악한 것을 누르는 것이다.

㉤ '죽을 때 자식앞에서 유언하고 죽음'은 때에 따라 일을 성취시켜서, 하늘이 주어준 수명대로 오래 살 수 있는 것이니, 착한 덕을 총괄적으로 나타낸 것이다.

② 육극

◆ 육극六極이라는 것은 흉단절凶短折·병듦(疾)·근심함(憂)·악함(惡)·가난함(貧)·약함(弱)이다.

㉠ '흉단절'은 목베어 매달고 찢어 죽이는 것이니, 큰 죄를 지은 것이다.

㉡ '병듦'은 지은 죄를 알려서 곤장으로 볼기맞고 채찍을 맞아 병이 들음에 누워 간호를 받는 것이다.

㉢ '근심함'은 여론이 비등하여 아침저녁으로 공격받는 것이다.

㉣ '악함'은 머리깎고 벌거벗겨 욕되게 하고 금고시키며 채용하

◆ 六極者 凶短折疾憂惡貧弱 凶短折者 斬梟誅裂大罪也 疾者 榜笞毆擊疾臥養視也 憂論作望兢朝日也 惡髡甜赭剝戮辱固棄也 貧償贓賦 沒財產也 弱離邑里徙邊地 以戒後也 此罪罰之理居後 故數九

지 않고 버리는 것이다.

ⓜ '가난함'은 배상금을 물리고 세금을 부과시켜서 재산을 몰수하는 것이다.

ⓗ '약함'은 살던 고향에서 떠나게 하고 변방으로 귀양시켜서 뒷사람을 경계하는 것이다.

육극은 죄주고 벌하는 일로 이치가 최후에 하는 것이 마땅하기 때문에 수가 9이다.

손궁☴ 4	리궁☲ 9	곤궁☷ 2
오기五紀	오복五福 육극六極	오사五事
진궁☳ 3	중궁中宮 5	태궁☱ 7
팔정八政	황극皇極	계의稽疑
간궁☶ 8	감궁☵ 1	건궁☰ 6
서징庶徵	오행五行	삼덕三德

<table>
<tr><td>1</td><td>오행</td><td colspan="2">목 · 화 · 토 · 금 · 수</td></tr>
<tr><td>2</td><td>오사五事</td><td colspan="2">① 용모(貌) ② 말(言) ③ 보는 것(視) ④ 듣는 것(聽)
⑤ 생각하는 것(思)</td></tr>
<tr><td>3</td><td>팔정八政</td><td colspan="2">① 음식(食) ② 재화(貨) ③ 제사(祀) ④ 사공司空
⑤ 사도司徒 ⑥ 사구司寇 ⑦ 손님 대접함(賓) ⑧ 가르침(師)</td></tr>
<tr><td>4</td><td>오기五紀</td><td colspan="2">① 한해(歲) ② 해(日)와 달(月) ③ 봉화奉化 ④ 일진日辰
⑤ 역수曆數</td></tr>
<tr><td>5</td><td>황극수
皇極數</td><td colspan="2"></td></tr>
<tr><td>6</td><td>삼덕三德</td><td colspan="2">① 정직正直 ② 강극剛克 ③ 유극柔克</td></tr>
<tr><td>7</td><td>계의稽疑</td><td colspan="2">거북점 · 시초점</td></tr>
<tr><td>8</td><td>서징庶徵</td><td colspan="2"></td></tr>
<tr><td rowspan="2">9</td><td rowspan="2">오복육극
五福六極</td><td>오복</td><td>① 장수함(壽) ② 부유함(富) ③ 편안함(康寧) ④ 좋은 덕이 있음(攸好德) ⑤ 죽을 때 유언하고 죽음(考終命)</td></tr>
<tr><td>육극</td><td>① 흉단절凶短折 ② 병듦(疾) ③ 근심함(憂) ④ 악함(惡) ⑤ 가난함(貧) ⑥ 약함(弱)</td></tr>
</table>

◆ 또 말하기를, "리離☲가 오午의 방향에 있어서 자子와 충이 된다. 극에 가면 돌아오므로 리괘가 가장 끝이 되어 구궁의 수 9가 된다"고 했다. 리離는 밝은 것이 되니, 임금이 남쪽을 바라보면서 정사政事를 듣는 것은 리의 밝음을 본받는 것이고, 형벌을 줄 때는 밝게 해야 하기 때문에 남쪽에 있는 것이다. 그러므로 "만물이 다 가득차고 실한 것이다"라고 했다.

◆ 又云 離旣在午 以爲子衝 極則還反 故離最其末以爲九宮之數 離爲明 人君南面以聽政 象離之明 刑罰須明 故在南方 故云 萬物率盈實也

7장. 구궁과 지명

• 궁이 오직 아홉뿐이고 열이 안되는 것은, 팔방과 중앙을 합친 수가 9이기 때문이다. 위로는 9천九天·9성九星·28수二十八宿와 같고, 아래로는 5악五岳과 4독四瀆·9주九州와 같다.

1 구궁과 5악五岳 · 4독四瀆

4 회수淮水	9 곽산霍山	2 삼강三江
3 태산太山	5 숭산嵩山	7 화산華山
8 제수濟水	1 항산恒山	6 하수河水

•• 『구궁경』에 말하기를, "1은 항산恒山을 주관하고, 2는 삼강三江을 주관하며, 3은 태산太山을 주관하고, 4는 회수淮水를 주관하며, 5는 숭산嵩山을 주관하고, 6은 하수河水를 주관하며, 7은 화산華山을 주관하고, 8은 제수濟水를 주관하며, 9는 곽산霍山을 주관한다"고 했다.

• 宮唯有九 不十者 八方與中央 數終於九 上配九天九星二十八宿 下配五岳四瀆九州也

•• 九宮經言 一主恒山 二主三江 三主太山 四主淮 五主嵩高 六主河 七主華山 八主濟 九主霍山

2 구궁과 구주九州

① 중국을 구주로 나눔

4 서주徐州	9 양주揚州	2 형주荊州
3 청주靑州	5 예주豫州	7 양주梁州
8 연주兗州	1 기주冀州	6 옹주雍州

◆ "또한 1은 기주冀州가 되고, 2는 형주荊州가 되며, 3은 청주靑州가 되고, 4는 서주徐州가 되며, 5는 예주豫州가 되고, 6은 옹주雍州가 되며, 7은 양주梁州가 되고, 8은 연주兗州가 되고, 9는 양주揚州가 된다.

구주의 이름이 서로 고쳐지고 변했으나, 우임금 때의 구주가 여기 당唐나라 때의 이름과 같은 것은, 요임금이 우임금에게 홍수를 다스리라하고 구주를 나눈 이름을 당나라가 그대로 쓰면서 바꾸지 않았기 때문이다."

② 구주를 12주로 늘림

◆◆ "따라서 주周나라와 우虞나라 때 12주가 있었던 것은, 유주幽州와 영주營州와 병주幷州를 더한 것이다. 순舜임금은 청주靑州에서 바다를 넘는 곳을 제나라 땅으로 나누어 영주를 만들었고, 기주가 남북이 너무 멀기 때문에 위나라를 나누어 병주를 만들

◆ 又一爲冀州 二爲荊州 三爲靑州 四爲徐州 五爲豫州 六爲雍州 七爲梁州 八爲兗州 九爲揚州 九州之名 互有改變 禹貢九州 卽此配唐時 名同者 以堯命禹治洪水分九州 因而不易

◆◆ 故周虞有十二州 加幽幷營 舜以靑州越海 分齊爲營州 冀州南北太遠 分衛爲幷州 燕以北分置幽州 殷時九州有幽營 無靑梁 周官九州有幽幷 無徐梁 漢立十二州 增交益焉

었으며, 연나라 북쪽은 나누어 유주幽州를 두었다.

은殷나라 때는 구주에 유주幽州와 영주營州가 있고 청주靑州와 양주梁州가 없었으며, 주周나라 관제에는 구주에 유주幽州와 병주幷州가 있고 서주徐州와 양주梁州가 없었다. 한漢나라 때는 12주를 두었으니, 교주와 익주를 더한 것이다"라고 했다.

③ 구주명칭의 연원

㉠ 기주冀州 ◆ 『석명』에 말하기를 "기주는 땅의 형세로 인해서 이름을 붙인 것이니, 험한 곳도 있고 평이한 곳도 있어서 제왕의 도읍지다"고 했으며, 『태강지기太康地記』에 말하기를 "기冀는 가까운 것이니, 그 기운이 서로 가까운 것이다. 그 땅이 태행산太行山의 동쪽으로부터 갈석碣石 왕옥王屋 지주砥柱에까지 이른다"고 했다.

『서경』 「우공」에 말하기를 "기주에서 이미 물을 실었다"고 했으며, 『여씨춘추』에 말하기를 "두 하수河水 사이가 기주가 되니, 정북방이다"라고 했다.

❖ 『석명』 「석주국釋州國」에 "기주 또한 땅의 형세로 인해서 이름을 붙인 것이다. 그 땅이 험한 곳도 있고 평이한 곳도 있어서 제왕의 도읍지로 삼을 만하다. 다른 지역이 어지러울 때도 기주는 다스려지고, 다른 지역이 약할 때도 기주는 강성하며, 다른 지역이 황폐할 때도 기주는 풍년이 든다(冀州亦取地以爲名也 其地有險有易 帝王所都 亂則冀治 弱則冀彊 荒則冀豐也)"라고 했다.

❖ 『태강지기太康地記』 : 진晉나라 태강 3년에 만들어진 『지기』를 말

◆ 冀州者 釋名云 冀州取地爲名 有險易 帝王所都 太康地記曰 冀近 其氣相近也 其地自太行東 至碣石王屋砥柱 禹貢云 冀州旣載 呂氏春秋云 兩河之間爲冀州 正北方

한다. 5권 또는 10권으로 되어 있었다고 한다.

❖ 『여씨춘추』 「유시람有始覽」에 "두 하수의 사이가 기주니, 진나라이다(兩河之間爲冀州 晋也)"라고 했다.

ⓛ 형주荊州 ◆ 『석명』에 말하기를 "형荊은 경계하는 것이니, 남쪽 오랑캐가 자주 침범하므로, 주州의 군사를 먼저 강하게 해서 경계하고 막아야 한다는 것이다. 그 땅은 북쪽으로는 형산荊山이 있고, 남쪽으로는 형산衡山의 남쪽까지 미친다"고 한다.

『서경』 「우공」에 말하기를 "형산荊山부터 형산衡山의 남쪽 사이에 형주가 있다"고 했다. 『이아』 「석지釋地」에 말하기를 "한수漢水 남쪽은 형주다"고 했으며, 『여씨춘추』 「유시람」에 말하기를 "형은 초나라다"고 했다.

❖ 『석명』 「석주국釋州國」에 "형주는 형산에서 이름을 따온 것이다. '형'자로 이름을 따온 이유는 '형'에 경계한다는 뜻이 있기 때문이다. 남쪽오랑캐가 자주 침범하므로, 그 백성에게 도가 있으면 복속하고, 도가 없을 때는 먼저 강한 군사로 다스려야 하니, 항상 경계하고 막아야 한다는 뜻이다(荊州取名於荊山也 必取荊爲名者 荊警也 南蠻數爲寇逆 其民有道後服 無道先彊 常警備之也)"라고 하였다.

❖ 『여씨춘추』 「유시람」에 "남방이 형주가 되는데, 초나라를 말한다(南方爲荊州 楚也)"라고 하였다.

ⓒ 청주靑州 ◆◆ 『석명』에 말하기를 "청주는 동쪽에 있는데, 물

◆ 荊州者 釋名云 荊警也 南蠻數爲寇逆 州道先强 當警備之也 其地北據荊山 南及衡山之陽 禹貢云 荊及衡陽 惟荊州 爾雅云 漢南曰荊州 呂氏曰 荊楚也

◆◆ 靑州者 釋名云 靑在東生也 太康地記曰 少陽色靑 歲始事首 卽以爲名 其地東北據海 西距岱 禹貢云 海岱惟靑州 呂氏云 東方海

건이 생겨나면 푸르기 때문이다"라고 했으며, 『태강지기太康地記』에 말하기를 "소양은 색이 청색으로, 해歲의 첫시작이고, 일의 시작이다. 그래서 청주라고 이름한 것이니, 그 땅의 동북쪽은 바다이고, 서쪽은 대岱 땅과 연접했다"고 했다.

『서경』「우공」에 말하기를 "바다에서 대땅까지가 청주다"고 했으며, 『여씨춘추』에 말하기를 "동쪽 바다 모퉁이에 있는 청주는 제나라다"고 했다.

❖ 『석명』「석주국釋州國」에 "청주는 동쪽에 있는데, 물건이 생겨나면 푸르게 됨을 취한 것이다(青州在東 取物生而青也)"고 하였다.

❖ 『여씨춘추』「유시람」에 "동방이 청주가 되는데, 제나라이다(東方爲青州 齊也)"고 되어 있다.

㉣ 서주徐州 • 『석명』에 말하기를 "서徐는 펼쳐지는 것이니, 토지의 기운이 천천히 펼쳐지는 것이다. 그 땅이 동쪽은 바다에 이르고 북쪽은 대땅에 이르며, 남쪽은 회수에 미친다"고 했으며, 『서경』「우공」에 말하기를 "바다에서 대땅 및 회수淮水에 이르는 곳이 서주徐州다"고 했다.

『여씨춘추』에 말하기를 "사수泗水의 윗쪽이 서주가 되니, 노나라다"고 했으며, 『이아』에 말하기를 "제수濟水 동쪽을 서주라고 한다"고 했다.

㉤ 예주豫州 •• 『석명』에 말하기를 "예주豫州가 구주의 가운데

隅青州齊也

◆ 徐州者 釋名曰 徐舒也 土氣舒緩也 其地東至海 北至岱 南及淮 禹貢云 海岱及淮 惟徐州 呂氏云 泗上爲徐州魯也 爾雅云 濟東曰徐州

있으니, 편안하고 즐겁다"고 했으며, 『태강지기』에 말하기를 "중화中和의 기운을 타고 나서 성품과 이치가 편안하게 펼쳐지니, 그 땅이 남쪽으로는 형주와 접하고, 북쪽으로는 하수河水로 막혀 있다"고 했다.

『서경』 「우공」에 말하기를 "형주와 하수 사이가 예주다"고 했으며, 『여씨춘추』에 말하기를 "하수와 한수漢水 사이가 예주가 된다"고 했다. 『이아』에 말하기를 "하수의 남쪽을 예주라고 한다"고 했다.

- ❖ 『석명』의 석주국釋州國편에 "예주의 땅은 구주의 한 가운데 있으니, 황제의 친위병과 수도(東都)가 위치하는 곳이다. 항상 편안하고 즐겁다(豫州地在九州之中 京師東都所在 常安豫也)"고 되어 있다.
- ❖ 『태평어람太平御覽』에서 『태강지기』의 글을 인용하여 말하기를 "예주의 사람들은 중화中和의 기운을 얻어서, 생각이 편안하고 풍속이 대륙의 풍이 있으며 지혜로웠으나, 현재의 풍속은 느긋하고 게을러졌다(豫州之分 其人得中和之氣 惟安舒 其俗阜 其人知 今俗多寬慢)"고 되어있다.

ⓑ 옹주雍州 • 『태강지기』에 말하기를 "옹주雍州는 서북쪽에 있으니, 양기가 이르지 못하는 곳으로 음기가 막고 있는 곳이다. 그래서 옹주라고 이름을 취한 것이다. 그 땅이 서쪽으로는 흑수黑水에 연접해 있고, 동쪽으로는 서하西河로 막혀있다"고 했다.

◆◆ 豫州者 釋名曰 豫在九州之中 安豫也 太康地記云 稟中和之氣 性理安舒 其地南據荊 北距河 禹貢云 荊河惟豫州 呂氏云 河漢之間爲豫州 爾雅云 河南曰豫州

◆ 雍州者 太康地記云 雍居西北之位 陽所不至 陰氣壅閼 取以爲名 其地西據黑水 東距西河 禹貢云 黑水 西河 惟雍州 呂氏云 雍州秦也 爾雅云 河西曰雍州

『서경』「우공」에 말하기를 "흑수와 서하의 사이가 옹주다"고 했다. 『여씨춘추』에 말하기를 "옹주는 진秦나라다"고 했으며, 『이아』에 말하기를 "하수 서쪽을 옹주라고 한다"고 했다.

❖ 『태평어람太平御覽』에서 『태강지기』의 글을 인용하여 말하기를 "옹주는 서북쪽에 있는데, 양기가 미치지 못하고 음기가 막고 저지하고 있으므로 옹주라고 하였다(雍州西北之地 陽門不及 陰氣壅遏 故以爲名)"고 되어 있다.

❖ 『예문류취藝文類聚』에서는 『태강지기』의 글을 인용하여 말하기를 "옹주는 양주梁州를 포함하고 있는데, 서북쪽에 위치하고 있으므로 양기가 미치지 못하는 곳이다. 그러므로 옹주라고 이름하였다(雍州兼得梁州之地 西北之位 陽所不及 故取名)"고 되어 있다.

ⓢ 양주梁州 ◆ 『태강지기』에 말하기를 "양梁은 강한 것이니, 서방 금의 강한 기운을 취해서 굳세고 강함으로써 이름을 한 것이다. 그 땅이 동쪽으로는 화산華山과 연접하고, 서쪽으로는 흑수로 막혀있다"고 했으며, 『서경』「우공」에 말하기를 "화산 남쪽으로부터 흑수까지가 양주다"고 했다.

ⓞ 연주兗州 ◆◆ 『석명』에 말하기를 "연수兗水에서 이름을 따서 지었다"고 했으며, 『태강지기』에 말하기를 "그 실천한 신용과 품성의 곧고 바름을 판단한다는 뜻이다. 그 땅이 동남쪽으로는 제수濟水와 연접하고, 서북쪽으로는 하수河水로 막혀있다"고 했다. 『서경』「우공」에 말하기를 "제수와 하수의 사이가 연주다"

◆ 梁州者 太康地記云 梁者剛也 取西方金剛之氣剛强 以爲名也 其地東據華山 西距黑水 禹貢曰 華陽黑水 惟梁州

◆◆ 兗州者 釋名云 取兗水爲名 太康地記曰 辨其履信稟貞正之意也 其地東南據濟 西北距河 禹貢曰 濟河惟兗州

라고 했다.

❖ 『석명』「석주국釋州國」에 "연주는 연수를 취해서 이름지었다(兗州取兗水以爲名也)"고 되어 있다.

ⓧ 양주揚州 ◆ 『석명』에 말하기를 "양주에는 물이 많으니, 물결이 날리는 것이다. 그 땅이 북쪽으로는 회수淮水에 임해있고, 동쪽으로는 바다로 막혀있다"고 했으며, 『서경』「우공」에 말하기를 "회수와 바다 사이에 있는 곳이 양주다"고 했다. 『여씨춘추』에 말하기를 "양주는 월越나라이다"라고 했으며, 『이아』에 말하기를 "앵자강 남쪽을 양주라고 한다"고 했다.

❖ 『석명』「석주국」에는 "양주의 땅에는 물이 많으니, 물결이 날리는 것이다(揚州 州界多水 水波揚也)"고 되어 있다.

❖ 『여씨춘추』에는 "동남쪽이 양주인데, 월나라이다(東南爲揚州 越也)"로 되어 있다.

ⓩ 구주명칭과 구궁의 위치 ◆◆ 이제 구궁의 위치로 따져보면, 기주는 정북으로 감궁☵에 있고, 형주는 서남으로 곤궁☷에 있으며, 청주는 정동으로 진궁☳에 있고, 서주는 동남으로 손궁☴에 있으며, 예주는 중앙

서주	양주揚州	형주
청주	예주	양주梁州
연주	기주	옹주

◆ 揚州者 釋名云 揚州多水 水波揚也 其地北據淮 東距海 禹貢云 淮海惟揚州 呂氏曰 揚州越也 爾雅曰 江南曰揚州

◆◆ 今依九宮之位 冀州正北 在坎宮 荊州西南 在坤宮 青州正東 在震宮 徐州東南 在巽宮 豫州中央 在中宮 雍州西北 在乾宮 梁州正西 在兌宮 兗州東北 在艮宮 揚州正南 在離宮 其位與此解相似

으로 중궁에 있고, 옹주는 서북으로 건궁☰에 있으며, 양주梁州는 정서로 태궁☱에 있고, 연주는 동북으로 간궁☶에 있으며, 양주揚州는 정남으로 리궁☲에 있어서, 그 위치가 여기 해석과 서로 같다.

8장. 별자리와 구궁

1 태일太一과 구주

◆ 태일太一이 연주로 하여금 정북인 감의 자리에 있게 하고, 청주를 동북인 간의 자리에 있게 하며, 서주를 정동인 진의 자리에 있게 하고, 양주揚州를 동남인 손의 자리에 있게 하며, 형주를 정남인 리의 자리에 있게 하고, 양주梁州를 서남인 곤의 자리에 있게 하며, 옹주를 정서인 태의 자리에 있게 하고, 기주를 서북인 건의 자리에 있게 하니, 이것은 모두 오행의 근본하고 시작되는 기운을 따른 것이다.

❖ 여기서 언급한 「태일太一과 구주」는 하늘의 별자리와 관계되어 나눈 것이므로, 지리적으로 설명된 앞서의 구주와는 위치가 한칸씩 오른쪽으로 더 나아가 있다. 그에 대한 설명은 아래 문단에 있다.

양주揚州	형주	양주梁州
서주	예주	옹주
청주	연주	기주

◆ 太一以兗州在正北坎位 青州在東北艮位 徐州在正東震位 揚州在東南巽位 荊州在正南離位 梁州在西南坤位 雍州在正西兌位 冀州在西北乾位 此竝從五行本始之氣

◆ 서북은 해방亥方이기 때문에 감수坎水가 거처하고, 동북은 인방寅方이기 때문에 진목震木이 거처하며, 동남은 사방巳方이기 때문에 리화離火가 거처하고, 서남은 신방申方이기 때문에 태금兌金이 거처한다. 건은 금이 되기 때문에 본래 금의 자리를 따르고, 손은 목이기 때문에 본래 목의 자리를 따르며, 곤과 간은 모두 토이기 때문에 땅의 씨줄이 되어서 정남과 정북에 거처하고 있다.

이는 모두 『주례周禮』에서 직방씨職方氏에 의해 근본된 자리에 의한 것이다. 비록 궁의 위치가 조금 옮겨졌으나, 오행의 기운은 한가지다. 이것은 구주가 위로 하늘의 구천九天에 상대가 되는 것이니, 28수가 나뉘어 소속된 것이다.

리화	곤토	태금
손목		건금
진목	간토	감수

❖ 『주례周禮』 「하관夏官」에 "직방씨가 천하의 지도를 맡았으니, 천하의 땅을 모두 맡아 보았다(職方氏掌天下之圖 以掌天下之地)"고 되어 있다.

◆ 西北亥地 故坎水居之 東北寅地 故震木居之 東南巳地 故離火居之 西南申地 故兌金居之 乾爲金 故從本金位 巽爲木 故從本木位 坤艮俱土 故取地之經 居正南正北 此竝依周禮職方之始位 雖宮位微移 五行氣一 此九州上對九天 分二十八宿屬焉

2 하늘의 구천九天과 구궁

① 중앙의 균천鈞天

◆『회남자』에 말하기를 "중앙의 균천鈞天은 수가 5이며, 그 별은 각角·항亢·저氐로 한韓나라와 정鄭나라 땅에 해당된다. '균鈞'은 극한 것이고, 사방으로 끝까지 퍼진 것이다. 또한 극천極天이라고도 말하니 나머지 사행四行의 주인이 되고, 땅으로는 중궁인 예주와 상대가 된다.

② 동방의 창천蒼天

◆◆ 동방의 창천蒼天은 수가 3이며, 그 별은 방房·심心·미尾이다. 방과 심은 송나라 땅에 해당하고, 미는 연나라 땅에 해당된다. 동방은 청색이니, 땅으로는 진궁인 청주와 상대가 된다.

③ 동북방의 변천變天

◆◆◆ 동북방의 변천變天은 수가 8이며, 그 별은 기箕·두斗·우牛로, 기는 연나라 땅에 해당하고, 두는 오나라이며, 우는 대岱땅이다. 수水의 끝으로, 음기가 다하고 양기가 처음 발동해서, 만물이 장차 변화하는 것이니, 땅으로는 간궁인 연주와 상대가 된다.

◆ 淮南子云 中央鈞天 數五 其星角亢氐 韓鄭分 鈞極也 布極四方 亦曰極天 爲四行主 對中宮豫州

◆◆ 東方蒼天 數三 其星房心尾 房心宋分 尾燕分 東方色青也 對震宮青州

◆◆◆ 東北變天 數八 其星箕斗牛 箕燕分 斗吳分 牛岱分 水之季 陰氣盡 陽始作 萬物將變 對艮宮兗州

④ 북방의 현천玄天

• 북방의 현천玄天은 수가 1이며, 그 별은 여女·허虛·위危·실室로 여는 월나라에 해당하고, 허와 위는 제나라이며, 실은 위나라에 해당한다. 수水의 색이 검기 때문에 현천이라고 하니, 땅으로는 감궁인 기주와 상대가 된다.

⑤ 서북방의 유천幽天

•• 서북방의 유천幽天은 수가 6이며, 그 별은 벽壁·규奎·루婁로 벽은 위나라에 해당하고, 규와 루는 노나라에 해당한다. 금의 끝으로 태음이 어두워지는 것이니, 땅으로는 건궁인 옹주와 상대가 된다.

⑥ 서방의 호천昊天

••• 서방의 호천昊天은 수가 7이며 그 별은 위胃·묘昴·필畢로 위는 노나라에 해당하고, 필과 묘는 조나라에 해당한다. 금의 색이 희기 때문에 호천이라고 한 것이고, 땅으로는 태궁인 양주梁州와 상대가 된다.

• 北方玄天 數一 其星女虛危室 女越分 虛危齊分 室衛分 水色黑故云玄天 對坎宮冀州

•• 西北幽天 數六 其星壁奎婁 壁衛分 奎婁魯分 金之季 卽太陰幽闇也 對乾宮雍州

••• 西方昊天 數七 其星胃昴畢 胃魯分 畢昴趙分 金色白 故曰昊天 對兌宮梁州

⑦ 서남방의 주천朱天

• 서남방의 주천朱天은 수가 2이며 그 별은 자觜·삼參·정井으로, 자와 삼은 진晉나라에 해당하고, 정은 진秦나라에 해당한다. 화火의 끝에 거처하며 양陽의 색이 붉은 것이다. 땅으로는 곤궁인 형주와 상대가 된다.

⑧ 남방의 염천炎天

•• 남방의 염천炎天은 수가 9이며 그 별은 귀鬼·류柳·성星으로 귀는 진秦나라에 해당하고, 류와 성은 주나라에 해당한다. 화火의 성질은 위로 타오르기 때문에 염천이라 한 것이고, 땅으로는 리궁인 양주揚州와 대가 된다.

⑨ 동남방의 양천陽天

••• 동남방의 양천陽天은 수가 4이며 그 별은 장張·익翼·진軫으로 장은 주나라에 해당하고, 익과 진은 초나라에 해당한다. 목木의 끝으로 장차 태양▬으로 나가기 때문에 양천이고, 땅으로는 손궁인 서주와 상대가 된다.

❖ 9천과 28수 및 분야

• 西南朱天 數二 其星觜参井 觜参晉分 井秦分 居火之季 陽色朱也 對坤宮荊州

•• 南方炎天 數九 其星鬼柳星 鬼秦分也 柳星周分也 火性炎上 故曰炎天也 對離宮揚州

••• 東南陽天 數四 其星張翼軫 張周分 翼軫楚分 木之季 將卽太陽 故曰陽天也 對巽宮徐州

楚		周			秦			晉
	익	장	성	류	귀	정	삼	
	진	양천	염천			주천	자	
宋	방	창천	균천(韓 · 鄭)			호천	필	趙
	심						묘	
燕	미		각	항	저		위	
	기	변천	현천			유천	루	
	두	우	여	허	위	실	벽	규
吳		岱	越	齊		衛		魯

3 북두구성北斗九星과 구궁

◆ 이 구천은 또한 북두구성九星의 수에 속한다. 그러므로 아래로 구주와 상대가 된다.

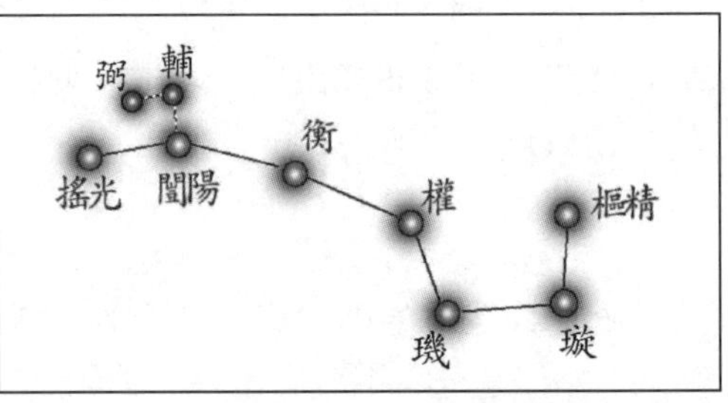

① 추성樞星

◆◆ 염천의 수 9는 북두의 첫 번째 별인 추성樞星에 속하여, 리

◆ 此九天 亦屬北斗 九星之數 故下對九州

궁과 양주揚州에 대응한다.

② 선성璇星

◆ 변천의 수 8은 북두의 두 번째 별인 선성璇星에 속하여, 간궁과 연주에 대응한다.

③ 기성璣星

◆◆ 호천의 수 7은 북두의 세 번째 별인 기성璣星에 속하여, 태궁과 양주梁州에 대응한다.

④ 권성權星

◆◆◆ 유천의 수 6은 북두의 네 번째 별인 권성權星에 속하여, 건궁과 옹주에 대응한다.

⑤ 형성衡星

◆◆◆◆ 균천의 수 5는 북두의 다섯 번째 별인 형성衡星에 속하여, 중궁과 예주에 대응한다.

◆◆ 炎天數九 屬斗第一樞星 應離宮 對揚州
◆ 變天數八 屬斗第二璇星 應艮宮 對兗州
◆◆ 昊天數七 屬斗第三璣星 應兌宮 對梁州
◆◆◆ 幽天數六 屬斗第四權星 應乾宮 對雍州
◆◆◆◆ 鈞天數五 屬斗第五衡星 應中宮 對豫州

⑥ 개양성開陽星

• 양천의 수 4는 북두의 여섯 번째 별인 개양성開陽星에 속하여, 손궁과 서주에 대응한다.

⑦ 요광성瑤光星

•• 창천의 수 3은 북두의 일곱번째 별인 요광성瑤光星에 속하여, 진궁과 청주에 대응한다.

⑧ 여덟번째 별

••• 주천의 수 2는 북두의 여덟 번째 별에 속하여, 곤궁과 형주에 대응한다.

⑨ 아홉번째 별

•••• 현천의 수 1은 북두의 아홉 번째 별에 속하여, 감궁과 기주에 대응한다"고 했다.

북두의 여덟 번째와 아홉 번째의 두 별이 보이지 않는 것은, 음궁陰宮과 대응이 되기 때문이다.

• 陽天數四 屬斗第六開陽星 應巽宮 對徐州

•• 蒼天數三 屬斗第七瑤光星 應震宮 對青州

••• 朱天數二 屬斗第八星 應坤宮 對荊州

•••• 玄天數一 屬斗第九星 應坎宮 對冀州 屬斗第八 第九二星 陰而不見 以其對陰宮也

❖ 이상의 내용을 요약하면 다음 도표와 같다.

❖ 9천과 9궁

9천	염천	변천	호천	유천	균천	양천	창천	주천	현천
수	9	8	7	6	5	4	3	2	1
북두9성	추성	선성	기성	권성	형성	개양성	요광성	제8성	제9성
9궁	리궁	간궁	태궁	건궁	중궁	손궁	진궁	곤궁	감궁
9주	揚州	연주	梁州	옹주	예주	서주	청주	형주	기주
방위	남방	동북방	서방	서북방	중앙	동남방	동방	서남방	북방
28수	귀류성	기두우	위묘필	벽규루	각항저	장익진	방심미	자삼정	여허위실
나라1	진:귀	연:기	노:위	위:벽	정:각항	주:장	송:방심	진:자삼	월:여
나라2	주:류성	오:두	조:필묘	노:규루	송:저	초:익진	연:미	진:정	제:허위
나라3		대땅:우							위:실

◆ 또 곽박郭璞의 『역점易占』에 이르기를 "건은 하나, 곤은 둘, 진은 셋, 손은 넷, 감은 다섯, 리는 여섯, 간은 일곱, 태는 여덟로, 사람과 물건의 수를 점치는 것이 다 여기에 따른다"고 했으니, 대개 부모와 남녀의 순서로 차례를 정한 것이다. 이것 또한 구궁 팔괘의 수이기 때문에 모두 해석해 놓았다.

❖ 곽박郭璞 : 진晉나라의 문희聞喜 사람. 자는 경순景純, 박학다식하고 특히 오행과 천문 및 복서卜筮에 뛰어났다. 『이아爾雅, 산해경山海經, 삼창三蒼, 방언方言, 목천자전穆天子傳, 초사楚辭, 자허상림부子虛上林賦』 등을 주석하고, 『동림洞林, 신림新林, 복운卜韻, 장서葬書, 옥조정진경玉照定眞經』 등의 저서가 있다.

◆ 又郭璞易占云 乾一 坤二 震三 巽四 坎五 離六 艮七 兌八 占人及物數 皆準此 蓋以父母男女爲次也 此九宮八卦之數 故以備釋

❖ 건은 아버지에 해당하므로 제일 첫 수인 1이고, 곤은 어머니에 해당하므로 그 다음 수인 2이다. 진은 장남에 해당하므로 3이고, 손은 장녀에 해당하므로 4이다. 감은 중남에 해당하므로 5이고, 리는 중녀에 해당하므로 6이다. 간은 소남에 해당하므로 7이고, 태는 소녀에 해당하므로 8이다.

五行大義

제 4편 상생

論相生

1장. 오행의 상생論相生

1 오행의 발원

◆ 『경經』에 말하기를 "하늘이 1을 낳아서 북방수에서 시작하고, 땅이 2를 낳아서 남방화에서 시작하며, 사람이 3을 낳아서 동방목에서 시작하고, 사시四時가 4를 낳아서 서방금에서 시작하며, 오행이 5를 낳아서 중앙토에서 시작한다"고 했다.

❖ 경經 : 『오행전五行傳』 또는 『한서漢書』 「오행지五行志」라고 하는 설이 있으나, 확실하지는 않다.

또 말하기를 "하늘이 1을 낳아서 시작한다는 것은 1로 인해서 하늘을 낳는 것이지, 하늘이 1을 낳는 것이 아니다. 그러므로 『도덕경』에 '1은 2를 낳고, 2는 3을 낳으며, 3은 만물을 낳는다'고 했다. 땅이 2를 낳는다는 것 또한 2로 인해서 땅을 낳는 것이고, 3으로 인해서 사람을 낳으며, 4로 인해서 사시를 낳는 것이다. 오행이 다 1을 말미암아서 나온 것이나, 숫자가 5에 이르고 토

◆ 經云 天生一 始於北方水 地生二 始於南方火 人生三 始於東方木 時生四 始於西方金 五行生五 始於中央土 又曰 天始生一者 因一而生天 非天生一也 故云 一生二 二生三 三生萬物 地生二者 亦因二而生地 因三生人 因四生時 五行皆由一而生 數至於五 土最在後 得五而生五行也

가 제일 뒤에 있으니, 5를 얻어 오행을 낳는 것이다.

❖ 1은 2를 낳고, 2는 3을 낳으며, 3은 만물을 낳는다 : 노자의 『도덕경』 「도화道化」에 출전.

2 오행의 상호관계

① 맡은 일이 다른 이유

• 오행이 함께 나왔는데 주관하는 때가 틀린 것은, 일단 생겨나면 그 어버이를 벗어나서 각각 짝하는 것이 있는 것이니, 사람이 또한 같은 부모의 원기를 타고 났으나, 각각 나가서 부부의 짝을 이루고 자식을 낳아 한 집을 구성하는 것과 같다. 그러므로 오행은 모두 서로 의지해서 이루어지는 것이고, 오행이 같은 탯줄에서 났지만, 따로 거처해서 먼저 하고 뒤에 함이 있는 것이다.

오행은 모두 음양의 기운을 바탕으로 나왔다. 그러므로 '습한 기운은 물水을 낳고, 따스한 기운은 불火을 낳으며, 굳센 기운은 나무木를 낳고, 강한 기운은 금金을 낳으며, 화합하는 기운은 토土를 낳는다'고 한 것이니, 오행이 함께 일어나고 의탁하여 서로 생한다는 것을 알 수 있다"고 했다.

② 상생하는 이유

• 五行同出而異時者 出離其親 有所配偶 譬如人生 亦同元氣而生 各出一家 配爲夫妻 化生子息 故五行皆相須而成也 五行同胎而異居 有先後耳 夫五行皆資陰陽氣而生 故云 濡氣生水 溫氣生火 强氣生木 剛氣生金 和氣生土 故知五行同時而起 託義相生

㉠ 순환의 관계 ◆ 『오행전五行傳』에 말하기를 "오행이 함께 일어났지만 각각 이름이 다르다. 그러나 오행의 이름은 이미 달라졌지만, 서로 다시 작용을 해서 돌아가며 휴休하고 왕王하기 때문에 서로 생하는 것이다"라고 했다.

㉡ 조화의 관계 ◆◆ 영용穎容이 말하기를 "오행이 서로 생하는 것은 다른 종류끼리 서로 조화해 가는 것으로, 남녀가 다른 성이라서 번식을 할 수 있는 것과 같으니, 만약 수水와 수水로 같은 수水끼리라면 좋은 결과가 나오지 않는다"고 했다.

❖ 영용穎容 : 57쪽 참조.

㉢ 역할로써의 상생관계 ◆◆◆ 하간헌왕河間獻王이 온성훈군溫城薰君에게 묻기를 "효도라는 것은 하늘의 벼리요 땅의 의리라고 한 것은 무슨 말입니까?"하니, 대답하기를 "하늘에 오행이 있으니 목·화·토·금·수입니다. 목이 화를 생하고, 화가 토를 생하며, 토가 금을 생하고, 금이 수를 생하며, 수가 목을 생합니다.

❖ 하간헌왕河間獻王 : 한漢나라 경제景帝의 셋째 아들. 본명은 덕德, 시호는 헌獻, 하간왕에 봉해졌다. 학문과 옛 성현들의 일을 좋아해서

◆ 傳曰 五行竝起 各以名別 然五行旣以名別 而更互用事 輪轉休王 故相生也

◆◆ 穎容云 凡五行相生 謂異類相化 如男女異性 能至繁殖 若以水濟水 不生嘉味

◆◆◆ 河間獻王 問溫城薰君曰 孝者天之經 地之義也何謂也 對曰 天有五行 木火土金水是也 木生火 火生土 土生金 金生水 水生木 木爲春 春主生 夏主長養 秋主收 冬主藏 藏者冬之所成也 是故父之所生 其子長之 父之所長 其子養之 父之所養 其子成之 不敢不致如父之意 盡爲人之道也 故五行者五常也

학자들과 많은 교유를 하였다.

목은 봄이 되는데, 봄은 생겨나는 것을 주관합니다. 여름은 기르는 것을 주관하고, 가을은 거두는 것을 주관하며, 겨울은 감추는 것을 주관합니다. 감춘다는 것은 겨울에 이루어지는 작용입니다.

그러므로 아버지가 낳은 것을 그 자식이 키우고, 아버지가 키운 것을 자식이 기르며, 아버지가 기른 것을 자식이 이루니, 감히 아버지의 뜻을 어기지 못하는 것이 사람의 도리를 다하는 것입니다. 그러므로 오행이 오상五常이 되는 것입니다"고 했다.

3 상생에 관한 두 학설

① 백호통과 춘추원명포의 설

㉠ 목생화木生火 ◆ 『백호통』에 이르기를 "'목이 화를 낳음'은, 목의 성질이 따스하여 화가 그 속에 숨어 있다가 마찰해서 뚫고 나온다. 그러므로 목이 화를 생하는 것이다.

㉡ 화생토火生土 ◆◆ '화가 토를 낳음'은, 화는 뜨겁기 때문에 목을 불태우고, 목이 타면 재를 이루니, 재는 곧 토다. 그러므로 화가 토를 생하는 것이다.

㉢ 토생금土生金 ◆◆◆ '토가 금을 낳음'은, 금은 돌 속에 있어서

◆ 白虎通云 木生火者 木性溫暖 火伏其中 鑽灼而出 故木生火

◆◆ 火生土者 火熱故能焚木 木焚而成灰 灰卽土也 故火生土

산의 습기가 응고되어 생기고, 토가 모여 산을 이루니, 산은 반드시 돌을 낳는다. 그러므로 토가 금을 낳는 것이다.

㉣ 금생수金生水 ◆ '금이 수를 낳음'은, 소음의 기운은 윤택하여 진액이 흐르고, 또한 금을 녹이면 물이 된다. 그래서 산에 구름이 끼고 습기가 있게 되는 것이다. 그러므로 금이 수를 낳는 것이다.

㉤ 수생목水生木 1 ◆◆ '수가 목을 낳음'은, 목은 수가 있어야 살 수 있다. 그러므로 수가 목을 낳는 것이다"라고 했다.

㉥ 수생목水生木 2 ◆◆◆ 『춘추원명포』에 이르기를 "양은 토해내고 음은 화합시키기 때문에 수가 목을 생한다"고 했다.

② 춘추번로의 설

㉠ 목생화木生火 ◆◆◆◆ 『춘추번로』에 이르기를 "동방은 목으로, 목은 농사의 근본이니, 사농司農이 농사를 지어 오곡을 축적하면 사마司馬가 먹는다. 그러므로 목이 화를 생하는 것이다.

❖ 사농司農 : 전곡錢穀에 관한 일을 맡아보던 높은 벼슬아치. 한漢나

◆◆◆ 土生金者 金居石 依山津潤而生 聚土成山 山必生石 故土生金

◆ 金生水者 少陰之氣 潤澤流津 鎖金亦爲水 所以山雲而從潤 故金生水

◆◆ 水生木者 因水潤而能生 故水生木也

◆◆◆ 元命苞云 陽吐陰化 故水生木也

◆◆◆◆ 春秋繁露云 東方木 木農之本 司農 五穀畜積 司馬食之 故木生火

라 때는 구경九卿의 하나였음. 전관田官 역시 같은 역할을 한다. 오행 중에는 목에 해당한다.

ㄴ 화생토火生土 ◆ 화는 중앙 조정의 사마司馬니 당연히 천시天時를 안다. 형체와 조짐이 싹트기 전에 홀로 밝게 보니, 천하가 편안해져서 임금과 신하가 편안하다. 그러므로 화가 토를 생하는 것이다.

❖ 사마司馬 : 군사軍事를 맡아보던 높은 벼슬아치. 오행 중에는 화에 해당한다.

ㄷ 토생금土生金 ◆◆ 임금인 토는 신실하게 해야 한다. 때로 위엄과 무력을 써서 강폭한 이를 제어하여 나라를 다스려지도록 하니, 크게 다스리는 것은 사도司徒이다. 그러므로 토가 금을 생하는 것이다.

❖ 사도司徒 : 교육을 맡아보던 높은 벼슬아치. 오행 중에는 금에 해당한다.

ㄹ 금생수金生水 ◆◆◆ 금은 크게 잘 다스리는 사도司徒이니, 의리를 숭상한다. 변방이 편안하고, 도적이 일어나지 않아서 고을에 옥사와 송사가 없으면, 법을 집행하는 사구司寇가 편안하다. 그러므로 금이 수를 생하는 것이다.

❖ 사구司寇 : 형벌 또는 경찰의 일을 맡아보던 높은 벼슬아치. 오행중에는 수에 해당한다.

◆ 火本朝司馬 當知天時 形兆未萌 照然獨見 天下旣寧 以安君臣 故火生土也

◆◆ 土君當信 因時之威武 强御以成 大理司徒 故土生金

◆◆◆ 金大理司徒 尙義 邊境安寧 寇賊不發 邑無獄訟 則安執法司寇 故金生水

ⓜ 수생목水生木 ◆ 수는 법을 숭상하는 사구司寇로 예절을 숭상하니, 임금과 신하의 지위가 정해져 있고, 어른과 어린이에 차례가 있으며, 여러 가지 공업이 때에 맞게 일으켜져서 한 해의 쓰임을 풍족하게 하고, 기구와 기계가 이루어져서, 사농과 전관田官에게 주어지기 때문에 수가 목을 생하는 것이다"라고 했다.

③ 두 학설에 대한 평

◆◆ 두 학설의 뜻이 비록 다르나, 서로 생하는 것은 같다. 오행이 각각 정해진 형태가 있는데, 오직 불(火)만은 뚫고 마찰해야 나올 수 있다. 그 이유는, 화는 태양의 기운으로 따스하기 때문에 나무를 뚫고 나오는 것이니, 도리어 불이 만물에 의지해 있는 것이다. 마치 성인聖人이 당초에는 명성이 없었으나, 만물을 잘 다스리면 도리어 만물로 인해서 명성을 얻게 되는 것과 같으니, 양의 기운이 지극히 신묘하기 때문에 숨었다가 나타나는 것이다.

❖ 『백호통』과 『춘추원명포』에서는 오행의 상생을 자연적인 물리현상으로 설명했고, 『춘추번로』에서는 인사적인 조화로 설명했다. 예로 든 내용은 다르지만, 오행의 상생하는 순서와 내용은 같다.

◆ 水執法司寇 尙禮 君臣有位 長幼有序 百工維時 以成歲用 器械旣成以給 司農田官 故水生木

◆◆ 兩說事義雖別 而相生是同 五行各定形 唯火鑽灼方出者 火是大陽之氣 溫故生 鑽木出者 還寄託萬物耳 如聖人無名 能理萬物 還以萬物爲名 陽氣至神 故有隱顯

2장. 오행의 생사論生死所

1 오행의 출몰

◆ 오행은 본체가 서로 달라서 죽고 사는 곳이 같지 않으니, 열두 달 열두 시간(시진)을 두루 나왔다가 없어졌다가 한다.

① 목木의 출몰

◆◆ 목은 신申에서 기운을 받고(受氣), 유酉에서 배태하며(胎), 술戌에서 기르고(養), 해亥에서 태어나며(生), 자子에서 목욕하고(沐浴), 축丑에서 관대(冠帶)를 하며, 인寅에서 임관(臨官)하고, 묘卯에서 왕성하며(王), 진辰에서 쇠하고(衰), 사巳에서 병들며(病), 오午에서 죽고(死), 미未에서 장사지낸다(葬).

❖ 목욕沐浴 : 목욕을 해서 몸을 깨끗이 하듯이, 세상에 쓰여지기 위해 익혀서 숙달하는 일.

❖ 관대冠帶 : 관과 띠라는 뜻으로, 20세가 되면 관을 쓰고 띠를 매었다(弱冠). 부모로부터 독립하여 독자적으로 행동을 할 수 있는 때이다.

❖ 임관臨官 : 벼슬길 또는 세상에 나와서 자신의 능력을 발휘하며 활동하는 일.

◆ 五行體別 生死之處不同 遍有十二月 十二辰而出沒

◆◆ 木受氣於申 胎於酉 養於戌 生於亥 沐浴於子 冠帶於丑 臨官於寅 王於卯 衰於辰 病於巳 死於午 葬於未

❖ 목木의 출몰

지지	신	유	술	해	자	축	인	묘	진	사	오	미
출몰	수기	배태	양	생	목욕	관대	임관	왕	쇠	병	사	장

② 화火의 출몰

◆ 화는 해에서 기운을 받고, 자에서 배태하며, 축에서 기르고, 인에서 태어나며, 묘에서 목욕하고, 진에서 관대를 하며, 사에서 임관하고, 오에서 왕하며, 미에서 쇠하고, 신에서 병들며, 유에서 죽고, 술에서 장사지낸다.

❖ 화火의 출몰

지지	해	자	축	인	묘	진	사	오	미	신	유	술
출몰	수기	배태	양	생	목욕	관대	임관	왕	쇠	병	사	장

③ 금金의 출몰

◆◆ 금은 인에서 기운을 받고, 묘에서 배태하며, 진에서 기르고, 사에서 태어나며, 오에서 목욕하고, 미에서 관대를 하며, 신에서 임관하고, 유에서 왕하며, 술에서 쇠하고, 해에서 병들며, 자에서 죽고, 축에서 장사지낸다.

◆ 火受氣於亥 胎於子 養於丑 生於寅 沐浴於卯 冠帶於辰 臨官於巳 王於午 衰於未 病於申 死於酉 葬於戌

◆◆ 金受氣於寅 胎於卯 養於辰 生於巳 沐浴於午 冠帶於未 臨官於申 王於酉 衰於戌 病於亥 死於子 葬於丑

❖ 금金의 출몰

지지	인	묘	진	사	오	미	신	유	술	해	자	축
출몰	수기	배태	양	생	목욕	관대	임관	왕	쇠	병	사	장

④ 수水의 출몰

• 수는 사에서 기운을 받고, 오에서 배태하며, 미에서 기르고, 신에서 태어나며, 유에서 목욕하고, 술에서 관대를 하며, 해에서 임관하고, 자에서 왕하며, 축에서 쇠하고, 인에서 병들며, 묘에서 죽고, 진에서 장사지낸다.

❖ 수水의 출몰

지지	사	오	미	신	유	술	해	자	축	인	묘	진
출몰	수기	배태	양	생	목욕	관대	임관	왕	쇠	병	사	장

⑤ 토土의 출몰

•• 토는 해에서 기운을 받고, 자에서 배태하며, 축에서 기르고, 인에서 기행寄行하며, 묘에서 태어나고, 진에서 목욕하며, 사에서 관대를 하고, 오에서 임관하며, 미에서 왕하고, 신에서 쇠약해져 병들며, 유에서 죽고, 술에서 장사지낸다.

❖ 술에서 장사지낸다 : 술은 토를 생해준 부모火가 장사지내는 곳이므로, 술에서 장사지내지 못하고, 진에서 장사지내게 된다. 이를 표시

• 水受氣於巳 胎於午 養於未 生於申 沐浴於酉 冠帶於戌 臨官於亥 王於子 衰於丑 病於寅 死於卯 葬於辰

•• 土受氣於亥 胎於子 養於丑 寄行於寅 生於卯 沐浴於辰 冠帶於巳 臨官於午 王於未 衰病於申 死於酉 葬於戌

하면 다음과 같다. '해 → 자 → 축 → 인 → 묘 → 진 → 사 → 오 → 미 → 신 → 유 → (술 → 축 → 미 →) 진' 그 이유는 다음 단락(②)에 설명된다.

❖ 인에서 기행寄行하며 : 다른 오행이라면 '수기 → 배태 → 양養 → 생生 → …, → 왕 → 쇠 → 병 → …'의 순서인데, 토만은 '수기 → 배태 → 양養 → 기행寄行 → 생 → …, → 왕 → 쇠병 → …'의 순서로 나간다. 즉 기름을 받은 뒤에 바로 태어나지 않고 기행(기탁해서 행함)이라는 과정이 더 있고, 그 대신에 쇠와 병을 합해 쇠병衰病이라는 한 과정으로 하였다.

❖ 토土의 출몰

지지	해	자	축	인	묘	진	사	오	미	신	유	술
출몰	수기	배태	양	기행	생	목욕	관대	임관	왕	쇠병	사	장

⑥ 토를 진辰에서 장사지내는 이유 1

◆ 술은 화의 묘墓가 되고, 화는 토의 어머니가 된다火生土. 어머니와 자식은 함께 장사지내지 않으므로, 술 다음의 흙인 축丑으로 나아가 장사지내려 한다.

❖ 토를 술에서 장사지내지 못하는 이유이다.

축은 금의 묘가 되고, 금은 토의 아들이기 때문에(土生金) 또한 합장하지 못하니, 뒤로 물러나 술 이전의 흙인 미未에 돌아가려 한다.

❖ 토를 축에서도 장사지내지 못하는 이유이다. 축은 자식의 묘지이므로, 같이 합장하지 못하는 것이다.

◆ 戌是火墓 火是其母 母子不同葬 進行於丑 丑是金墓 金是其子義又不合 欲還於未 未是木墓 木爲土鬼 畏不敢入進 休就辰 辰是水墓 水爲其妻 於義爲合 遂葬於辰

미는 목의 묘가 되는데다가 목은 토의 귀신이 되니木克土, 두려워서 감히 진입하지 못하고 진辰으로 한발 물러나 쉰다.

❖ 미는 토를 극하는 목의 묘이다. 극을 당할까 두려워 합장하지 못하는 것이다.

진은 수의 묘가 되나, 수는 토의 처가 되니(土克水), 의리가 서로 합하게 되므로 드디어 진에서 장사지낸다.

❖ 수의 묘지인 진은 다행히도 자신土이 극하는 아내이므로(土克水), 아무 걱정없이 합장할 수 있다. 그래서 결국 토를 진에 장사지내는 것이다.

◆ 옛날에 순舜임금을 창오蒼梧에 장사지낼 때, 두 부인을 같이 장사지내지 않았으니, 옛날에는 합장을 하지 않았던 것이다. 그러나 계무자季武子가 말하기를 "주공周公 이후부터는 합장을 하지 않은 이가 없다"고 했다.

❖ 『예기』 「단궁檀弓」에 출전.

『시경』에 이르기를 "살아 있을 때는 방을 달리했으나/ 죽으면 묘혈을 같이 하리라"고 했으니, 대개 그 의리를 돈독히 하기 위하여 부부의 골육을 함께 합장하는 것이다. 그러므로 수와 토의 묘가 같은 것도 이런 뜻을 취한 것이다.

❖ 『시경』 「국풍國風」 '대거大車'에 출전. "살아서는 집을 달리하나/ 죽어서는 묘혈을 같이 하리라/ 나더러 거짓말 한다고 한다면/ 밝은 해를 두고 맹세하리라"

◆ 昔舜葬蒼梧 二妃不從 故知合葬非古 然季武子云 自周公已來 未之有改 詩云 穀則異室 死則同穴 蓋以敦其義 合骨肉同歸 水土共墓 正取此也

⑦ 토를 진辰에서 장사지내는 이유 **2**

• 또한 사계四季를 가지고 이치가 이렇게 되는 것을 해석하기도 한다. 고당륭高堂隆이 "토가 미에서 나고, 술에서 성하며, 축에서 장대해지고, 진에서 마치니, 진이 수와 토의 묘가 된다. 그래서 일진이 진辰인 날에는 곡을 하지 않으니, 상을 거듭 당할 것이기 때문이다"라고 하였다.

그러나 부모가 죽어 슬퍼함을 어찌 기다렸다가 할 수 있으리오? 진일은 수와 토가 모두 장사지내는 날에 해당하니, 상을 두 번 당할까봐 곡을 하지 않는 것은 허황되고 천박한 말이나, 그 생하고 왕하는 뜻을 말한 것은 학설로써 가치가 있다.

❖ 부모의 상을 입더라도 진일에 해당하면, 겹상을 치를까봐 곡을 하지 않는다는 것은 인륜에 어긋나는 천박한 발상이다. 하지만 "토가 미에서 나고, 술에서 성하며, 축에서 장대해지고, 진에서 마치니, 진이 수와 토의 묘가 된다"는 것은, 오행의 생왕하는 뜻을 나름대로 잘 설명했다.

❖ 고당륭高堂隆 : 중국의 삼국시대 위魏나라 평양平陽사람. 경전과 천문에 밝았다. 『수서隋書』의 경적지經籍志에는 "위魏나라 광록훈光祿勳 고당륭이 『잡기력雜紀曆』 2권과 『장액군현석도張掖郡玄石圖』 1권을 지었다"고 하였다.

◆ 又以四季釋 所理歸於斯 高堂隆以 土生於未 盛於戌 壯於丑 終於辰 辰爲水土墓 故辰日不哭 以辰日重喪故也 袒踊之哀 豈待移日 高堂所說 蓋爲浮淺 其生王意 別又是一家

2 점술가들이 본 토의 네 가지 차이

① 네 가지 토의 출몰

◆『오행서』에 이르기를 "토가 비록 화의 집에 덧붙어 왕王해서, 사에서 나오고, 진에서 장사지내나, 토는 사계에 나누어 왕하는 까닭에, 각각 죽고 사는 장소가 따로 있다.

❖ 토가 비록 화의 집에 덧붙어 왕해서 : 토는 중앙에 놓여 사계절을 조화시키지만, 특정한 계절을 붙이자면 음력 6월에 해당하고, 또 이때에 왕한다. 음력 6월은 화의 계절인 여름의 말미에 해당하므로, "화의 집에 덧붙어 왕한다"고 하였다.

화를 음력 6월에 배당한 이유는, 다른 계절의 순환은 오행이 상생하면서 이루어지는데, 오직 여름火에서 가을金로 넘어갈 때는 극을 하게 된다火克金. 따라서 토가 중재하여, '화생토 → 토생금'의 과정을 겪으면 극이 변해 생하게 되는 것이다.

㉠ 진토辰土 ◆◆ 진토는 신申·유酉에서 기운을 받아서, 술에서 배태하고, 해에서 기르며, 자에서 나고, 축에서 목욕하며, 인에서 관대를 하고, 묘에서 임관하며, 진에서 왕하고, 사에서 쇠약해져 병들며(衰病), 오에서 죽고, 미에서 장사지낸다.

❖ 진토의 출몰 : 진토는 진에서 왕한다.

지지	신·유	술	해	자	축	인	묘	진	사	오	미
출몰	수기	배태	양	생	목욕	관대	임관	왕	쇠병	사	장

◆ 五行書云 土雖有寄王於火鄉 生於巳 葬於辰 然土分王四季 各有生死之所

◆◆ 辰土受氣於申酉 胎於戌 養於亥 生於子 沐浴於丑 冠帶於寅 臨官於卯 王於辰 衰病於巳 死於午 葬於未

ⓛ 미토未土 ◆ 미토는 해亥·자子에서 기운을 받아서, 축에서 배태하고, 인에서 기르며, 묘에서 나고, 진에서 목욕하며, 사에서 관대를 하고, 오에서 임관하며, 미에서 왕하고, 신에서 쇠약해져 병들며衰病, 유에서 죽고, 술에서 장사지낸다.

❖ 미토의 출몰 : 미토는 미에서 왕한다.

지지	해·자	축	인	묘	진	사	오	미	신	유	술
출몰	수기	배태	양	생	목욕	관대	임관	왕	쇠병	사	장

ⓒ 술토戌土 ◆◆ 술토는 인寅·묘卯에서 기운을 받아서, 진에서 배태하고, 사에서 기르며, 오에서 나고, 미에서 목욕하며, 신에서 관대를 하고, 유에서 임관하며, 술에서 왕하고, 해에서 쇠약해져 병들며, 자에서 죽고, 축에서 장사지낸다.

❖ 술토의 출몰 : 술토는 술에서 왕한다.

지지	인·묘	진	사	오	미	신	유	술	해	자	축
출몰	수기	배태	양	생	목욕	관대	임관	왕	쇠병	사	장

ⓡ 축토丑土 ◆◆◆ 축토는 사巳·오午에서 기운을 받아서, 미에서 배태하고, 신에서 기르며, 유에서 나고, 술에서 목욕하며, 해에서

◆ 未土受氣於亥子 胎於丑 養於寅 生於卯 沐浴於辰 冠帶於巳 臨官於午 王於未 衰病於申 死於酉 葬於戌

◆◆ 戌土受氣於寅卯 胎於辰 養於巳 生於午 沐浴於未 冠帶於申 臨官於酉 王於戌 衰病於亥 死於子 葬於丑

◆◆◆ 丑土受氣於巳午 胎於未 養於申 生於酉 沐浴於戌 冠帶於亥 臨官於子 王於丑 衰病於寅 死於卯 葬於辰

관대를 하고, 자에서 임관하며, 축에서 왕하고, 인에서 쇠약해져 병들며, 묘에서 죽고, 진에서 장사지낸다"고 했다.

❖ 축토의 출몰 : 축토는 축에서 왕한다.

지지	사·오	미	신	유	술	해	자	축	인	묘	진
출몰	수기	배태	양	생	목욕	관대	임관	왕	쇠병	사	장

❖ 12지지와 오행의 출몰

12지지		자	축	인	묘	진	사	오	미	신	유	술	해
목		목욕	관대	임관	왕	쇠	병	사	장	수기	배태	양	생
화		배태	양	생	목욕	관대	임관	왕	쇠	병	사	장	수기
금		사	장	수기	배태	양	생	목욕	관대	임관	왕	쇠	병
수		왕	쇠	병	사	장	수기	배태	양	생	목욕	관대	임관
토	일반	배태	양	기행	생	목욕	관대	임관	왕	쇠병	사	장	수기
	진토	생	목욕	관대	임관	왕	쇠병	사	장	수기		배태	양
	미토	수기	배태	양	생	목욕	관대	임관	왕	쇠병	사	장	수기
	술토	사	장	수기		배태	양	생	목욕	관대	임관	왕	쇠병
	축토	임관	왕	쇠병	사	장	수기		배태	양	생	목욕	관대

② 네가지 토의 역할

• 『효경원신계』에 이르기를 "오행은 토가 이득을 내서 천하에 배급한다"고 했다.

『귀경龜經』에 이르기를 "토는 목이 동動하면 진토辰土가 되고,

◆ 孝經援神契云 五行土出利 以給天下 龜經云 土木動爲辰土 火動爲未土 金動爲戌土 水動爲丑土 又云 甲乙寅卯爲辰土 丙丁巳午爲未土 庚辛申酉爲戌土 壬癸亥子爲丑土

화가 동하면 미토未土가 되며, 금이 동하면 술토戌土가 되고, 수가 동하면 축토丑土가 된다"고 했으며, 또 말하기를 "갑甲·을乙과 인寅·묘卯는 진토가 되고, 병丙·정丁과 사巳·오午는 미토가 되며, 경庚·신辛과 신申·유酉는 술토가 되고, 임壬·계癸와 해亥·자子는 축토가 된다"고 했다.

❖ 『귀경龜經』: 진晉나라의 장복대부掌卜大夫 사소史蘇가 지은 책. 당唐나라 때 유언순柳彦詢, 손사막孫思邈 등도 각기 귀경을 지었으나, 시대적으로 볼때 여기에는 해당되지 않는다.

❖ 갑을과 인묘는 목에 해당하므로 진토가 되고, 병정과 사오는 화에 해당하므로 미토가 되며, 경신과 신유는 금에 해당하므로 술토가 되고, 임계와 해자는 수에 해당하므로 축토가 된다.

◆ 대개 오행이 각각 72일씩 왕하고, 토는 사계절의 말미에 18일씩 있어서 모두 72일이니, 토가 사방에 있는 데 따라 생하고 죽음이 같지 않음을 밝힌 것이다.

봄		여름		가을		겨울	
목왕 72일	토왕 18일	화왕 72일	토왕 18일	금왕 72일	토왕 18일	수왕 72일	토왕 18일

◆ 凡五行之王 各七十二日 土居四季季十八日 竝七十二日 以明土有四方生死不同

3 토의 계절 6월

◆ 위와 같이 나눔은 대개가 점치는 데 쓰는 것이다. 만약 정해진 위치로 말한다면, 왕하고 상相하는 곳과 생하고 죽는 곳을, 네 가지 토가 모두 여름의 끝인 6월로, 토가 왕하는 때를 삼는 것이다.

❖ 계절과 주관하는 오행

월	자	축	인	묘	진	사	오	미	신	유	술	해
계절	겨울(水)		봄(木)			(火)		(土)	가을(金)			겨울(水)
						여름						

『예기』에 말하기를 "중앙토는 여름의 끝인 계하季夏의 뒤에 있다"고 했으니, 이것은 한 해의 절반인 때로 사계절의 중앙에 거처하는 것이다. 하늘귀신·땅귀신·사람귀신이 또한 모두 미未에 있으며, 곤괘(䷁)도 또한 미의 위치에 자리해서 토를 주관하기 때문에 "토는 미에서 덕을 베풀고, 축에서 마친다"고 했다.

『역경』의 곤괘(䷁) 괘사에 말하기를 "서남은 벗을 얻고, 동북은 벗을 잃는다"고 했으니, 이것은 토가 미에서 왕하고, 진에서 묘지를 씀을 밝힌 것이다.

❖ 후천팔괘로 볼 때 곤괘는 미방未方인 서남방에 위치한다.

◆ 此蓋卜筮所用 若論定位王相及生死之處 皆以季夏六月 爲土王之時 禮記云 中央土 在季夏之後 此則歲之半 處四時之中央 天社 地神 人鬼 又竝在未 坤亦在未 卦主於土 故云 土德於未 終於丑 易曰 西南得朋 東北喪朋 此則明土王定在於未 墓定在辰也

4 오행이 생하는 곳을 논함

① 부모가 임관하는 곳에서 생함

◆ 오행이 모두 부모가 임관臨官하는 곳에서 생하는 것은, 성대하고 건장해야 낳아서 기를 수 있다는 뜻을 취한 것이다.

❖ 오행이 생하는 곳

오행	목	화	토	금	수
생하는 곳	해	인	묘	사	신
부모의 오행	수	목	화	토	금
부모의 오행이 임관하는 곳	해	인	사	오	신

② 예외인 금金

◆◆ 오직 금만은 자신을 극하는 화에서 생하는 것은, 사巳 속에는 방금 장성한 토가 있어서 금을 생할 수 있기 때문이며, 또 금은 화가 아니면 그 형체를 변혁하지 못하기 때문에, 금이 화 속에서 나오는 것이다.

❖ 다른 오행은 모두 부모(자신을 생해주는 지지)가 임관에 해당하는 지지에서 생하는데, 오직 금은 자신을 극하는 지지인 사巳가 부모가 된다.

◆ 五行皆以父母臨官中生者 取其盛壯能生養義

◆◆ 唯金在火中生者 巳中有方壯之土 能生金也 金非火 不革其形 故金在火位中生 又云金生鬼中者 金父土戊己寄治丙丁 父不能獨養 要須母也 金在南方 值巳火 金得火方化 金化而水生 戊己土有化生之水 則金不畏火 己含水氣 則金之繼母也

또한 금이 귀鬼에 해당하는 곳巳에서 나오는 것은, 금의 아비는 토이고, 무戊·기己의 토는 병丙·정丁에 붙어서 작용하니, 아비 혼자서는 기를 수 없기 때문에 어머니(불)를 필요로 하는 것이다.

금이 남방에 있을 때 사巳의 화를 만나면, 금이 화의 방소를 얻어 변화하게 되고, 금이 변화하면 물이 나온다(金生水). 무戊·기토己土에 변화해서 나온 물이 있게 되면, 금이 불火을 두려워하지 않을 것이니, 기토己土가 물기운을 머금게 되면, 곧 화가 금의 계모繼母가 되는 것이다.

❖ 계모繼母 : 화가 토를 생한 후에 토가 금을 생하므로, 화를 금의 계모라고 하였다.

③ 장사지낸 뒤에 기운을 받는다

• 오행이 모두 장사지낸 뒤의 달에 기운을 받게 되는 것은, 죽으면 다시 생겨나므로 계속해서 신기神氣가 끊어지지 않기 때문이다.

❖ 목은 미에서 장사지내고 다음 지지인 신에서 기운을 받고, 화는 술에서 장사지내고 다음 지지인 해에서 기운을 받으며, 토는 술에서 장사지내고 다음 지지인 해에서 기운을 받고, 금은 축에서 장사지내고 다음 지지인 인에서 기운을 받으며, 수는 진에서 장사지내고 다음 지지인 사에서 기운을 받는다. 이를 도표로 만들면 다음과 같다.

오행	목	화	토	금	수
장사지내는 곳	미	술	술•진	축	진
기운을 받는 곳	신	해	해	인	사

◆ 五行皆以葬後之月 以受氣者 以其死還復生 神氣不絶故也

3장. 사시의 휴왕論四時休王

1 휴왕休王의 세가지 뜻

◆ 휴왕(쉬고 왕성함)의 뜻이 모두 세가지가 있으니, 첫째는 오행 본체의 휴왕을 분별하는 것이고, 둘째는 간지의 휴왕을 논하는 것이며, 셋째는 팔괘의 휴왕을 논하는 것이다.

2 오행 본체의 휴왕

① 봄

◆◆ 봄은 목이 왕하고, 화가 상相하며, 수가 휴休하고, 금이 수囚하며, 토가 사死하게 된다.

❖ 「5 휴왕의 이치」 168쪽 참조.

② 여름

◆◆◆ 여름은 화가 왕하고, 토가 상하며, 목이 휴하고, 수가 수하며, 금이 사하게 된다.

◆ 休王之義 凡有三種 第一辨五行體休王 第二論支干休王 第三論八卦休王

◆◆ 春則木王 火相水休 金囚土死

◆◆◆ 夏則火王 土相木休 水囚金死

③ 6월六月

• 6월六月은 토가 왕하고, 금이 상하며, 화가 휴하고, 목이 수하며, 수가 사하게 된다.

❖ 점을 칠 때는 각 계절의 말미의 18일씩을 토가 왕한 시절로 보나, 정해진 위치로 볼 때는 1년의 중간에 해당하는 6월을 토가 왕한 시절로 본다.

④ 가을

•• 가을은 금이 왕하고, 수가 상하며, 토가 휴하고, 화가 수하며, 목이 사하게 된다.

⑤ 겨울

••• 겨울은 수가 왕하고, 목이 상하며, 금이 휴하고, 토가 수하며, 화가 사하게 된다.

❖ 오행 몸체의 휴왕표

	왕	상	휴	수	사
봄	목	화	수	금	토
여름	화	토	목	수	금
6월	토	금	화	목	수
가을	금	수	토	화	목
겨울	수	목	금	토	화

• 六月則土王 金相火休 木囚水死

•• 秋則金王 水相土休 火囚木死

••• 冬則水王 木相金休 土囚火死

3 간지干支의 휴왕

① 봄

◆ 봄에는 갑을과 인묘가 왕王하고, 병정과 사오는 상相하며, 임계와 해자는 휴休하고, 경신과 신유는 수囚하며, 무기와 진술축미는 사死하게 된다.

② 여름

◆◆ 여름은 병정·사오는 왕하고, 무기·진술축미는 상하며, 갑을·인묘는 휴하고, 임계·해자는 수하며, 경신·신유는 사하게 된다.

③ 6월六月

◆◆◆ 6월은 무기·진술축미는 왕하고, 경신·신유는 상하며, 병정·사오는 휴하고, 갑을·인묘는 수하며, 임계·해자는 사하게 된다.

④ 가을

◆◆◆◆ 가을은 경신·신유는 왕하고, 임계·해자는 상하며, 무기·진

◆ 支干休王者 春則甲乙寅卯王 丙丁巳午相 壬癸亥子休 庚辛申酉囚 戊己辰戌丑未死

◆◆ 夏則丙丁巳午王 戊己辰戌丑未相 甲乙寅卯休 壬癸亥子囚 庚辛申酉死

◆◆◆ 六月則戊己辰戌丑未王 庚辛申酉相 丙丁巳午休 甲乙寅卯囚 壬癸亥子死

◆◆◆◆ 秋則庚辛申酉王 壬癸亥子相 戊己辰戌丑未休 丙丁巳午囚

술축미는 휴하고, 병정·사오는 수하며, 갑을·인묘는 사하게 된다.

⑤ 겨울

◆ 겨울은 임계·해자는 왕하고, 갑을·인묘는 상하며, 경신·신유는 휴하고, 무기·진술축미는 수하며, 병정·사오는 사하게 된다.

❖ 간지의 휴황

휴왕	왕		상		휴		수		사	
간지	천간	지지	천간	지지	천간	지지	천간	지지	천간	지지
봄	甲乙	寅卯	丙丁	巳午	壬癸	亥子	庚辛	申酉	戊己	辰戌丑未
여름	丙丁	巳午	戊己	辰戌丑未	甲乙	寅卯	壬癸	亥子	庚辛	申酉
6월	戊己	辰戌丑未	庚辛	申酉	丙丁	巳午	甲乙	寅卯	壬癸	亥子
가을	庚辛	申酉	壬癸	亥子	戊己	辰戌丑未	丙丁	巳午	甲乙	寅卯
겨울	壬癸	亥子	甲乙	寅卯	庚辛	申酉	戊己	辰戌丑未	丙丁	巳午

甲乙寅卯死

◆ 冬則壬癸亥子王 甲乙寅卯相 庚辛申酉休 戊己辰戌丑未囚 丙丁巳午死

4 팔괘八卦의 휴왕

① 입춘立春

◆ 입춘에는 간☶이 왕王하고, 진☳이 상相하며, 손☴이 배태胎하고, 리☲가 몰沒하며, 곤☷이 사死하고, 태☱가 수囚하며, 건☰이 폐廢하며, 감☵이 휴休하게 된다.

❖ 오른쪽의 문왕후천팔괘방위도에서 차례로 오른쪽으로 돌며, 왕·상·배태·몰·사·수·폐·휴가 된다. 이를 달리 말하면, 간은 입춘에서 왕하고, 춘분에서 상하며, 입하에서 배태하고, 하지에서 몰하며, 입추에서 사하고, 추분에서 수하며, 입동에서 폐하고, 동지에서 휴한다는 말이 된다. 다른 절기도 마찬가지이다.

입하 손☴	하지 리☲	입추 곤☷
춘분 진☳		추분 태☱
입춘 간☶	동지 감☵	입동 건☰

② 춘분春分

◆◆ 춘분에는 진이 왕하고, 손이 상하며, 리가 배태하고, 곤이 몰하며, 태가 사하고, 건이 수하며, 감이 폐하고, 간이 휴하게 된다.

③ 입하立夏

◆◆◆ 입하에는 손이 왕하고, 리가 상하며, 곤이 배태하고, 태가

◆ 立春艮王震相 巽胎離沒 坤死兌囚 乾廢坎休

◆◆ 春分震王巽相 離胎坤沒 兌死乾囚 坎廢艮休

◆◆◆ 立夏巽王離相 坤胎兌沒 乾死坎囚 艮廢震休

몰하며, 건이 사하고, 감이 수하며, 간이 폐하고, 진이 휴하게 된다.

④ 하지夏至

◆ 하지에는 리가 왕하고, 곤이 상하며, 태가 배태하고, 건이 몰하며, 감이 사하고, 간이 수하며, 진이 폐하고, 손이 휴하게 된다.

⑤ 입추立秋

◆◆ 입추에는 곤이 왕하고, 태가 상하며, 건이 배태하고, 감이 몰하며, 간이 사하고, 진이 수하며, 손이 폐하고, 리가 휴하게 된다.

⑥ 추분秋分

◆◆◆ 추분에는 태가 왕하고, 건이 상하며, 감이 배태하고, 간이 몰하며, 진이 사하고, 손이 수하며, 리가 폐하고, 곤이 휴하게 된다.

⑦ 입동立冬

◆◆◆◆ 입동에는 건이 왕하고, 감이 상하며, 간이 배태하고, 진이

◆ 夏至離王坤相 兌胎乾沒 坎死艮囚 震廢巽休

◆◆ 立秋坤王兌相 乾胎坎沒 艮死震囚 巽廢離休

◆◆◆ 秋分兌王乾相 坎胎艮沒 震死巽囚 離廢坤休

몰하며, 손이 사하고, 리가 수하며, 곤이 폐하고, 태가 휴하게 된다.

⑧ 동지冬至

• 동지에는 감이 왕하고, 간이 상하며, 진이 배태하고, 손이 몰하며, 리가 사하고, 곤이 수하며, 태가 폐하고, 건이 휴하게 된다.

그 괘는 8절의 기를 따라서 각각 45일을 주관한다.

❖ 8절의 기 : 위에서 말한 입춘·춘분·입하·하지·입추·추분·입동·동지의 8절을 말한다. 8×45=360.

❖ 팔절과 팔괘의 휴왕표

	왕	상	배태	몰沒	사	수	폐廢	휴
입춘	간	진	손	리	곤	태	건	감
춘분	진	손	리	곤	태	건	감	간
입하	손	리	곤	태	건	감	간	진
하지	리	곤	태	건	감	간	진	손
입추	곤	태	건	감	간	진	손	리
추분	태	건	감	간	진	손	리	곤
입동	건	감	간	진	손	리	곤	태
동지	감	간	진	손	리	곤	태	건

◆◆◆◆ 立冬乾王坎相 艮胎震沒 巽死離囚 坤廢兌休

◆ 冬至坎王艮相 震胎巽沒 離死坤囚 兌廢乾休 其卦從八節之氣 各四十五日

5 휴왕의 이치

◆ 본인이 왕했을 때 자식이 상相이 되는 것은, 자식이 장성해서 일을 다스릴 수 있기 때문이다. 부모가 휴가 되는 것은, 자식이 왕해서 기운이 한참 성하면, 부모는 노쇠해서 일을 다스릴 수 없기 때문이다. 마치 요임금이 늙어짐에 순임금에게 국정을 위임한 것과 같은 것이다.

두려워하는 것들(자신이 극하는 것)이 사死가 되는 것은, 몸이 왕해서 두려워하는 것들을 제재하여 죽이는 것이고, 자기를 극하기 때문에 꺼려지는 것(자신을 극하는 것)이 수囚가 되는 것은, 그 아들이 상이 되어서 원수를 가둘囚 수 있는 것이다.

❖ 예를 들어 겨울은 임계·해자는 왕하고, 갑을·인묘는 상하며, 경신·신유는 휴하고, 무기·진술축미는 수하며, 병정·사오는 사하게 된다. 이 때에 임계·해자가 생하는 갑을·인묘가 상을 하는 것이고(水生木), 임계·해자를 낳은 경신·신유는 휴가 되며(金生水), 임계·해자를 두려워하는 병정·사오는 사하게 되며(水克火), 임계·해자를 극하고 꺼리는 무기·진술축미(土克水)는 임계·해자의 아들(갑을·인묘)이 극하여(木克土) 가두는 것이다.

◆ 凡當王之時 皆以子爲相者 以其子方壯 能助治事也 父母爲休者 以其子當王氣正盛 父母衰老 不能治事 如堯老委舜以國政也 所畏爲死者 以其身王能制殺之 所剋者爲囚者 以其子爲相 能囚讐敵也

6 휴왕의 예

① 목의 예

◆ 류세융柳世隆이 말하기를 “목이 왕王할 때는 숲이 우거진 동산·대나무·나무가 되고, 상相할 때는 갈대·풀·쑥이 되며, 휴休할 때는 서까래·기둥·배·수레가 되고, 수囚할 때는 땔나무·가시나무·개암나무가 되며, 사死할 때는 널(棺槨)·썩은 나무·그루터기가 된다.

❖ 『신당서新唐書』「예문지藝文志」3권에 류세융이 『귀경龜經』3권을 지었다고 했다.

② 화의 예

◆◆ 화는 왕할 때는 질그릇 굽고 대장질할 때 쓰는 불꽃이 이글이글한 불 또는 빛이 되고, 상할 때는 등불·촛불이 되며, 휴할 때는 연기가 되고, 수할 때는 불타고 난 숯이 되며, 사할 때는 재가 된다.

③ 토의 예

◆◆◆ 토는 왕할 때는 나라의 수도 또는 산악이 되고, 상할 때는

◆ 柳世隆云 木王時爲林園竹樹 相時爲葦荻草萊 休時爲椽柱船車 囚時爲薪樵榛梗 死時爲棺槨朽株

◆◆ 火王時爲陶冶炎光 相時爲燈燭 休時爲煙氣 囚時爲炭燼 死時爲灰

◆◆◆ 土王時爲國邑山岳 相時爲城社丘陵 休時爲田宅 囚時爲墻垣 死時爲糞壤

성城·사당·구릉이 되며, 휴할 때는 밭이나 집이 되고, 수할 때는 담장이 되며, 사할 때는 똥덩어리가 된다.

④ 금의 예

◆ 금은 왕할 때는 금金·옥玉이나 보물그릇이 되고, 상할 때는 은·구리·예리한 칼이 되며, 휴할 때는 납·주석·보습·호미가 되고, 수할 때는 볶는 그릇·가마솥이 되며, 사할 때는 모래·자갈·쇳가루가 된다.

⑤ 수의 예

◆◆ 수는 왕할 때는 바다·큰 도랑이 되고, 상할 때는 호수·못·샘이 되며, 휴할 때는 시냇물이 되고, 수할 때는 술·미음漿이 되며, 사할 때는 마른 못·마른 샘이 된다"고 했다.

이러한 것은 모두 왕할 때는 기가 성하기 때문에 넓고 큰 물건이 되고, 상할 때는 기가 조금 모자라니 점점 작아지는 것이며, 휴할 때는 기가 쇠하기 때문에 다시 더욱 작아지고, 수할 때는 더욱 나빠지니 가장 질이 떨어지는 것이며, 사할 때는 버리고 쓰지 않기 때문에 마르고 썩은 종류가 되는 것이다.

◆ 金王時爲金玉寶器 相時爲銀銅利刃 休時爲鉛錫犁鋤 囚時爲焦器釜鑊 死時爲沙礫碎鐵

◆◆ 水王時爲海瀆 相時爲湖澤陂泉 休時爲溝渠 囚時爲酒漿 死時爲枯池涸井 此竝王時氣盛 故爲洪大之物 相時氣劣 其比漸小 休時氣衰 故復轉微之 囚時彌惡 所以最下 死時棄不用 故是枯朽之類也

❖ 류세융의 휴왕 예

오행	왕	상	휴	수	사
목	숲이 우거진 동산 · 대나무 · 나무	갈대 · 풀 · 쑥	서까래 기둥 · 배 · 수레	땔나무 · 가시나무 · 개암나무	널(棺槨) · 썩은 나무 · 그루터기
화	질그릇 굽고 대장질하는 이글이글한 불	등불 · 촛불	연기	불타고 난 숯	타고 남은 재
토	나라의 수도 또는 산악	성城 · 사당 · 구릉	밭 또는 집	담장	똥(糞) 덩어리
금	금金 · 옥玉이나 보물그릇	은 · 구리 예리한 칼	납 · 주석 보습 · 호미	볶는 그릇 가마솥	모래 · 자갈 쇳가루
수	바다 · 큰 도랑	호수 · 못 · 샘	시냇물	술 · 미음(漿)	마른 못 마른 샘

7 방소에 따른 휴왕

◆ 조이趙怡가 말하기를 "오행의 자리는 그 방소를 얻은 것이 성한 것이 되고, 그 두려워하는 바(극하는 것)를 얻으면 마치게 된다.

① 목(갑과 을)

◆◆ 그러므로 목이 금을 두려워해서, 갑이 여동생 을을 경에게

◆ 趙怡云 五行之位 得其方爲盛 得其所畏爲終

◆◆ 故木畏金 甲以女弟乙妻庚 庚得木氣 故木胎於金鄉 而生於水中 盛於其方 衰於火鄉 火中有生金 故終於未 至西方而木終 以金王也

처妻로 주니, 경이 목의 기운을 얻게 된다. 그러므로 목이 금의 방소에서 배태하여 물 속에서 나고, 자기의 방소(동방)에서 성해서 화의 방소에서 쇠한다. 화 속에는 금이 나오기 때문에 미未에서 마치니, 서방에 이르러 목이 마치는 것은 금이 왕하기 때문이다.

❖ 갑과 을은 다 목기운이나, 갑은 홀수번째 천간(陽干)이자 순서가 앞이므로 오빠가 되고, 을은 짝수번째 천간天干이자 순서가 뒤이므로 여동생이 된다.

❖ 목은 자신을 극하는 금金의 방소에서 배태되고, 자신을 생해주는 수의 방소에서 생겨난다(金生水 ➛ 水生木). 자신의 방소인 동방에 이르면 왕성해지고, 자신이 생해야 하는 화의 방소에 오면 쇠하게 된다(木生火). 화는 금을 극하는 오행이자, 금을 배태하는 오행이고, 또 목을 극하는 서방의 금기운이 왕한 때이므로 목의 기운은 마치게 되는 것이다. 즉 자신을 극하기도 하고, 배태하기도 하니, 음이 극하면 양이 생겨나고 양이 극하면 음이 생겨나는 이치이다.

② 화(병과 정)

• 병은 여동생 정을 임에게 처로 주니, 임이 화의 기운을 얻는다. 그러므로 화가 수의 방소에서 배태하여 목의 방소에서 난다(水生木 ➛ 木生火). 자기의 방소(남방)에서 성하고, 금의 자리(서방)에서 쇠하며, 북방에 이르러 마치니, 북방은 수가 왕하기 때문이다.

❖ 병과 정은 다 화기운이나, 병은 홀수번째 천간(陽干)이자 순서가 앞이므로 오빠가 되고, 정은 짝수번째 천간天干이자 순서가 뒤이므로 여동생이 된다.

• 丙以女弟丁妻壬 壬得火氣 故火胎於水鄕 生於木中 盛於其方 衰於金位 至北方而終 以水王也

③ 토(무와 기)

• 무가 여동생 기를 갑에게 처로 주니, 갑이 토의 기운을 얻는다. 그러므로 토가 목의 방소에서 배태되고, 화의 방소에서 난다(木生火 → 火生土). 자기의 방소(6월)에서 성하고, 수의 방소에서 쇠하며, 동방에 이르러 마치니, 동방은 목이 왕하기 때문이다.

❖ 무와 기는 다 토기운이나, 무는 홀수번째 (천간陽干)이자 순서가 앞이므로 오빠가 되고, 기는 짝수번째 천간天干이자 순서가 뒤이므로 여동생이 된다.

④ 금(경과 신)

•• 경이 여동생 신을 병에게 처로 주니, 병이 금의 기운을 얻는다. 그러므로 금이 목의 방소에서 배태되고, 화의 방소에서 난다. 자기의 방소(서방)에서 성하고, 수의 방소에서 쇠하며, 동방에 이르러 마치니, 동방에서 화를 낳게 되기 때문이다.

❖ 경과 신은 다 금기운이나, 경은 홀수번째 천간(陽干)이자 순서가 앞이므로 오빠가 되고, 신은 짝수번째 천간天干이자 순서가 뒤이므로 여동생이 된다.

⑤ 수(임과 계)

••• 임이 여동생 계를 무에게 처로 주니, 무가 수의 기운을 얻

• 戊以女弟己妻甲 甲得土氣 故土胎於木鄉 而生於火中 盛於其位 衰於水鄉 至東方而終 以木王也

•• 庚以女弟辛妻丙 丙得金氣 故金胎木鄉 生火位 盛於其方 衰於水鄉 至東方而終 有生火也

는다. 그러므로 수는 토의 방소에서 배태되고, 금의 방소에서 난다. 자기의 방소(북방)에서 성하고, 목의 방소에서 쇠하며, 남방에 이르러 마치니, 강한 토가 있기 때문이다.

모두가 서로 생하고 서로 두려워해서, 마치고 시작됨이 끊이지 않는 뜻이다"라고 했다.

❖ 임과 계는 모두 수기운이나, 임은 홀수번째 천간(陽干)이자 순서가 앞이므로 오빠가 되고, 계는 짝수번째 천간天干이자 순서가 뒤이므로 여동생이 된다.

❖ 남방의 끝(6월)에는 토가 왕한 시절이다.

	배태	생	성(盛王)	쇠	종終
목	금(서)	수(북)	목(동)	화(남)	금(서)
화	수(북)	목(동)	화(남)	금(서)	수(북)
토	목(동)	화(남)	토(6월)	수(북)	목(동)
금	목(동)	화(남)	금(서)	수(북)	목(동)
수	토(6월)	금(서)	수(북)	목(동)	화(남)

◆◆◆ 壬以女弟癸妻戊 戊得水氣 故水胎於土鄕 生於金中 盛於其方 衰於木鄕 至南方而終 有强土也 更互相生相畏 終始不絶之義也

제 5편 간지의 배속

論配支幹

1장. 간지의 배합

• 간지의 뜻이 배합되는 데가 많으나, 여기서는 방위와 배속되는 곳만을 논한다.

1 천간과 지지는 배합해 써야 한다

•• 천간은 홀로 쓰지 않고 지지는 헛되이 배열된 것이 아니므로, 배합을 해서 세월일시에 맞게 써야 한다. 마치 임금과 신하, 남편과 아내가 반드시 배합해서 서로 성공하는 것과 같다.

2 간지의 음양

••• 총체적으로 말하면 갑부터 계까지는 양陽이 되고, 천간이 되며, 일日이 되고, 인부터 축까지는 음陰이 되며, 지지가 되고, 진辰이 된다.

• 支干之義 多所配合 今略論方位及配所

•• 幹不獨立 支不虛設 要須配合 以定歲月日時而用 如君臣夫婦必配合以相成

••• 總而言之 從甲至癸爲陽 爲干爲日 從寅至丑爲陰 爲支爲辰 別而言之 干則甲丙戊庚壬爲陽 乙丁己辛癸爲陰 支則寅辰午申戌子爲陽 卯巳未酉亥丑爲陰

구분해서 말하면 천간은 갑·병·무·경·임으로 양을 삼고, 을·정·기·신·계로 음을 삼으며, 지지는 인·진·오·신·술·자로 양을 삼고, 묘·사·미·유·해·축으로 음을 삼는다.

❖ 인부터 축까지는 : "자부터 해까지는"이라고 하지 않고 '인'부터 말한 것은, '인'을 세수歲首로 보았기 때문이다. 즉 인월을 정월로 삼고 축월을 섣달로 삼은 까닭에 인을 시작으로 본 것이다.

◆ 양은 강한 것, 임금, 남편, 위, 바깥, 겉, 움직이는 것, 나아가는 것, 일으키는 것, 우러러 보는 것, 앞, 왼쪽, 덕이 있는 것, 베푸는 것, 여는 것이 된다.

음은 부드러운 것, 신하, 아내, 첩, 재물, 아래, 안, 속, 그치는 것, 물러나는 것, 엎드리는 것, 구부려 보는 것, 뒤, 오른쪽, 형벌하는 것, 감추는 것, 닫는 것이 된다. 음양을 비유한 예는 많으나, 여기서는 생략하기로 하고 대강 이와 같은 예만를 들었다.

❖ 양과 음의 예

양	剛	君	夫	上	外	表	動	進	起	仰	前	左	德	施	開
음	柔	臣	妻·妾·財	下	內	裏	止	退	伏	俯	後	右	刑	藏	閉

◆ 陽則爲剛 爲君爲夫 爲上爲外 爲表爲動 爲進爲起 爲仰爲前 爲左爲德 爲施爲開 陰則爲柔 爲臣爲妻 爲妾爲財 爲下爲內 爲裏爲止 爲退爲伏 爲俯爲後 爲右爲刑 爲藏爲閉 陰陽所擬 例多且略 大綱如此

3 간지의 방소

◆ 갑을·인묘는 목이니 자리가 동방에 있고, 병정·사오는 화니 자리가 남쪽에 있다. 무기·진술축미는 토니, 자리가 중앙에 있어서 4계절의 말미에 왕하고, 특히 미未는 병정丙丁에 붙어서 다스린다. 경신·신유는 금이니 자리가 서방에 있고, 임계·해자는 수니 자리가 북쪽에 있다.

❖ 병정에 붙어서 다스린다 : 토는 여름의 끝인 6월에 왕한다는 뜻이다.

4 간지의 배합원리

① 갑자를 첫 간지로 삼는다

◆◆ 갑은 천간의 첫머리가 되고, 자는 지지의 첫 번째로 서로 배합이 된다.

태양의 기운이 황천의 아래에서 움직여 자월에 있으니, 황종의 율이 기운의 근원이 되어서 자에 있는 것이기 때문에, 자를 먼저 삼는 것이다.

또 만물은 인월寅月에서 다투어 나와서 모두 형체를 나타낸

◆ 甲乙寅卯木也 位在東方 丙丁巳午火也 位在南方 戊己辰戌丑未土也 位在中央 分王四季 寄治丙丁 庚辛申酉金也 位在西方 壬癸亥子水也 位在北方

◆◆ 甲爲干首 子爲支初 相配者 太陽之氣 動於黃泉之下 在建子之月 黃鍾之律 爲氣之源在子 故以子爲先 萬物湊出於建寅之月 皆以見形 甲屬此月 故以甲爲先而配子 見者爲陽 故從干 未見者爲陰 故從支 所以用甲子相配 爲六旬之始

다. 갑이 이 달(인월)에 속하기 때문에, 갑을 머리로 삼아서 자와 배합시킨 것이다. 즉 나타나는 것은 양이 되기 때문에 천간을 따르고(甲), 나타나지 않은 것은 음이 되기 때문에 지지를 따른다子. 그래서 갑과 자를 서로 배합시켜서 육순六旬의 시작으로 삼았다.

② **10**간과 **12**지를 차례로 배합해 **60**갑자를 만든다

◆ 천간은 10이 있고 지지는 12가 있으니, 돌아가면서 서로 배합하면 계해에서 마치기 때문에 60일이 있고, 10일이 1순一旬이므로 6순旬이 있다.

1순은 갑에서 시작하여 계에서 끝이 난다. 갑을 자에 배합시키는 것으로 시작해서 천간을 모두 배합하면, 계유에 와서 천간이 끝나게 되니, 남는 지지는 술과 해이다.

❖ 1순의 천간지지 배합

천간	갑	을	병	정	무	기	경	신	임	계	·	·
지지	자	축	인	묘	진	사	오	미	신	유	술	해

다음에 또 갑을 술에 짝지우는 것으로 시작하여서, 천간이 다하는 계미에 이르면, 남는 지지는 신과 유이다.

◆ 干旣有十 支有十二 輪轉相配 終於癸亥 故有六十日 十日一旬 故有六旬 一旬盡一甲癸 便以甲配子 盡干至癸酉 便盡干 餘支有戌亥 又起甲配戌 盡干至癸未 餘支有申酉 又起甲配申 盡干至癸巳 餘支有午未 又起甲配午 盡干至癸卯 餘支有辰巳 又起甲配辰 盡干至癸丑 餘支有寅卯 又起甲配寅 盡干至癸亥 十干有十二支相配 周畢還從甲子起 故六甲輪轉 止六十日

❖ 2순의 천간지지 배합

천간	갑	을	병	정	무	기	경	신	임	계	·	·
지지	술	해	자	축	인	묘	진	사	오	미	신	유

또 갑을 신에 짝지우는 것으로 시작하여, 천간이 다하는 계사에 이르면, 남는 지지는 오와 미이다.

❖ 3순의 천간지지 배합

천간	갑	을	병	정	무	기	경	신	임	계	·	·
지지	신	유	술	해	자	축	인	묘	진	사	오	미

또 갑을 오와 짝지우는 것으로 시작해서, 천간이 다하는 계묘에 이르면, 남는 지지는 진과 사이다.

❖ 4순의 천간지지 배합

천간	갑	을	병	정	무	기	경	신	임	계	·	·
지지	오	미	신	유	술	해	자	축	인	묘	진	사

또 갑을 진과 짝지우는 것으로 시작해서, 천간이 다하는 계축에 이르면, 남는 지지는 인과 묘이다.

❖ 5순의 천간지지 배합

천간	갑	을	병	정	무	기	경	신	임	계	·	·
지지	진	사	오	미	신	유	술	해	자	축	인	묘

또 갑을 인과 짝지우는 것으로 시작해서, 천간이 다하는 계해에 이르면, 10간이 12지와 서로 짝이 되어서 모두 끝나게 되고,

다시 갑자로부터 일으키기 때문에, 육갑六甲의 돌아가는 것이 60일에서 그치는 것이다.

❖ 6순의 천간지지 배합

천간	갑	을	병	정	무	기	경	신	임	계	·	·
지지	인	묘	진	사	오	미	신	유	술	해	자	축

③ 고孤(공망)와 허虛

• 10일을 1순으로 하며, 1순 안에 짝이 없는 지지 둘이 고孤가 되고, 상대되어 충되는 것이 허虛가 된다. 점치는 데서 공망空亡이라고 하는 것은, 지지가 고孤여서 천간이 없기 때문에 공망이라고 한 것이다. 망亡은 없는 것이니, 천간이 없기 때문에 망이고, 상대되는 것이 비어있기 때문에 공空이라고 한 것이다.

❖ 6순의 고와 허

	갑	을	병	정	무	기	경	신	임	계	고	허
1순	갑자	을축	병인	정묘	무진	기사	경오	신미	임신	계유	술·해	진·사
2순	갑술	을해	병자	정축	무인	기묘	경진	신사	임오	계미	신·유	인·묘
3순	갑신	을유	병술	정해	무자	기축	경인	신묘	임진	계사	오·미	자·축
4순	갑오	을미	병신	정유	무술	기해	경자	신축	임인	계묘	진·사	술·해
5순	갑진	을사	병오	정미	무신	기유	경술	신해	임자	계축	인·묘	신·유
6순	갑인	을묘	병진	정사	무오	기미	경신	신유	임술	계해	자·축	오·미

• 十日一旬 一旬之內 二支無配偶者 爲之孤 所對衝者 爲之虛 卜筮所云空亡 以支孤無干 故名爲空亡 亡者无也 无干故亡 所對者全虛 故云空也

❖ 1순(갑자순)에서는 술과 해가 고이고, 술과 해의 충이 되는 진과 사는 허가 된다. 2순(갑술순)에서는 신과 유가 고이고, 신과 유의 충이 되는 인과 묘가 허이다. 3순(갑신순)에서는 오와 미가 고이고, 오와 미의 충이 되는 자와 축이 허이다. 4순(갑오순)에서는 진과 사가 고이고, 진과 사의 충이 되는 술·해가 허이다. 5순(갑진순)에서는 인·묘가 고이고, 인·묘와 충이 되는 신·유가 허이다. 6순(갑인순)에서는 자·축이 고이고, 자와 축의 충이 되는 오와 미가 허이다.

❖ 고는 천간과 짝을 짓지 못한 지지이고, 허는 고와 충이 되는 지지 또는 무·기와 짝이 되는 지지이다.

㉠ 산법에서의 고와 허 ◆ 수를 계산하는 법(筭法)에, 12지의 자리를 사방에 가로로 놓고, 팔간八干의 자리를 사방에 세로로 놓으며, 무·기戊己를 중앙에 놓는다. 만약 갑자의 순旬이면, 갑의 천간을 취해서 자의 지지에 배합시킨다. 이와 같이 서로 배합시켜서 무진戊辰까지 오면, 무진의 자리는 중앙에 있고, 토는 나머지 사행四行의 주인이 되어 옮길 수 없기 때문에, 오히려 지지 진과 사를 취해서 중앙으로 들어와서 무·기와 짝을 한다.

나머지 천간도 모두 지지에 배합시켜서 술戌·해亥에 이르면, 천간으로 짝 지울 것이 없기 때문에 고孤(외롭다)라고 하고, 진辰·사巳의 자리는 지지와 천간이 모두 없기 때문에 허虛(비었다)라고 한다.

❖ 6순을 돌되 무·기와 짝이 되는 지지는 제자리를 비우고 중앙으로 와야 되므로 허가 되며, 짝할 천간이 없어 배합을 못하는 지지는 고가 된다.

◆ 筭法橫下十二支位於四方 縱下八干位於四方 下戊己位於中央 若甲子旬 取甲干以配子支 如此次第相配 至戊辰 位在中央 土爲四行主 不可移 故取辰支巳支 入中央 配戊己 餘悉以干就支 至戌亥无酉干配之 單故爲孤 辰巳之位 支干竝无 故名爲虛

❖ 위의 「6순의 고와 허」 도표 182쪽 참조.

❖ 진辰·사巳의 자리는 자신의 자리에서 중앙으로 들어왔기 때문에 지지와 천간이 모두 없다고 하였다.

㉡ 고와 허를 오행에 배속함 ◆ 그와 같이 공망이 드는 때는, 오행으로 말하면, 갑자순에는 술·해가 없어서, 수와 토의 반이 공망이 된 것과 같다. 술은 토이고 해는 수이니, 지지 중에서 수에 해당하는 해와 자가 전부 없는 것은 아니기 때문에 반이라고 했다.

갑술순에는 신申·유申酉가 없어서 금이 완전히 공망이 되니, 금에 해당하는 지지(申酉)가 둘 다 없는 것이다.

갑신순에는 오午·미未가 없어서 화와 토가 반공망半空亡이 되니, 사와 오가 둘 다 없지는 않기 때문이다.

갑오순에는 진辰·사巳가 없으니, 또한 화와 토가 반공망이다.

갑진순에는 인寅·묘卯가 없으니, 목이 완전히 공망이다

갑인순에는 자子·축丑이 없어서 수와 토가 반공망이니, 수와 토의 지지가 둘 다 없지는 않기 때문이다.

㉢ 고와 허를 진법陣法에 활용함 ◆◆ 『병서兵書』에 말하기를

◆ 其空亡之辰 從五行言之 如甲子旬无戌亥 水土半空亡 以戌是土亥是水也 不全無亥子 故云半也 甲戌旬無申酉 爲金全空亡 以金二支竝无也 甲申旬無午未 爲火土半空亡 以巳午不全无也 甲午旬無辰巳亦然 甲辰旬無寅卯 亦云木全空亡 甲寅旬無子丑 亦水土半空亡 竝以二支不俱無也

◆◆ 兵書云 陽生甲子 不足戌亥 仍爲天門 陰生甲午 不足辰巳 仍爲地戶 陽界甲寅 不足子丑 仍爲鬼門 陰界甲申 不足午未 仍爲人門

"양이 갑자에서 나면 술·해가 부족하니, 곧 천문天門이 되고, 음이 갑오에서 나면 진·사가 부족하니, 곧 지호地戶가 된다. 양이 갑인에서 경계를 세우면 자·축이 부족하니, 곧 귀문鬼門이 되고, 음이 갑신에서 경계를 세우면 오·미가 부족하니, 곧 인문人門이 된다. 양이 갑진에서 성하면 묘가 막힘이 되고, 음이 갑술에서 흥하면 유가 막힘이 된다"고 했으니, 이는 모두 육갑의 공망된 지지다.

❖ 육순 중에서 지지가 양이 커가는 자·축·인·묘·진·사에 있을 때는 "양이 나온다"고 하며, 음이 자라나는 오·미·신·유·술·해에 있을 때는 "음이 나온다"고 한다.

❖ 술·해방은 건☰의 방소로 하늘을 상징하고, 진·사방은 손☴의 방소로 땅을 상징하며, 자·축방은 감☵의 방소로 귀신을 상징하고, 오·미방은 리☲의 방소로 사람을 상징한다.

『춘추원명포』에 이르기를 "땅은 동남쪽이 부족해서 오른쪽으로 움직여 돌며, 마치면 허문虛門에 들어간다"고 했으니, 이는 갑자의 고孤가 술·해에 있고, 허虛가 진·사에 있음을 밝힌 것이다.

❖ 갑자순을 돌면 술·해에서 마치고, 허虛가 되는 진·사로 들어간다는 뜻이다.

陽盛甲辰 卯爲之隔 陰興甲戌 酉爲之隔 此竝是六甲之空支也 春秋元命苞云 地不足東南 右動終而入虛門 此明甲子孤在戌亥 虛在辰巳也

5 간지와 해와 달의 주천도수

① 한 간지가 하루를 맡는다

◆ 천간 하나와 지지 하나가 배합해서 하루를 주관하는 것은, 주천도수周天度數가 365와 ¼도인데, 해는 하루에 1도씩 가기 때문에 천간 하나와 지지 하나를 써서 하루를 주관한 것이다.

② 3순이 1개월이 된다

◆◆ 3순旬이 1개월이 되는 것은, 달이 하루에 13과 ¼도를 가니, 3순이면 하늘을 한바퀴 도는 것이다.

❖ 13¼×30=397½.

❖ 3순에 32¼도(397½−365¼)를 더 간다. 따라서 29일의 작은 달이 사이에 놓이게 된다.

③ 12달이 한해가 된다

◆◆◆ 12달이 한 해가 되는 것은, 사시의 한 계절이 석달이 되니, 나고 죽는 공용功用이 갖추어지려면 12지를 두루 해야 하기 때문이다.

④ 한 해는 육갑의 수 360일이다

◆ 一干一支爲一日者 以周天三百六十五度四分度之一 日日行一度 故正用一干一支 以主一日也

◆◆ 三旬爲一月者 月日行十三度四分度之一 三旬而周天也

◆◆◆ 十二月爲一歲者 四時時有三月 生殺之功備 遍十二支也

◆ 한 해가 360일인 것은, 6×6＝36이니 육갑의 수인 것이다.

❖ 6갑은 60일×6이니 360일이다. 육갑의 수는 360인 것이다.

⑤ 육갑은 두달이다

◆◆ 육갑이 두 달의 날수와 같은 것은 음양의 홀짝이 갖추어진 것이니, 양은 홀이 되고 음은 짝이 되어서 만물과 모든 종류의 길하고 흉한 이치가 여기서 드러나게 되고, 천간 지지의 년월일시에 배속시키는 것도 모두 그렇다.

❖ 양달＋음달＝두달＝육갑의 날수 60일=60간지

6 년월일시를 갑자로부터 일으킨다

◆◆◆ 한 해를 시작하는 근원은 상원갑자에서 일으키고, 한 달을 시작하는 근원은 갑기甲己년의 11월을 갑자에서 일으키며, 하루의 시작하는 근원은 육순六旬 중에 갑자에서 일으키고, 시간을 시작하는 근원은 동지와 하지 후에 갑일과 기일의 한밤중에 갑자시를 일으키니, 네 가지가 다 갑자로 시작한다.

❖ 현재는 무계戊癸년일 때 11월을 갑자에서 일으킨다.

◆ 一歲合三百六十日者 六六三十六 六甲之數也

◆◆ 六甲間兩月之日者 以陰陽奇偶備也 陽者爲奇 陰者爲偶 萬物庶類 吉凶之理 以此彰矣 其支干 相配歲月日時竝然

◆◆◆ 立歲之元 起於上元甲子 立月之元 起甲己之歲十一月甲子 立日之元 六旬起自甲子 立時之元 冬夏二至後 得甲己之日夜半 起甲子 四事皆以甲子爲首也

7 육갑을 구성과 구주에 배속시킴

① 북두칠성에 배속시킴

◆ 위로 하늘의 구성九星에 배속시킴과, 아래로 구주九州에 배속시킴은, 『황제병결黃帝兵訣』에 이르기를 "북두칠성의 괴魁를 이루고 있는 첫번째 별(樞星)에서부터 갑자를 붙여서 순서대로 경오까지 오면, 일곱번째 별인 강성剛星에 있게 되고, 신미에 이르면 돌아오면서 여섯째 별부터 거꾸로 세어서 병자에 이르며, 다시 첫번째 별부터 순서대로 시작해서 육갑을 다한다"고 했다.

❖ 황제병결 : 『수서隋書』 또는 『신당서新唐書』에 각기 『황제병법잡요결黃帝兵法雜要訣』 또는 『황제용병법결黃帝用兵法訣』이라는 책이름이 보인다.

❖ 추성樞星 → 갑자, 선성璇星 → 을축, 기성璣星 → 병인, 권성權星 → 정묘, 형성衡星 → 무진, 개양성開陽星 → 기사, 요광성瑤光星 : 剛星 → 경오, 개양성開陽星 → 신미, 형성衡星 → 임신, 권성權星 → 계유, …식으로 하여 60갑자를 다 배속한다는 뜻이다. 「제 16편 칠정」의 「북두칠성과 육십갑자」 497쪽 참조.

❖ 북두칠성의 괴魁와 표杓. 「제 16편 칠정」 491쪽 참조.

② 구주九州에 배속함

㉠ 사기史記의 설 ◆◆ 아래로 구주에 배속시키는 것은, 『사기』의 「천관서天官書」에 이르기를 "갑은 제齊나라, 을은 동이東夷,

◆ 其上配九星 下配九州者 黃帝兵決云 甲子從北斗魁第一星起 順數至庚午 在第七剛星 至辛未 還從第六星逆數至丙子 又從第一星順數盡六甲

◆◆ 其下配九州者 史書云 甲齊 乙東夷 丙楚 丁南夷 戊魏 己韓 庚秦 辛西夷 壬燕 癸北夷

병은 초楚나라, 정은 남이南夷, 무는 위衛나라, 기는 한韓나라, 경은 진秦나라, 신은 서이西夷, 임은 연燕나라, 계는 북이北夷다"라고 했다.

❖ 사기의 분야와 천간

천간	갑	을	병	정	무	기	경	신	임	계
분야	제	동이	초	남이	위	한	진	서	연	북이

ⓛ 한서漢書의 설 ◆『한서』「오행지五行志」에 이르기를 "갑·을은 바다 바깥으로 해와 달이 다스리지 않는 곳이고, 병·정은 강과 회수淮水와 바다와 대산岱山이며, 무·기는 중주中州와 하수河水와 제수濟水이고, 경·신은 화산華山의 서쪽이며, 임·계는 상산이북常山以北이다.

❖ 한서의 천간과 분야

천간	갑 · 을	병 · 정	무 · 기	경 · 신	임 · 계
분야	바다 바깥	강 · 회수 · 바다 · 岱山	중주 · 하수 제수	화산의 서쪽	상산의 북쪽

자는 주周나라, 축은 책翟땅, 인은 초나라, 묘는 정나라, 진은 한단邯鄲, 사는 위衛나라, 오는 진秦나라, 미는 중산中山과 송宋나라, 신은 제나라, 유는 노나라, 술은 월越나라, 해는 연나라다"고 했다.

◆ 漢書五行志云 甲乙海外 日月不治 丙丁江淮海岱 戊己中州河濟 庚辛華山以西 壬癸常山以北 子周 丑翟 寅楚 卯鄭 辰邯鄲 巳衛 午秦 未中山宋 申齊 酉魯 戌越 亥燕

❖ 한서의 지지와 분야

지지	자	축	인	묘	진	사	오	미	신	유	술	해
분야	주	책땅	초	정	한단	위	진	중산·송	제	노	월	연

❖ 『사기史記』의 「천관서天官書」에는 "갑을은 바다 바깥에 멀리 있어서, 갑일과 을일은 점을 칠 수 없다(甲乙四海之外 日日不占)"로 되어 있다.

ⓒ 용수경龍首經의 설 • 『용수경』에 말하기를 "자는 제齊나라이니 청주靑州이고, 축은 오吳나라 월越나라이니 양주楊州이며, 인은 연燕나라니 유주幽州이고, 묘는 송宋나라니 예주豫州이며, 진은 진晉나라이니 연주兗州이고, 사는 초楚나라이니 형주荊州이며, 오는 주周나라이니 삼하三河이고, 미는 진秦나라이니 옹주雍州이며, 신은 촉蜀나라이니 익주益州이고, 유는 양주梁州이며, 술은 서주徐州이고, 해는 위衛나라이니 병주幷州이다"라고 하니, 때와 땅의 위치는 앞서 말한 『사기史記』와 『한서』가 거의 맞게 말했고, 별의 차례와 분야에 대한 이론은 『용수경』이 합당하다.

❖ 『용수경』: 『황제용수경黃帝龍首經』이 있다고 하나 전하지 않는다.

❖ 용수경의 구주와 지지

지지	자	축	인	묘	진	사	오	미	신	유	술	해
나라	제	오·월	연	송	晉	초	주	秦	촉	·	·	위
구주	청주	楊州	유주	예주	연주	형주	삼하	옹주	익주	梁州	서주	병주

◆ 龍首經曰 子齊靑州 丑吳越楊州 寅燕幽州 卯宋豫州 辰晉兗州 巳楚荊州 午周三河 未秦雍州 申蜀益州 酉梁州 戌徐州 亥衛幷州 若地辰之位 史漢近之 星次而論 龍首爲當

8 간지를 사람 몸에 배속함

① 간지와 신체

㉠ 천간과 신체 ◆ 간지를 사람 몸에 배속하면, 갑·을은 머리, 병·정은 가슴과 갈빗대, 무·기는 심장과 배, 경·신은 허벅다리, 임·계는 손과 발이 된다.

❖ 천간과 신체의 배속

천간	갑 · 을	병 · 정	무 · 기	경 · 신	임 · 계
신체	머리	가슴과 갈빗대	심장과 배	허벅다리	손과 발

㉡ 지지와 신체 ◆◆ 자는 머리가 되고, 축·해는 가슴과 어깨, 인·술은 손, 묘·유는 허리와 갈빗대, 진·신은 엉덩이와 팔뚝, 사·미는 정강이, 오는 발이 되니, 이것은 모두 처음을 머리로 하고, 끝을 발로 삼은 것이다.

❖ 지지와 신체의 배속

지지	자	축 · 해	인 · 술	묘 · 유	진 · 신	사 · 미	오
신체	머리	가슴 · 어깨	손	허리 · 갈빗대	엉덩이 · 팔뚝	정강이	발

② 간지와 오장

㉠ 천간과 오장 ◆◆◆ 오장에 배속시킨 것은, 천간은 갑·을을 간

◆ 其配人身 甲乙爲頭 丙丁爲胸脇 戊己爲心腹 庚辛爲股 壬癸爲手足

◆◆ 則子爲頭 丑亥爲胸臂 寅戌爲手 卯酉爲腰脇 辰申爲尻肱 巳未爲脛 午爲足 此皆初爲首 末爲足

장, 병·정을 심장, 무·기를 비장, 경·신을 폐장, 임·계를 신장으로 한다.

❖ 천간과 오장의 배속

천간	갑·을	병·정	무·기	경·신	임·계
오장	간장	심장	비장	폐장	신장

ⓛ 지지와 오장 ◆ 지지는 인·묘를 간장, 사·오를 심장, 진·술·축·미를 비장, 신·유를 폐장, 해·자를 신장으로 하니, 오행에 맞춰서 배속시킨 것이다.

❖ 지지와 오장의 배속

지지	인·묘	사·오	진·술·축·미	신·유	해·자
오장	간장	심장	비장	폐장	신장

③ 간지와 몸체

㉠ 천간과 몸체 ◆◆ 또한 천간은 갑·을을 가죽과 털, 병·정을 손톱과 힘줄, 무·기를 살, 경·신을 뼈, 임·계를 혈맥으로 한다.

◆◆◆ 配五藏也 干以甲乙爲肝 丙丁爲心 戊己爲脾 庚辛爲肺 壬癸爲腎也

◆ 支以寅卯爲肝 巳午爲心 辰戌丑未爲脾 申酉爲肺 亥子爲腎 此皆從五行配之

◆◆ 又干以甲乙爲皮毛 丙丁爲爪筋 戊己爲肉 庚辛爲骨 壬癸爲血脈也

❖ 천간과 몸체의 배속

천간	갑 · 을	병 · 정	무 · 기	경 · 신	임 · 계
몸체	가죽과 털	손톱과 힘줄	살	뼈	혈맥

ⓛ 지지와 몸체 ◆ 지지는 인·묘를 가죽과 털, 사·오를 손톱과 힘줄, 진·술·축·미를 살, 신·유를 뼈, 해·자를 혈맥으로 한다.

❖ 역시 오행의 성질에 따라 간지를 인체에 배속한 것이다.

❖ 지지와 몸체의 배속

지지	인 · 묘	사 · 오	진 · 술 · 축 · 미	신 · 유	해 · 자
몸체	가죽과 털	손톱과 힘줄	살	뼈	혈맥

◆◆ 목은 땅 위에 나기 때문에 가죽과 털이 되고, 화는 맹렬하고 굳세기 때문에 힘줄과 손톱이 되며, 토는 유지하고 실어주기 때문에 살이 되고, 금은 성질이 굳고 강하기 때문에 뼈가 되며, 물水은 본래 흐르고 윤택하게 하기 때문에 혈맥이 되니, 천간과 지지가 다 이런 원리에 의하여 배속시킨 것이기 때문에 함께 해석했다.

◆ 支以寅卯爲皮毛 巳午爲爪筋 辰戌丑未爲肉 申酉爲骨 亥子爲血脈也

◆◆ 木生在地上 故爲皮毛 火有猛毅 故爲筋爪 土有持載 故以爲肉 金性堅剛 故爲骨 水本流潤 故是爲血脈 竝支干所配 故以備釋

❖ 천간 지지와 사람의 배속

천간	갑 · 을	병 · 정	무 · 기	경 · 신	임 · 계
지지	인 · 묘	사 · 오	진 · 술 · 축 · 미	신 · 유	해 · 자
오행	목	화	토	금	수
신체	머리	가슴 · 갈빗대	심장 · 배	허벅다리	손 · 발
오장	간장	심장	비장	폐장	신장
몸체	가죽과 털	손톱과 힘줄	살	뼈	혈맥

제 6편 오행이 서로 섞여 있음論五行相雜

1장. 오행의 본체가 섞여 있음論五行體雜

◆ 오행은 균일하게 베풀어져서 만물에 두루 있으므로, 한가지만을 고집해서 주장할 수 없다. 그러나 이제 오행의 본체가 섞여 있음을 먼저 논하는 것은, 그 기운이 두루 흘러 일에 따라서 쓰이기 때문이다. 만약 섞여져 있지 않다고 하면, 수水는 다만 1일 뿐으로, 무엇 때문에 5를 얻어 6이 된다고 했겠는가? 화·금·목·토가 다 그러하니, 마땅히 생수는 근본이 되고 성수는 섞여진 것임을 알아야 한다.

1 각 행에는 나머지 4행의 성질이 섞여있다

◆◆ 이미 섞여짐이 있기 때문에, 오행 중의 1행의 본체에는 다섯가지 뜻이 있다.

① 목木

◆◆◆ 예를 들어 목木의 굽고 곧은 성질은 곧 목이며, 목 속에 불

◆ 凡五行均布 遍在萬有 不可定守一途 今先論五行體雜 但其氣周流 隨事而用 若言不雜 水只應一 何故謂五而爲六 火金木土竝爾 當知生數爲本 成數爲雜

◆◆ 旣有雜 故一行當體 旣有五義

(火)이 있는 것은 화고, 목이 병장기가 되고 치고 받는 기능이 있으니 이것은 금이며, 목 속에 윤택하여 미끄러운 기능이 있으니 이것은 수고, 목이 꽃과 잎새 및 열매를 토해내니 이것은 토인 것이다.

② 화火

• 화火의 바깥이 밝은 것은 화고, 안이 어두운 것은 수며, 죽일 수 있는 기능은 금이고, 익힐 수 있는 기능은 목이며, 생할 수 있는 기능은 토이다.

❖ 불은 밖으로는 밝아 보이나(양의 성질), 내부는 어둡다(음의 성질). 그래서 괘상으로 나타날 때도 '☲'으로 그려서, 밖으로는 양(⚊)을 그리고 가운데는 음(⚋)으로 표현한다.

③ 토土

•• 토土의 생하는 기능은 토고, 포용할 수 있는 기능은 수며, 성취시키는 기능은 목이며, 막는 기능은 금이고, 따스함을 머금는 기능은 화이다.

••• 如木有曲直 此是木也 木中有火 則是火也 木堪爲兵仗 有擊觸之能 卽是金也 木中有潤 卽是水也 木吐華葉子實 卽是土也

• 火外陽卽是火也 內陰卽是水也 能殺卽是金也 能熟卽是木也 能生卽是土也

•• 土能生卽是土也 能容卽是水也 能成卽是木也 能防卽是金也 含陽卽是火也

④ 금金

◆ 금金의 끊을 수 있는 기능은 금이고, 변혁되어 따라가는 기능은 목이며, 불을 머금고 있는 것은 화고, 윤택해지고 굽혀지는 것은 수며, 생할 수 있는 기능은 토이다.

⑤ 수水

◆◆ 수水의 바깥이 음인 것은 수고, 안이 양인 것은 화며, 길러주는 기능은 목이며, 윤택하게 하고 생겨나게 함은 토고, 죽이는 기능이 있는 것은 금이다.

❖ 물은 밖으로는 약해 보이나(음의 성질), 실상은 강하다(양의 성질). 그래서 괘상으로 나타날 때도 '☵'으로 그려서, 밖으로는 음(⚋)을 그리고 가운데는 양(⚊)으로 표현한다.

◆◆◆ 이것은 다 뜻으로 해석한 것이며, 한 행(一行)에 오행의 다섯가지 기운이 다 있는 것이다. 그러나 구체적인 일로써 의의를 논하면 그렇지 않아서, 혹 있기도 하고 혹 없기도 하니, 본질이 약한 것은 본체가 서로 허용되고, 본질이 굳은 것은 본체가 서로 용납하지 않기 때문이다.

◆ 金能斷卽是金也 從革卽是木也 含火卽是火也 有汗卽是水也 能生卽是土也

◆◆ 水外陰卽是水也 內陽卽是火也 含養卽是木也 潤生卽是土也 能殺卽是金也

◆◆◆ 此皆以義釋 一行通有五氣 就事而論義 則不爾 或有或無 質弱者 則體相容 質堅者 則體不相容

2 섞여있는 예

① 극하는 관계

◆ 금 속에 나무(木)가 없고 나무 속에 금이 없는 것은, 금과 나무가 서로 해치기 때문이고, 물(水) 속에 불(火)이 없고 불 속에 물이 없는 것은 두 가지가 서로 해치기 때문이다.

② 약한 것과 굳은 것

◆◆ 또한 물(水) 속에는 금이 없으나 금 속에는 물이 있고, 목 속에는 물이 있으면서도 또한 목 속에 화가 있으며, 돌 속에도 화가 있다.

그 이유는 수가 능히 목을 생하니 목 속에 수가 있는 것이고, 수는 금에서 나니 금 속에 수가 있는 것이며, 화가 목에서 나니 목 속에 화가 있는 것이다.

수가 또 금으로부터 나니 금 속에 수가 있는 것이나, 수가 목을 생하는데도 목 속에 화가 있고, 화가 금을 극하는데 어째서 돌(金)에 다시 화가 있게 되는가? 이것은 화의 성질이 약하므로, 약한 것이 굳은 것에 들어갈 수 있는 것이고, 화 속에 금이 없는 것은, 굳은 것은 약한 것에 들어가지 못하기 때문이다.

◆ 金中無木 木中無金 金木以正相害故 水中無火 火中無水 兩法正相害故

◆◆ 亦水中無金 金中有水 木中亦有水 木中亦有火 石中亦有火 而水能生木 則木中有水 水生於金 金中有水 火生於木 木中有火 水復從金生 金中有水 水能生木 木中有火 火剋於金 那得石復有火 此是火性弱 故弱能入堅 而火中無金 是堅不能入弱

❖ 화는 약하므로 굳은 목 속에 들어갈 수 있지만, 금은 굳은 것이므로 약한 화 속에 들어가지 못한다는 것이다.

• 목이 수에서 생하니 목 속에 수를 가지고 있으며, 금이 수를 생하니 금 속에도 수를 가지고 있다. 그러나 수 속에 금과 목이 없는 것은, 금金·목木은 수 속에 있다하더라도 수의 본체가 금·목을 포함하고 있다고 할 수 없는 것이고, 습하고 물기 있는 것이 나무와 돌(金) 속에 있으면 나무와 돌에는 수가 있게 되니, 이것 또한 약한 것은 굳은 데 들어갈 수 있으나 굳은 것은 약한 데 들어가지 못하기 때문이다.

❖ 수는 금이나 목에 들어갈 수 있지만, 금이나 목은 수의 속으로 들어갈 수 없다는 것이다.

③ 섞이지 못하는 예

•• 열대지방에 나무가 있어서 불볕 속에 살아있으면, 이것은 화가 나무를 생한 것이 아니라 불이 나무를 불사르지 못한 것이다. 또한 화가 나무 속에 있는 것이 아니고, 나무가 화 속에 있어서 본체가 서로 섞이지 않은 것이니, 금이 수 속에 있으면서 섞이지 못한 것과 같다.

수의 체도 또한 같으니, 바다 속에 음화陰火가 가만히 타는 것

◆ 木生於水 木中含水 金能生水 金中含水 所以水中無金木者 金木在水中 不得言水體有金木 溼潤在木石中 木石便得有水義 此亦是弱能入堅 堅不能入弱

◆◆ 炎州有樹 生於火中 此非火能生樹 是火不能燒樹 亦非火在樹中 乃是樹在火中 而體不相雜 無異金在水中 而不能雜 水體亦如 海中陰火潛燃 此水中有火 但非水體雜火 此稍涉靈奇 亦非五行常準

은, 물(水) 속에 화가 있는 것이나, 수의 본체가 화와 섞인 것은 아니다. 이것은 조금 특이한 경우이고, 오행의 보통의 법칙은 아니다.

❖ 목생화木生火하는 것이니, 목 속에 화가 있어야 하는데, 반대로 화 속에 목이 있는 경우이므로 본체가 서로 섞이지 않았다고 하였다.

④ 극하지 못하는 예

• 또한 목 속에 화가 있으나 화가 도리어 목을 불사르는 것은, 화가 나서 성해졌기 때문에 나무를 불사를 수 있는 것이다. 돌 속에 화가 있으나 화가 돌을 불사르지 못하는 것은, 화가 금의 방소(鄕)에 와서 기운이 쇠퇴해졌기 때문에 돌을 불사르지 못한 것이다.

화로써 금을 녹이는 것은, 또한 화가 성한 것을 취했기 때문에 금을 녹인 것이니, 이것은 쇠퇴한 화를 취하지 않은 것이다. 마치 금이 목을 극할 수 있으나, 납과 주석같은 금은 약하기 때문에 목을 끊지 못하는 것과 같으니 이것은 굳지 못한 금이다.

❖ 화가 생겨나 자기의 방소에 있을 때는 성대하기 때문에 이미 기운이 빠진 목을 태울 수 있다. 또 기운이 성대할 때는 금을 녹일 수 있으나, 금의 방소에 가면 기운이 빠지므로 녹이지 못한다. 즉 오행의 생극관계는 때와 방소에 따른 쇠왕을 보아야 정확히 판단할 수 있는 것이다.

◆ 又木中有火 火還燒木 此是生火方盛 故能燒木 石中有火 火不燒石 是火至金鄉 氣已衰 故不能燒石 其以火消金者 亦取其盛 故能爍金 是不取衰火 猶如金能剋木 鉛錫不能斷 此是不堅之金也

⑤ 토와 화의 관계

◆ 토의 성질은 포용하고 함유하므로, 받아들이지 않는 것이 없다. 그러므로 토 속에는 수·금·목·화를 모두 갖추고 있다. 화가 곧 양의 기운은 아니니, 오히려 풀이 마르고 땅이 타는 것은 화의 음적인 성질이다.

화와 토는 서로 해치는 것은 아니나, 항상 좋은 관계를 유지하는 것은 아니므로, 서로 해치지 않는다고 말할 수도 없다. 나머지 사행도 다 같을 것이니, 어찌 화만 그렇겠는가? 또 토가 땅에 있으니 땅은 곧 음이고, 화는 태양의 기운이기 때문에, 항상 토 속에 화가 있다고도 할 수 없다.

❖ 토가 비록 모든 오행을 중재하고 또 오행을 고루 갖추고 있지만, 토는 음의 성향이 있고 화는 양의 성향이 있으므로, 토가 항상 화를 품고 있다고는 볼 수 없다는 것이다.

◆ 土性包含 無所不受 故土中皆備有水金木火 火非直陽氣 猶如范陽地燃 是陰也 土火非相害 雖不恒爾 不得言無 等是四行 何故獨爾 土旣居地 地卽是陰 火卽是太陽之氣 故不得恒有也

2장. 간지의 섞임論支干雜

1 천간의 섞임

① 목과 금이 섞임

• 간지가 섞였다는 것은, 『오행서』에 말하기를 "갑이 여동생을乙을 경에게 시집보내서 처를 삼게 하였기 때문에, 을 속에는 금이 섞여 있게 된다. 입춘에는 목이 왕하니, 갑이 을을 불러 돌아오게 한다. 이때 을이 경의 금기운을 품고 오기 때문에, 중춘仲春에는 느릅나무 꼬투리를 죽여서 하얗게 되는 것이다.

❖ 앞서 「3장. 사시의 휴왕을 논함」, p182에서 조이趙怡가 말한 내용과 일치한다. 갑이 자신을 극하는 경이 두렵기 때문에 여동생 을을 시집보내나, 목기운이 왕성한 입춘에는 두려울 것이 없기 때문에 여동생을 불러 들이는 것이다. 이 아래에 설명된 다른 간지도 같은 원리이다.

❖ 금의 색은 흰색이므로 하얗게 만드는 것이다.

② 화와 수의 섞임

•• 병이 여동생 정을 임에게 시집보내서 처로 삼게 하니, 정

• 支干雜者 五行書云 甲以女弟乙 嫁庚爲妻 故乙中有雜金 立春木王 甲召乙還 乙懷金氣來 故仲春殺楡莢白也

•• 丙以女弟丁 嫁壬爲妻 丁中有雜水 立夏火王 丙召丁還 丁懷水

속에는 수의 기운이 섞여 있게 된다. 입하에는 화가 왕하니, 병이 정을 불러 돌아오게 한다. 이때 정이 임의 수기운을 품고 오기 때문에, 중하仲夏에는 뽕나무 열매가 익어 검어진다.

❖ 수의 색은 검은색이므로 검게 만드는 것이다.

③ 토와 목의 섞임

◆ 무가 여동생 기를 갑에게 시집보내서 처로 삼게 하니, 기 속에는 목의 기운이 섞여있게 된다. 계하季夏에는 토가 왕하니, 무가 기를 불러 돌아오게 한다. 이때 기가 갑의 목기운을 품고 오기 때문에, 계하季夏에는 과실이 푸르게 되는 것이다.

❖ 목의 색은 푸른색이므로 푸르게 만드는 것이다.

④ 금과 화의 섞임

◆◆ 경이 여동생 신을 병에게 시집보내서 처로 삼게 하니, 신 속에는 화의 기운이 섞여있게 된다. 입추에는 금이 왕하니, 경이 신을 불러 돌아오게 한다. 이때 신이 병의 화기운을 품고 오기 때문에, 중추仲秋에는 대추가 익어서 붉어진다.

❖ 화의 색은 붉은색이므로 붉게 만드는 것이다.

氣來 故仲夏桑椹熟黑也

◆ 戊以女弟己 嫁甲爲妻 己中有雜木 季夏土王 戊召己還 己懷木氣來 故季夏有菓實靑也

◆◆ 庚以女弟辛 嫁丙爲妻 辛中有雜火 立秋金王 庚召辛還 辛懷火氣來 故仲秋棗熟朱也

⑤ 수와 토의 섞임

• 임이 여동생 계를 무에게 시집보내서 처로 삼게 하니, 계 속에는 토의 기운이 섞여있게 된다. 입동에는 수가 왕하니, 임이 계를 불러 돌아오게 한다. 이때 계가 무의 토 기운을 품고 오기 때문에, 중동仲冬에는 초목이 다 누렇게 된다.

❖ 토의 색은 누런색이므로 누렇게 만드는 것이다.

❖ 천간의 오행섞임

	갑	을	병	정	무	기	경	신	임	계
오행	목	목	화	화	토	토	금	금	수	수
섞인 오행		금 (경)		수 (임)		목 (갑)		화 (병)		토 (무)

•• 갑·병·무·경·임은 남자가 되니, 강하고 굳센 것이 되므로, 고유한 덕이 있어 섞이지 않는다. 을·정·기·신·계는 여자가 되니, 유약해서, 스스로 마음대로 못하고 남편을 따르기 때문에 섞이는 것이다. 마치 출가한 여자가 남편의 성을 따르고, 친정에 올 때 자식을 데리고 와서 씨족이 섞이는 것과 같은 것이다"라고 했다.

❖ 갑·병·무·경·임은 홀수번째 천간이므로 남자가 된다고 하였고, 을·정·기·신·계는 짝수번째 천간이므로 여자가 된다고 하였다.

• 壬以女弟癸 嫁戊爲妻 癸中有雜土 立冬水王 壬召癸還 癸懷土氣來 故仲冬草木皆黃也

•• 甲丙戊庚壬爲男 剛强 故自有德不雜 乙丁己辛癸爲女 柔弱 不自專從夫 故有雜 猶出嫁之女 卽稱夫氏 歸寧之日 攜子而來 氏族便雜

⑥ 오행십잡五行十雜의 설

◆『오행십잡』에 이르기를 "갑은 살아있는 나무가 되고 을은 재목이 되며, 병은 불이 되고 정은 타고 남은 재(灰)가 되며, 무는 흙이 되고 기는 진흙이 되며, 경은 쇠가 되고 신은 화로의 쇠가 되며, 임은 물이 되고 계는 더럽고 흐린 물이 된다"고 했으니, 이것은 모두 섞여있는 뜻이 된다.

2 지지의 섞임

① 목과 화의 섞임

◆◆ 인·묘는 목이 된다. 봄이 화를 품고 있기 때문에, 묘는 순수한 목이 되고 인은 잡목雜木이 된다.

② 화와 토의 섞임

◆◆◆ 사·오는 화가 된다. 여름이 토를 품고 있기 때문에, 오는 순수한 화가 되고 사는 잡화雜火가 된다.

③ 금과 수의 섞임

◆◆◆◆ 신·유는 금이 된다. 가을이 물을 품고 있기 때문에, 유는

◆ 五行十雜云 甲爲木 乙爲材 丙爲火 丁爲灰 戊爲土 己爲泥 庚爲金 辛爲鑪銻 壬爲水 癸爲濁汙 此皆雜義也

◆◆ 寅卯爲木 春懷火 故卯爲純木 寅爲雜木

◆◆◆ 巳午爲火 夏懷土 故午爲純火 巳爲雜火

◆◆◆◆ 申酉爲金 秋懷水 故酉爲純金 申爲雜金

순수한 금이 되고 신은 잡금雜金이 된다.

④ 수와 목의 섞임

◆ 해·자는 수가 된다. 겨울이 목을 품고 있기 때문에, 자는 순수한 수가 되고 해는 잡수雜水가 된다.

⑤ 토와 4행의 섞임

◆◆ 토는 중앙에 거처하면서 나머지 사기四氣를 주관하기 때문에, 진 속에는 목기가 남아 있고, 미 속에는 화기가 남아 있으며, 술 속에는 금기가 남아 있고, 축 속에는 수기가 남아 있으니, 각각 12일이다.

❖ 각각 12일이다 : 사계절의 말미 18일 중에 기운이 섞여 있는 날이 각각 12일이라는 것이다.

❖ 지지의 오행섞임

	자	축	인	묘	진	사	오	미	신	유	술	해
오행	수	토	목	목	토	화	화	토	금	금	토	수
섞인 오행		수	화		목	토		화	수		금	목

❖ 이 도표에서 토土에 해당하는 축·진·미·술을 뺀 나머지는, 각기 앞의 오행은 섞여있고 뒤의 오행은 순수함을 알 수 있다.

◆ 亥子爲水 冬懷木 故子爲純水 亥爲雜水

◆◆ 土居中央 分主四氣 故辰中有餘木 未中有餘火 戌中有餘金 丑中有餘水 各十二日 故四孟爲懷任 生氣之所由 四仲盛壯之所立 四季葬送之所在 懷任及葬 皆有雜義

그러므로 사맹월四孟月은 회임이 되어서 생기가 비롯되는 곳이고, 사중월四仲月은 장성한 때이며, 사계월四季月은 장사葬事지내 보내는 곳이니, 장성한 때를 뺀 회임하고 장사지내는 것에는 모두 섞이는 뜻이 있다.

❖ 사계절은 각기 맹월孟月·중월仲月·계월季月의 세 달로 나뉜다. 계절의 시작하는 달이 맹월이고, 한창 성하는 달이 중월이며, 쇠퇴하는 달이 계월이다. 여기에서는 각 계절의 계월을 토가 주관하는 것으로 보았다.

3장. 방위의 섞임論方位雜

1 방위별 섞임

◆ 오행의 성질이 곧바로 서로 섞이는 것은 아니나, 맡고 있는 방위에 또한 섞이는 뜻이 있다.

① 동방東方

◆◆ 동방은 갑·을과 인·묘·진이 맡는다. 갑은 목이나, 을 속에는 금이 섞여 있으며, 인 속에서는 생겨나는 화(生火)가 있으며, 진은 토고, 묘 속에는 죽은 수(死水)가 있다.

❖ 을에는 경의 금기운이 섞여 있고, 화는 인에서 생겨나며, 수는 묘에서 죽는다.

② 남방南方

◆◆◆ 남방은 병·정과 사·오·미가 맡는다. 병은 화나, 정 속에는

◆ 五行非直性相雜 當方亦有雜義

◆◆ 東方甲乙寅卯辰 甲木也 乙中有雜金 寅中有生火 辰土也 卯中有死水

◆◆◆ 南方丙丁巳午未 丙火也 丁中有雜水 巳中有生金 未土也 午中有死木

수가 섞였고, 사 속에서는 생겨나는 금(生金)이 있으며, 미는 토고, 오 속에는 죽은 목(死木)이 있다.

❖ 정에는 임의 수가 섞여 있고, 금은 사에서 생겨나며, 목은 오에서 죽는다.

③ 서방西方

• 서방은 경·신辛과 신申·유·술이 맡는다. 경은 금이나, 신辛 속에는 화가 섞였고, 신申 속에서는 생겨나는 수(生水)가 있으며, 술은 토고, 또한 유 속에는 배태한 목이 있다.

❖ 신에는 병의 화가 섞여 있고, 수는 신에서 생겨나며, 목은 유에서 배태된다.

④ 북방北方

•• 북방은 임·계와 해·자·축이 맡는다. 임은 수나, 계 속에는 토가 섞여있고, 해 속에서는 생겨나는 목(生木)이 있으며, 자 속에는 배태한 화가 있고, 축 속에는 죽은 금(死金)이 있으니, 이것은 모두 방위별로 오행이 섞여있는 것이다.

❖ 계에는 무의 토가 섞여 있고, 목은 해에서 생겨나며, 금은 자에서 죽고 축에서 장사지낸다. 따라서 본문의 "축 속에 죽은 금이 있다(丑中有死金)"는 "(축 속에는 장사지낸 금이 있다)丑中有葬金"로 되어야 한다.

• 西方庚辛申酉戌 庚金也 辛中有雜火 申中有生水 戌土也 又酉中有胎木

•• 北方壬癸亥子丑 壬水也 癸中有雜土 亥中有生木 子中有胎火 丑中有死金 此竝方別有五行也

2 합국合局의 섞임

① 화국火局

◆ 인寅·오午·술戌은 화火의 자리이다. 인 속에서는 생겨나는 화(生火)가 있어 동방에 자리하고, 오 속에는 왕한 화가 있어 남방에 자리하며, 술 속에는 죽은 화가 있어 서방에 자리한다.

❖ 화는 인에서 생겨나고, 오에서 왕하며, 술에서 장사지낸다.

② 목국木局

◆◆ 해亥·묘卯·미未는 목木의 자리이다. 해 속에서는 생겨나는 목(生木)이 있어 북방에 자리하며, 묘 속에는 왕한 목이 있어 동방에 자리하고, 미 속에는 죽은 목이 있어 남방에 자리한다.

❖ 목은 해에서 생겨나고, 묘에서 왕하며, 미에서 장사지낸다.

③ 수국水局

◆◆◆ 신申·자子·진辰은 수水의 자리이다. 신 속에서는 생겨나는 수가 있어 서방에 자리하고, 자 속에는 왕한 수가 있어 북방에 자리하며, 진 속에는 죽은 수가 있어 동방에 자리한다.

❖ 수는 신에서 생겨나고, 자에서 왕하며, 진에서 장사지낸다.

◆ 寅午戌火之位也 寅中有生火 在東方 午中有王火 在南方 戌中有死火 在西方

◆◆ 亥卯未木之位也 亥中有生木 在北方 卯中有王木 在東方 未中有死木 在南方

◆◆◆ 申子辰水之位也 申中有生水 在西方 子中有王水 在北方 辰中有死水 在東方

④ 금국金局

◆ 사巳·유酉·축丑은 금金의 자리이다. 사 속에는 생겨나는 금이 있어 남방에 자리하고, 유 속에는 왕한 금이 있어 서방에 자리하며, 축 속에는 죽은 금이 있어 북방에 자리한다.

이상은 한 행(一行)의 본체가 세 방향에 섞여 있는 것이다.

❖ 금은 사에서 생겨나고, 유에서 왕하며, 축에서 장사지낸다.

⑤ 토의 자리

◆◆ 미未·진辰·축丑·술戌은 토의 자리이다. 미 속에는 왕한 토가 있고, 진 속에는 죽은 토가 있으며, 축 속에는 쇠한 토가 있고, 술 속에는 장성한 토가 있으니, 이것은 토의 체가 사방에 섞여 있는 것이다.

❖ p153에서 나온 고당륭의 설과 비슷하다. 역시 같은 편에서는 "토는 축에서 기르고, 진에서 목욕하며, 미에서 왕하고, 술에서 장사지낸다. 다만 술에서 장사지낼 조건이 아니므로, 수水와 함께 진에서 장사지낸다"고 하였다.

조이趙怡가 말하기를 "오행이 서로 섞인 것이 비단의 무늬와 같다"고 했으니, 이 말이 합당하다.

◆ 巳酉丑金之位也 巳中有生金 在南方 酉中有王金 在西方 丑中有死金 在北方 此一行之體 雜在三方也

◆◆ 未辰丑戌土之位也 未中有王土 辰中有死土 丑中有衰土 戌中有壯土 此土體雜在四方也 趙怡言 五行相雜 如錦綺焉 斯言當矣

五行大義

제 7편 덕論德

• 덕德은 얻었다(得)는 뜻이다. 만물이 각기 욕심내는 바를 따라 유익하게 하여서, 뉘우침과 인색함이 없게 하는 것이므로, 덕이라고 하는 것이다.

『오행서』에 말하기를, "만약 한가지 덕이 있으면, 백가지 재앙을 물리칠 수 있다"고 하였으니, 음과 양이 일을 함에도, 덕을 만나는 것을 선하게 여겨 복덕福德이라고 한다. 덕은 구원하고 돕는 것이 되니, 만가지 일이 다 길하고, 재앙과 해악이 다 사라져 없어지는 것이다.

• 德者得也 有益於物 各隨所欲 無悔吝 故謂之爲德也 五行書云 若有一德 能攘百災 凡陰陽用事 遇德爲善 謂之福德 爲有救助 萬事皆吉 災害消亡

1장. 덕의 4종류

• 덕에는 4가지가 있는데, 세 가지는 천간과 지지에 따른 것이고, 한 가지는 달의 기운으로 논한 것이다.

1 천간과 지지에 따른 덕

•• 천간과 지지에 따른 세 가지는, 첫 째는 천간의 덕이고 두 번째는 지지의 덕이며, 세 번째는 천간과 지지의 덕이 합하는 것이다.

① 천간의 덕

••• 갑의 덕은 갑 자신에게 갖추어 존재하고, 을의 덕은 경에 있다. 병의 덕은 병 자신에게 갖추어 존재하고, 정의 덕은 임에 있다.

• 德有四德 三者從支干論之 一者從月氣論之

•• 支干三種者 一曰干德 二曰支德 三曰支干合德

••• 干德者 甲德自在 乙德在庚 丙德自在 丁德在壬 戊德自在 己德在甲 庚德自在 辛德在丙 壬德自在 癸德在戊 此十干者 甲丙戊庚壬爲陽 尊故德自處 乙丁己辛癸爲陰 卑故配德於陽 有從夫之義所以不自爲德

무의 덕은 무 자신에게 갖추어 존재하고, 기의 덕은 갑에 있다. 경의 덕은 경 자신에게 갖추어 존재하고, 신의 덕은 병에 있다. 임의 덕은 임 자신에게 갖추어 존재하고, 계의 덕은 무에 있는 것을 말한다.

이 10간 중에 갑·병·무·경·임은 양이 되어 존귀한 까닭에 자신에게 덕이 갖추어 있는 것이고, 을·정·기·신·계는 음이 되어 비천한 까닭에 양에게 그 덕을 짝하는 것이다. 아내가 남편을 따르는 뜻으로, 자신에게 덕이 갖추어 있지 않은 것이다.

❖ 천간과 덕이 되는 천간

천간	갑	을	병	정	무	기	경	신	임	계
덕이 되는 천간	갑	경	병	임	무	갑	경	병	임	무

❖ 음천간의 덕은 214쪽의 '천간의 섞임'을 참조하면 된다.

◆ 양자(양웅揚雄)가 말하기를 "날을 짝짓는 방법은 다섯가지가 있는데, 갑과 기는 목이 되고, 병과 신은 화가 되며, 무와 계는 토가 되고, 을과 경은 금이 되며, 정과 임은 수가 된다.

❖ 갑의 덕은 자신에게 있고 기의 덕은 갑에 있으므로, 갑과 기가 합하면 목(甲)이 된다. 다른 천간도 마찬가지이다. 이를 도표로 만들면 다음과 같다.

◆ 揚子云 配日之道 正有五日 甲己爲木 丙辛爲火 戊癸爲土 乙庚爲金 丁壬爲水 陰陽之理 必相配偶 以則君臣夫婦之義 甲爲君爲夫 己爲臣爲妻 君位自在 臣位由君 故己德在甲 乙德在庚也 餘四皆然 陰從陽之道

❖ 천간의 합덕(양웅의 설)

천간의 합덕	갑기	병신	무계	을경	정임
합해서 된 오행	목(甲)	화(丙)	토(戊)	금(庚)	수(壬)

❖ 현재 통용되는 천간의 합덕

천간의 합덕	갑기	병신	무계	을경	정임
합해서 된 오행	토	수	화	금	목

음양의 이치가 반드시 서로 짝이 되어야 하니, 임금과 신하, 남편과 아내의 뜻이다. 갑은 임금이 되고 남편이 되며, 기는 신하가 되고 아내가 된다. 임금의 자리는 스스로 갖추어 있는 것이고, 신하의 자리는 임금으로부터 말미암은 것이므로, 기의 덕은 갑에 있고, 을의 덕은 경에 있는 것이다. 나머지 네 경우도 마찬가지이니, 음이 양을 따르는 도이다."라고 했다.

② 지지의 덕

• 자의 덕은 사에 있고, 축의 덕은 오에 있으며, 인의 덕은 미에 있고, 묘의 덕은 신에 있으며, 진의 덕은 유에 있고, 사의 덕은 술에 있으며, 오의 덕은 해에 있고, 미의 덕은 자에 있으며, 신의 덕은 축에 있고, 유의 덕은 인에 있으며, 술의 덕은 묘에 있고, 해의 덕은 진에 있으니, 이는 다 그 생하고 돕는 장소를 바탕으로 한 것이다.

◆ 支德者 子德在巳 丑德在午 寅德在未 卯德在申 辰德在酉 巳德在戌 午德在亥 未德在子 申德在丑 酉德在寅 戌德在卯 亥德在辰 此皆以其夫生助之所也

㉠ 자의 덕은 사 ◆ 자가 사로써 덕을 삼는 것은, 자는 수이므로 토로써 남편을 삼는데, 사 속에 생한 토(生土)가 있기 때문이다.

❖ 자는 수이므로 자신을 극하는 토를 남편으로 삼는다. 토는 사에서는 관대를 하고, 묘에서 생겨난다. 따라서 "사 속에 생한 토가 있다(巳中有生土)"는 "사 속에 관대한 토가 있기 때문이다(巳中有冠帶)"로 해야 맞다고 생각한다.

㉡ 축의 덕은 오 ◆◆ 축이 오로써 덕을 삼는 것은, 축은 토이므로 목으로써 남편을 삼는데, 오 안에 죽은 목(死木)이 있기 때문이다.

❖ 축은 토이므로 자신을 극하는 목을 남편으로 삼는다. 목은 오에서 죽는다.

㉢ 인의 덕은 미 ◆◆◆ 인이 미로써 덕을 삼는 것은, 인은 목이므로 금으로써 남편을 삼는데, 미 속에 관대한 금이 있기 때문이다.

❖ 인은 목이므로 자신을 극하는 금을 남편으로 삼는다. 금은 미에서 관대를 한다.

㉣ 묘의 덕은 신 ◆◆◆◆ 묘가 신으로써 덕을 삼는 것은, 묘는 목이므로 금으로써 남편을 삼는데, 신 속에 임관(相)한 금이 있기 때문이다.

◆ 子以巳爲德者 子水也 以土爲夫 巳中有生土

◆◆ 丑以午爲德者 丑土也 以木爲夫 午中有死木

◆◆◆ 寅以未爲德者 寅木也 以金爲夫 未中有冠帶金

◆◆◆◆ 卯以申爲德者 卯木也 以金爲夫 申中有相金

❖ 묘는 목이므로 자신을 극하는 금을 남편으로 삼는다. 금은 신에서 임관臨官(相)을 한다.

ⓜ 진의 덕은 유 ◆ 진이 유로써 덕을 삼는 것은, 진은 토이므로 목으로써 남편을 삼는데, 유 속에 배태한(胎) 목이 있기 때문이다.

❖ 진은 토이므로 자신을 극하는 목을 남편으로 삼는다. 목은 유에서 배태를 한다.

ⓑ 사의 덕은 술 ◆◆ 사는 술로써 덕을 삼는 것은, 사는 화이므로 수로써 남편을 삼는데, 술 속에 관대冠帶한 수가 있기 때문이다.

❖ 사는 화이므로 자신을 극하는 수를 남편으로 삼는다. 수는 술에서 관대를 한다.

ⓢ 오의 덕은 해 ◆◆◆ 오는 해로써 덕을 삼는 것은, 오는 화이므로 수로써 남편을 삼는데, 해 속에 임관(相)한 수가 있기 때문이다.

❖ 오는 화이므로 자신을 극하는 수를 남편으로 삼는다. 수는 해에서 임관을 한다.

ⓞ 미의 덕은 자 ◆◆◆◆ 미는 자로써 덕을 삼는 것은, 미는 토이므로 목으로써 남편을 삼는데, 자 속에 목욕沐浴한 목이 있기 때문

◆ 辰以酉爲德者 辰土也 以木爲夫 酉中有胎木

◆◆ 巳以戌爲德者 巳火也 以水爲夫 戌中有冠帶水

◆◆◆ 午以亥爲德者 午火也 以水爲夫 亥中有相水

◆◆◆◆ 未以子爲德者 未土也 以木爲夫 子中有沐浴木

이다.

❖ 미는 토이므로 자신을 극하는 목을 남편으로 삼는다. 목은 자에서 목욕을 한다.

ⓙ 신의 덕은 축 ◆ 신은 축으로써 덕을 삼는 것은, 신은 금이므로 화로써 남편을 삼는데, 축 속에 길러진(養) 화가 있기 때문이다.

❖ 신은 금이므로 자신을 극하는 화를 남편으로 삼는다. 화는 축에서 기름을 받는다.

ⓚ 유의 덕은 인 ◆◆ 유는 인으로써 덕을 삼는 것은, 유는 금이므로 화로써 남편을 삼는데, 인 속에 생한 화(生火)가 있기 때문이다.

❖ 유는 금이므로 자신을 극하는 화를 남편으로 삼는다. 화는 인에서 생겨난다.

ⓛ 술의 덕은 묘 ◆◆◆ 술은 묘로써 덕을 삼는 것은, 술은 토이므로 목으로써 남편을 삼는데, 묘 속에 왕성한 목이 있기 때문이다.

❖ 술은 토이므로 자신을 극하는 목을 남편으로 삼는다. 목은 묘에서 왕해진다.

ⓜ 해의 덕은 진 ◆◆◆◆ 해는 진으로써 덕을 삼는 것은, 해는 수이

◆ 申以丑爲德者 申金也 以火爲夫 丑中有養火

◆◆ 酉以寅爲德者 酉金也 以火爲夫 寅中有生火

◆◆◆ 戌以卯爲德者 戌土也 以木爲夫 卯中有王木

◆◆◆◆ 亥以辰爲德者 亥水也 以土爲夫 辰中有死土

므로 토로써 남편을 삼는데, 진 속에 죽은(死) 토가 있기 때문이다.

❖ 해는 수이므로 자신을 극하는 토를 남편으로 삼는다. 토는 진에서 목욕을 하나, 또한 진에서 장사지내기도 한다.

❖ 다음의 표를 보면 다섯 지지를 사이에 두고 덕이 되는 지지를 만날 수 있다.

❖ 지지와 덕이 되는 지지

지지	자	축	인	묘	진	사	오	미	신	유	술	해
덕이 되는 지지	사	오	미	신	유	술	해	자	축	인	묘	진

◆ 혹자가 묻기를 "남편을 따르는 뜻에, 생해 나오는 남편은 덕이 있어서 서로 화기롭게 길러주므로 따른다고 하지만, 죽어가는 자는 이별하고 배반하는 것으로, 화합하여 따르지 못하는 것인데, 어찌 죽는 것을 덕이라고 합니까?" 답하기를 "아내는 두 번 초례를 치르는 법이 없어서, 한 번 시집을 가면 남편의 성을 따르는 것이다. 비록 사별한다 해도 그 씨족을 따르는 것이니, 어찌 살아서만이 남편의 성씨를 따르고 죽어서는 그 성씨를 버리겠는가? 그러므로 음이 양을 따라 생사를 항시 같이 하는 것이다."라고 했다.

③ 천간과 지지가 덕을 합함

◆◆ 자의 덕은 갑에 있고, 축의 덕은 신에 있으며, 인의 덕은

◆ 或問云 從夫之義 生者有德 能相和養 故從 死者離背 不能和從 何以死猶爲德 答曰 婦無再醮 一降適人 便稱夫氏 雖死猶從其族 豈得生而稱之 死便捨棄 故陰之從陽生死常存

병에 있고, 묘의 덕은 정에 있으며, 진의 덕은 경에 있고, 사의 덕은 기에 있으며, 오의 덕은 무에 있고, 미의 덕은 신에 있으며, 신의 덕은 임에 있고, 유의 덕은 계에 있으며, 술의 덕은 경에 있고, 해의 덕은 을에 있으니, 이는 다 자식을 따라서 덕을 삼은 것이다. 자식은 그 어미를 부양하고 도울 수 있다고 하니, 효도하고 부양하는 성질을 덕으로 삼은 것이다.

❖ 자식을 따라서 덕을 삼은 것 : 지지가 천간을 생해주는 것을 기준으로 삼아 서로 덕을 짝하였다. 단 홀수번째 지지는 홀수번째 천간을, 짝수번째 지지는 짝수번째 천간을 생한다. 또 경과 신은 두번씩 쓰여서 각기 지지의 진·술, 축·미와 짝이 되었다.

❖ 지지와 그에 따른 천간덕

지지	자	축	인	묘	진	사	오	미	신	유	술	해
천간	갑	신	병	정	경	기	무	신	임	계	경	을

• 천간은 양이고 지지는 음이니, 양의 체는 강강剛强하여 스스로 갖추고 있고, 음의 체는 유순하여 양을 따른다. 아내는 세 번 따르는 예(三從之禮)가 있어서, 세 번 다 스스로 전단專斷하는 뜻이 없으므로, 남편이 죽으면 자식을 따르는 까닭에, 자식으로써 덕을 삼은 것이다.

◆◆ 支干合德者 子德在甲 丑德在辛 寅德在丙 卯德在丁 辰德在庚 巳德在己 午德在戊 未德在辛 申德在壬 酉德在癸 戌德在庚 亥德在乙 此皆從子爲德也 謂子能扶助其母 有孝養之性 以爲德也

◆ 凡干爲陽 支爲陰 陽體剛强自在 陰體柔順從陽 婦人有三從之禮 每無自專之義 夫死從子 故以子爲德 若有支干各自爲德 皆從其夫 旣今支干共爲德 故離其夫位 故便從子也 子德在甲者 水爲木母故也 例皆如之一

만약에 천간과 지지가 각기 덕을 삼는다면, 천간은 천간대로 지지는 지지대로 모두 그 남편을 따르겠지만, 이미 이제 천간과 지지가 함께 덕을 삼은 까닭에 그 남편의 지위를 잃은 것이다. 그러므로 자식을 따르는 것이다.

자의 덕이 갑에 있는 것은 수(子)는 목(甲)의 어미가 되는 까닭이다. 나머지도 이와 같은 이치에서 다 그렇다.

❖ 세 번 따르는 예三從之禮 : 여자는 어려서는 부모를 따르고, 커서는 남편을 따르며, 늙어서는 자식을 따른다는 예절. 『의례儀禮』 「상복喪服」과 『공자가어孔子家語』 「본명本命」에 출전.

2 달의 기운을 따른 덕

• 달의 기운을 따라 덕을 삼는다는 것은, 덕은 외롭지 않아서 주변에서 보태주며 세워주기 때문에, 형刑하는 것으로써 상대를 삼는다. 덕은 양이므로 건(☰)의 도를 따르고, 형은 음이므로 곤(☷)의 도를 따른다. 마치 사람이 정사政事를 다스릴 때, 형과 덕을 같이 베푸는 것과 같다.

덕은 경사慶事를 베풀고 작위를 상주는 것이니 양에 짝하는 것이고, 형은 죽이고 벌주며 관직을 삭탈하는 것이니 음에 짝하는 것이다. 그러므로 임금은 일식이 생기면 덕을 닦으려 노력하고, 월식일 때는 형벌을 삼가며 잘 살피는 것이다.

❖ 해는 양을 상징하므로 덕이 부족할 때 일식이 일어난다고 하며, 달은 음을 상징하므로 형벌을 잘못 베풀 때 월식이 일어난다고 한다.

• 從月氣爲德者 德不孤立 對之以刑 德爲陽 以從乾 刑爲陰 以從坤 亦如人之治政 刑德兩施 德有慶賜爵賞 所以配陽 刑有殺罰削奪 所以配陰 故王者 日蝕則脩德 月蝕則脩刑

◆ 동중서董仲舒가 『춘추번로』에 말하기를 "천도의 항상함은 한 번 양하고 한 번 음하는 것이니, 양이라는 것은 하늘의 덕이고 음이라는 것은 하늘의 형(형벌)이다. 음과 양으로써 1년을 행하여 마치니, 이로써 하늘이 친히하고 맡기는 뜻을 살펴보면, 덕과 형의 용도를 알 수 있다.

❖ 『춘추번로』「음양의陰陽義」에는 "天道之常 一陰一陽 陽者天之德也 陰者天之刑也 迹陰陽終歲之行 以觀天之所親而任成天之功 猶謂之空 空者之實也"로 되어 있다.

그러나 하늘이 양에게는 임무를 맡기고 음에게는 맡기지 않으니, 덕을 좋아하고 형은 좋아하지 않는 것이다. 그러므로 양이 생겨나 쌓여서 여름이 되니, 덕을 맡아서 1년의 일歲功을 이루며, 음이 생겨나 쌓여서 겨울이 되니, 형은 아무것도 없는 공허한 곳에 둔 것이다."라고 했다.

❖ 『춘추번로』「천도무天道無」에는 "天之任陽不任陰 好德不好刑 如是故陽出而前 陰出而後 尊德而卑刑之心見矣 陽出而積於夏 任德以歲事也 陰出而積於冬 錯刑於空處也"로 되어 있다.

강태공姜太公이 말하길 "사람이 일을 주관해서 할 때, 선한 일이면 하늘이 덕으로써 응해주고, 악한 일이면 하늘이 형으로써 응해주니, 이는 음과 양은 모두 상대적이어서, 덕으로만 다스릴

◆ 董仲舒春秋繁露云 天道之常 一陽一陰 陽者天之德 陰者天之刑 陰陽以終歲之行 以觀天之所親任 可以見德刑之用矣 然天之任陽不任陰 好德不好刑 故陽出而積於夏 任德以歲事 陰出而積於冬 錯刑以空處也 太公云 人主擧事 善則天應之以德 惡則天應之以刑 此竝陰陽相對 德不獨治 須偶之以刑也

수 없고 형벌로써도 다스려야 하는 것이다"라고 했다.

◆ 건(☰)과 곤(☷) 두 괘의 기운을 따른다는 것은, 10월은 곤괘가 일을 주관하고, 11월부터 양의 기운이 발동하여 음효가 변해 나간다. 4월은 건괘가 일을 주관해나가고, 5월이 되면 음기가 발동하여 양효가 변해나가니, 황종黃鍾과 유빈蕤賓은 음양 기운의 시작이고, 덕과 형이 여기에 있게 되는 것이다.

❖ 황종은 11월에 양의 기운이 발동하기 시작하면 울리는 음이고, 유빈은 5월에 음의 기운이 발동을 시작하면 울리는 음이다.

① 자월子月

◆◆ 자월에 곤의 초효가 변해 양이 되면 복괘가 일을 주관한다(☷ → ䷗). 양기가 황천의 아래에서 발동하고, 음기가 창천의 위에서 널리 베풀어 행하니, 덕은 방(室)에 있고 형은 들(野)에 있는 것이다.

② 축월丑月

◆◆◆ 축월에 곤의 이효까지 변해 양이 되면 임괘가 일을 주관한다(䷗ → ䷒). 양기가 조금 나와서 만물이 싹이 트기 시작하고,

◆ 從乾坤二卦之氣者 十月坤卦用事 自十一月而陽氣動 陰爻變 四月乾卦用事 自五月而陰氣動 陽爻變 故黃鍾蕤賓 陰陽之氣始也 德刑在焉

◆◆ 建子之月 坤初六爻 變爲陽復卦用事 陽氣動於黃泉之下 陰氣布在蒼天之上 爲德在室 而刑在野

◆◆◆ 建丑之月 坤六二爻 變爲陽 臨卦用事 陽氣稍出 萬物萌芽 陰氣將降 威怒已衰 爲德在堂 而刑在街

음기가 장차 아래로 내려가야 하므로, 음이 위엄을 부리고 화를 내나 이미 쇠해졌으니, 덕은 집(堂)에 있고 형은 길가(街)에 있는 것이다.

③ 인월寅月

◆ 인월에 곤의 삼효까지 변해 양이 되면 태괘가 일을 주관한다(䷁ → ䷊). 양기가 이미 발달했고, 음기가 내려와 들어오니, 음과 양이 사귀어 통태通泰해져서 만물이 처음으로 싹을 틔운다. 덕은 뜰안(庭)에 있고 형은 마을의 거리(巷)에 있게 된다.

④ 묘월卯月

◆◆ 묘월에 곤의 사효까지 변해 양이 되면 대장괘가 일을 주관한다(䷁ → ䷡). 양기가 위로 하늘까지 올라가고 음기가 아래로 땅에 내려와서, 음과 양의 기운이 교류하니, 만물이 그 결과를 이루게 된다. 덕과 형이 모두 문門에서 모인다.

⑤ 진월辰月

◆◆◆ 진월에 곤의 오효까지 변해 양이 되면 쾌괘가 일을 주관한다(䷁ → ䷪). 양기가 위에까지 도달했고, 음기가 쇠약해져 미미해졌으니, 덕이 마을의 거리(巷)에 있고 형은 뜰안(庭)에 있게 된

◆ 建寅之月 坤六三爻 變爲陽 泰卦用事 陽氣已達 陰氣降入 陰陽交泰 萬物抽其牙葉 爲德在庭 而刑在巷

◆◆ 建卯之月 坤六四爻 變爲陽 大壯卦用事 陽氣上騰乎天 陰氣下入乎地 陰陽氣交 萬物成出 德刑俱會於門

◆◆◆ 建辰之月 坤六五爻 變爲陽 夬卦用事 陽氣上達 陰氣衰微 爲德在巷 而刑在庭

다.

⑥ 사월巳月

• 사월에 곤의 상효까지 변해 양이 되면 순양괘(건괘)가 일을 주관한다(䷪ → ䷀). 양기가 이미 크게 성했고, 음기는 소멸되고 사라졌으니, 만물이 기뻐하고 굳건하게 되어, 형벌 주고 죽이는 일이 없게 된다. 덕이 큰거리(街)에 있게 되고 형은 집(堂)에 있게 된다.

⑦ 오월午月

•• 오월에 건의 초효가 변해 음이 되면 구괘姤卦가 일을 주관한다(䷀ → ䷫). 음기가 황천의 아래에서 발동하고, 양기가 창천蒼天의 위에서 베풀어지니, 덕은 들(野)에 있게 되고 형은 방(室)에 있게 된다.

⑧ 미월未月

••• 미월에 건의 이효까지 변해 음이 되면 돈괘遯卦가 일을 주관한다(䷫ → ䷠). 음기가 점점 기세를 부리고, 양기가 줄어들게 되니, 만물이 장성함이 끝에 이르러 모두 노쇠하게 된다. 덕은 큰거리(街)에 있게 되고 형은 집(堂)에 있게 된다.

• 建巳之月 坤上六爻 變爲陽 純陽用事 陽氣大盛 陰氣消除 萬物悅壯 無復刑殺 爲德在街 而刑在堂

•• 建午之月 乾初九爻 變爲陰 姤卦用事 陰氣動於黃泉之下 陽氣布于蒼天之上 爲德在野 而刑在室

••• 建未之月 乾九二爻 變爲陰 遯卦用事 陰氣稍昇 陽氣將損 萬物壯極 皆以衰老 爲德在街 而刑在堂

⑨ 신월申月

◆ 신월에 건의 삼효까지 변해 음이 되면 비괘否卦가 일을 주관한다(䷌ → ䷋). 양기가 침체되어 물러나고, 음기가 나아가 올라가니, 음과 양의 교류가 막혀서 죽이고 위엄있게 하는 일이 성해진다. 덕은 마을의 거리(巷)에 있게 되고, 형은 집안의 뜰(庭)에 있게 된다.

⑩ 유월酉月

◆◆ 유월에 건의 사효까지 변해 음이 되면 관괘觀卦가 일을 주관한다(䷋ → ䷓). 양기가 안으로 들어오고, 음기가 밖으로 베풀어지니, 음과 양이 다투어서 만물이 여위어 쇠하게 변한다. 덕이 문門에 있게 되고 형도 문門에 모이게 된다.

⑪ 술월戌月

◆◆◆ 술월에 건의 오효까지 변해 음이 되면 박괘剝卦가 일을 주관한다(䷓ → ䷖). 양기가 장차 다 사그라지고, 음기가 위에까지 올라가니, 만물이 마르고 생기를 잃게 되어, 죽이고 해치는 기운이 성행한다. 덕은 집안의 뜰(庭)에 있게 되고 형은 마을의 거리(巷)에 있게 된다.

◆ 建申之月 乾九三爻 變爲陰 否卦用事 陽氣沈退 陰氣 進昇 陰陽否隔 殺威方盛 爲德在巷 而刑在庭

◆◆ 建酉之月 乾九四爻 變爲陰 觀卦用事 陽氣內入 陰氣外施 陰陽合爭 萬物變衰 爲德在門 刑復會於門

◆◆◆ 建戌之月 乾九五爻 變爲陰 剝卦用事 陽氣將盡 陰氣上達 萬物枯悴 殺害盛行 爲德在庭 而刑在巷

⑫ 해월亥月

• 해월에 건의 상효까지 변해 음이 되면 순전한 곤괘坤卦가 다시 자리를 얻는다(䷖ → ䷁). 양기가 사그러지고 제거되며, 음기가 크게 성행하게 되어 만물이 거두어지고 감추어지게 되므로, 형과 범하는 기운이 나타나지 않는다. 덕은 집(堂)에 있게 되고 형은 큰 거리(街)에 있게 된다.

월		자월	축	인	묘	진	사	오	미	신	유	술	해
괘상		䷗	䷒	䷊	䷡	䷪	䷀	䷫	䷠	䷋	䷓	䷖	䷁
장소	덕	室	堂	庭	門	巷	街	野	街	巷	門	庭	堂
	형	野	街	巷	門	庭	堂	室	堂	庭	門	巷	街

•• 이 형과 덕의 두 가지 일은 나가고 들어오는 방향에 따라 모두 쓰이는 것인데, 아득하게 잊고 엉뚱한 데서만 찾고 있다. 덕을 만나면 길하고 형을 만나면 흉하게 되므로, 여기에 풀이를 달아놓았다.

• 建亥之月 乾上九爻 變爲陰 純坤復位 陽氣消除 陰氣大盛 萬物收藏 未見刑犯 爲德在堂 而刑在街

•• 此刑德二事 出入向趣 皆以用之 彌忘拙鑿 遇德則吉 逢刑則凶 故於此釋

제 8편 합論合

◆ 공자께서 말씀하시길 "건乾은 양이고 곤坤은 음이니, 음과 양이 덕을 합한다"고 하셨으니, 오행의 근본은 하늘의 생함을 받고 땅의 이룸을 받는 것으로, 양에게서는 기운을 품부받고 음에게서는 형체를 정하여 받는 것이다.

❖ 『역경』「계사하전」6장에 "乾陽物也 坤陰物也 陰陽合德 而剛柔有體"라고 되어 있다.

그러므로 체는 한쪽으로 치우쳐서는 설 수 없으니, 각기 합쳐지는 바가 있는 것이다. 총체적으로 말하면 천간은 양이 되고 하늘에 속하며, 지지는 음이 되고 땅에 속한다.

◆◆ 나누어서 말하면, 천간에는 음과 양이 있으니, 갑은 양이고 을은 음이며, 병은 양이고 정은 음이며, 무는 양이고 기는 음이며, 경은 양이고 신은 음이며, 임은 양이고 계는 음이다.

지지 또한 음과 양이 있으니, 자는 양이고 축은 음이며, 인은 양이고 묘는 음이며, 진은 양이고 사는 음이며, 오는 양이고 미는 음이며, 신은 양이고 유는 음이며, 술은 양이고 해는 음이다. 각기 하늘과 땅을 표상하고 스스로 서로 짝이 되어 합이 되는 바가 있으니, 부부의 도가 있다.

◆ 孔子曰 乾陽也 坤陰也 陰陽合德 五行之本 受生於天 則受成於地 稟氣於陽 定形於陰 體無偏立 故各有合 總而言之 干爲陽屬天 支爲陰屬地

◆◆ 別而言之 干自有陰陽 甲陽乙陰 丙陽丁陰 戊陽己陰 庚陽辛陰 壬陽癸陰 支亦自有陰陽 子陽丑陰 寅陽卯陰 辰陽巳陰 午陽未陰 申陽酉陰 戌陽亥陰 各象天地 而自相配合 有夫婦之道

1장. 천간의 합天合

• 천간의 합(天合)은, 기는 갑의 처가 되므로 갑과 기는 합이 되고, 신은 병의 처가 되므로 병과 신은 합이 되며, 계는 무의 처가 되므로 계와 무는 합이 되고, 을은 경의 처가 되므로 을과 경은 합이 되며, 정은 임의 처가 되므로 임과 정은 합이 된다.

❖ 천간의 합(각기 다섯을 사이에 두고 합이 된다)

양의 천간	갑	병	무	경	임
합이 되는 음 천간	기	신	계	을	정

1 을과 경은 합

•• 계씨季氏의 『음양설陰陽說』에 말하기를 "목8이 경9를 두려워하므로, 누이인 을을 경의 처가 되게 하니, 경의 기운이 가을에 있더라도 목의 기운과 화합한다. 이 때문에 냉이와 보리가 가을에 생겨나니, '아내가 오는 뜻이 있다'고 하는 것이다.

❖ 목의 숫자는 3과 8이다. 천간상으로 목에 해당하는 간지는 갑과 을

• 干合者己爲甲妻 故甲與己合 辛爲丙妻 故丙與辛合 癸爲戊妻 故癸與戊合 乙爲庚妻 故乙與庚合 丁爲壬妻 故壬與丁合

•• 季氏陰陽說曰 木八畏庚九 故以妹乙妻庚 庚氣在秋 和以木氣 是以薺麥當秋而生 所謂妻來之義

인데, 여기서는 순수한 목인 갑을 성수인 8로 보았다.

❖ 경의 아내인 을이 시집오기 때문에, 가을의 금기운이 성할 때에도, 냉이와 보리 등이 목기운을 받아 생겨난다는 말이다.

2 정과 임은 합

◆ 화7이 임6을 두려워하므로 누이인 정을 임의 처가 되게 하니, 임이 화의 열기를 얻기 때문에 관동머위가 겨울에 꽃이 핀다.

❖ 화의 숫자는 2와 7이다. 천간상으로 화에 해당하는 간지는 병과 정인데, 여기서는 순수한 화인 병을 성수인 7로 보았다.

❖ 임의 아내인 정이 시집오기 때문에, 겨울의 수기운이 성한 겨울에도, 관동이 화기운으로 꽃을 피운다는 말이다.

3 병과 신은 합

◆◆ 금9가 병7을 두려워하므로 누이인 신을 병의 처가 되게 하니, 병이 금기운을 얻기 때문에 초여름에 미초와 냉이·보리가 죽는 것이다. 하지 뒤에 세 경庚이 숨는 것은 화를 두려워하기 때문이다.

❖ 금의 숫자는 4와 9이다. 천간상으로 금에 해당하는 간지는 경과 신인데, 여기서는 순수한 금인 경을 성수인 9로 보았다.

❖ 병의 아내인 신이 시집오기 때문에, 초여름의 화기운이 성할 때에

◆ 火七畏壬六 故以妹丁妻壬 壬得火熟氣 故款冬當冬而花

◆◆ 金九畏丙七 故以妹辛妻丙 丙得金氣 故首夏靡草薺麥死 故夏至之後 三庚爲伏 以畏火也

도, 냉이 보리 등이 금기운을 받아 죽는다는 말이다.

❖ 하지 뒤에 세번째 오는 경庚일을 초복初伏이라 하고, 네번째 오는 경일을 중복中伏이라 하며, 입추立秋 뒤에 처음 오는 경일을 말복末伏이라고 한다.

4 갑과 기는 합

◆ 토5가 갑8을 두려워하므로 누이인 기로써 갑의 처가 되게 하니, 토는 음양이 합한 기운이 있는데다, 음토로 목에게 시집갔기 때문에 물건을 생할 수 있다.

❖ 토의 숫자는 5와 10이다. 천간상으로 토에 해당하는 간지는 무와 기인데, 여기서는 순수한 토인 무를 생수인 5로 보았다. 다른 오행과는 차이가 있다.

❖ 갑의 아내인 기가 시집오기 때문에, 봄에 음양이 화합하여 만물을 생해내는 것이다.

5 무와 계는 합

◆◆ 수6이 토5를 두려워하므로 누이인 계로써 무의 처가 되게 하니, 오행이 서로 조화를 이루는 것이다"라고 했으니, 이것이 천간의 합이다.

❖ 수의 숫자는 1과 6이다. 천간상으로 수에 해당하는 간지는 임과 계인데, 여기서는 순수한 수인 임을 성수인 6으로 보았다.

❖ 토의 아내인 계가 시집오기 때문에, 수의 윤택하고 부드러운 기운을 얻어서, 토가 오행에 고루 작용할 수 있게 된다는 말이다.

◆ 土五畏甲八 故以妹己妻甲 土帶陰陽合 以雌嫁木 故能生物也

◆◆ 水六畏土五 故以妹癸妻戊 五行相和 是其合也

2장. 지지의 합

⬩ 지지의 합은, 해와 달이 운행하다가 머물러서 회합하는 곳을 말한다.

1 정월의 합(인과 해)

⬩⬩ 정월에는 해와 달이 추자娵訾의 자리에 모인다. 추자는 해방亥方이고, 일명 시위豕韋라고도 한다. 이 때는 북두의 자루가 인을 가리키는 때이므로, 인과 해가 합이 된다.

⬩ 추자娵訾 : 별의 이름. 16편 칠정七政 참조. 이하에 나오는 별도 같이 참조 바람.

2 2월의 합(묘와 술)

⬩⬩⬩ 2월에는 해와 달이 강루降婁의 자리에서 모인다. 강루는 술방이고, 북두의 자루가 묘를 가리키는 때이므로, 묘와 술이 합이 된다.

⬩ 支合者 日月行次之所合也

⬩⬩ 正月日月會於娵訾之次 娵訾亥也 一名豕韋 斗建在寅 故寅與亥合

⬩⬩⬩ 二月日月會於降婁之次 降婁戌也 斗建在卯 故卯與戌合

3 3월의 합(진과 유)

* 3월에는 해와 달이 대량大梁의 자리에서 모인다. 대량은 유방이고, 북두의 자루가 진을 가리키는 때이므로, 진과 유가 합이 된다.

4 4월의 합(사와 신)

** 4월에는 해와 달이 실침實沈의 자리에서 모인다. 실침은 신방이고, 북두의 자루가 사를 가리키는 때이므로, 사와 신이 합이 된다.

5 5월의 합(오와 미)

*** 5월에는 해와 달이 순수鶉首의 자리에서 모인다. 순수는 미방이고, 북두의 자루가 오를 가리키는 때이므로, 오와 미가 합이 된다.

6 6월의 합(미와 오)

**** 6월에는 해와 달이 순화鶉火의 자리에서 모인다. 순화는 오

◆ 三月日月會於大梁之次 大梁酉也 斗建在辰 故辰與酉合

◆◆ 四月日月會於實沈之次 實沈申也 斗建在巳 故巳與申合

◆◆◆ 五月日月會於鶉首之次 鶉首未也 斗建在午 故午與未合

◆◆◆◆ 六月日月會於鶉火之次 鶉火午也 斗建在未 故未與午合

방이고, 북두의 자루가 미를 가리키는 때이므로, 미와 오가 합이 된다.

7 7월의 합(신과 사)

◆ 7월에는 해와 달이 순미鶉尾의 자리에서 모인다. 순미는 사방이고, 북두의 자루가 신을 가리키는 때이므로, 신과 사가 합이 된다.

8 8월의 합(유와 진)

◆◆ 8월에는 해와 달이 수성壽星의 자리에서 모인다. 수성은 진방이고, 북두의 자루가 유를 가리키는 때이므로, 유와 진이 합이 된다.

9 9월의 합(술과 묘)

◆◆◆ 9월에는 해와 달이 대화大火의 자리에서 모인다. 대화는 묘방이고, 북두의 자루가 술을 가리키는 때이므로, 술과 묘가 합이 된다.

◆ 七月日月會於鶉尾之次 鶉尾巳也 斗建在申 故申與巳合

◆◆ 八月日月會於壽星之次 壽星辰也 斗建在酉 故酉與辰合

◆◆◆ 九月日月會於大火之次 大火卯也 斗建在戌 故戌與卯合

10 10월의 합(해와 인)

◆ 10월에는 해와 달이 석목析木의 자리에서 모인다. 석목은 인방이고, 북두의 자루가 해를 가리키는 때이므로, 해와 인이 합이 된다.

11 11월의 합(자와 축)

◆◆ 11월에는 해와 달이 성기星紀의 자리에서 모인다. 성기는 축방이고, 북두의 자루가 자를 가리키는 때이므로, 자와 축이 합이 된다.

12 12월의 합(축과 자)

◆◆◆ 12월에는 해와 달이 현효玄枵의 자리에서 모인다. 현효는 자방이고, 천원天黿이라고도 한다. 북두의 자루가 축을 가리키는 때이므로, 축과 자가 합이 된다.

❖ 지지의 6합

지지	자	인	묘	진	사	오
합	축	해	술	유	신	미
합한 오행	토	목	화	금	수	태양 · 태음

◆ 十月日月會於析木之次 析木寅也 斗建在亥 故亥與寅合

◆◆ 十一月日月會於星紀之次 星紀丑也 斗建在子 故子與丑合

◆◆◆ 十二月日月會於玄枵之次 玄枵子也 一名天黿 斗建在丑 故丑與子合

13 해와 달이 모이는 별이름 풀이

① 현효玄枵

◆ 현효玄枵에서 '현'은 검은 것이고, '효'는 소모되고 빈 것이다. 음기가 성하기 때문에, 만물이 처음 움직이려 하나 아직 나오지 못해서 세상이 공허하니, 소모되었다고 한 것이다.

❖ 12월에는 해와 달이 현효에서 모인다.

② 성기星紀

◆◆ 성기星紀에서 '기'는 통솔하는 것이니, 만물의 끝나고 시작되는 것을 주관하는 것이다.

❖ 11월에는 해와 달이 성기에서 모인다.

③ 석목析木

◆◆◆ 석목析木은 만물이 처음 싹터서 수와 목이 구분된 것이다.

❖ 10월에는 해와 달이 석목에서 모인다.

④ 대화大火

◆◆◆◆ 대화大火는 동방목이니, 심수心宿가 묘에 있어서 화가 나무

◆ 玄枵者 玄黑也 枵秏也 陰氣盛 故萬物始動 猶未出生 天下空虛 謂之曰秏

◆◆ 星紀者 紀統也 領萬物所終始也

◆◆◆ 析木者 萬物始萌 分別水木也

◆◆◆◆ 大火者 東方木也 心宿在卯 火出木心也

속에서 나오는 형상이다.

❖ 심수의 '심'은 중심속 또는 심장을 말하고, 묘는 나무를 뜻한다.

❖ 9월에는 해와 달이 대화에서 모인다.

⑤ 수성壽星

◆ 수성壽星은 만물이 뻗어나기 시작해서, 각각 자기의 수명을 영위하는 것이다.

❖ 8월에는 해와 달이 수성에서 모인다.

⑥ 순미鶉尾

◆◆ 순미鶉尾는 남방 주작의 별로, 그 꼬리에 해당하는 진수軫宿의 끝이라는 뜻이다.

❖ 7월에는 해와 달이 순미에서 모인다.

❖ 남방 주작의 별은 정·귀·류·성·장·익·진의 7개 별자리로 이루어졌고, 정은 머리, 귀는 눈, 류는 부리, 성은 목, 장은 모이주머니, 익은 날개, 진은 꼬리에 해당한다.

⑦ 순화鶉火

◆◆◆ 순화鶉火는 양기가 성대한 때이다. 화성火星이 저녁때 중천에 뜨니, 남방 주작7수의 자리이다.

❖ 6월에는 해와 달이 순화에서 모인다.

◆ 壽星者 萬物始達 各任其命也

◆◆ 鶉尾者 南方朱雀之宿 以軫尾也

◆◆◆ 鶉火者 陽氣盛大 火星昏中 在七星朱鳥之處也

⑧ 순수鶉首

◆ 순수鶉首는 남방의 별자리로 그 형상이 새 같아서, 정수井宿로 새의 벼슬을 삼고, 류수柳宿로 입(口)을 삼는 것이다.

❖ 5월에는 해와 달이 순수에서 모인다.

⑨ 실침實沈

◆◆ 실침實沈은 음기가 무겁게 가라앉아서(沈重) 물건을 열매 맺게(實) 하는 것이다.

❖ 4월에는 해와 달이 실침에서 모인다.

⑩ 대량大梁

◆◆◆ 대량大梁은 강한 것이니, 흰이슬이 이미 내림에, 만물이 굳고 강해지는 것이다.

❖ 3월에는 해와 달이 대량에서 모인다.

⑪ 강루降婁

◆◆◆◆ 강루降婁에서 '강'은 내려오는 것이고, '루'는 굽어지는 것이니, 음기가 위로 침범해서 만물이 시들어 늘어지고 구부러지는 것이다.

◆ 鶉首者 南方之宿 其形象鳥 以井爲冠 以柳爲口也

◆◆ 實沈者 陰氣沈重 降實於物也

◆◆◆ 大梁者强也 白露已降 萬物堅强也

◆◆◆◆ 降婁者 降下也 婁曲也 陰氣上侵 萬物萎曲也

❖ 2월에는 해와 달이 강루에서 모인다.

⑫ 추자娵訾

◆ 추자娵訾는 음이 성하고 양은 숨는 뜻이니, 만물이 근심스럽고 슬프게 되는 것이다.

❖ 1월에는 해와 달이 추자에서 모인다.

❖ 12월과 지지의 합

월		1	2	3	4	5	6	7	8	9	10	11	12
해와 달이 모이는 곳	별	추자	강루	대량	실침	순수	순화	순미	수성	대화	석목	성기	현효
	방위	해	술	유	신	미	오	사	진	묘	인	축	자
북두가 가리키는 곳		인	묘	진	사	오	미	신	유	술	해	자	축

◆ 娵訾者 陰盛陽伏 萬物愁哀也

3장. 오합과 오리五合五離

◆ 음양의 서로 배합됨은 좋고 나쁨의 이치가 균등해서, 흉한 것도 전적으로 흉하지 않고, 길한 것도 길한 것만 있지 않다. 길한 것이 마치면 흉해지고, 흉한 것이 마치면 길해진다. 그러므로 합도 합만 있는 것이 아니고 다시 떨어지는 뜻이 있으니, 지지와 천간으로 일진에 배속시키면, 오합(다섯가지 합)과 오리(다섯가지 떨어짐)가 있다.

1 오합五合

◆◆ 오합(다섯가지 합)은, 『하도河圖』에 이르기를 "갑인과 을묘는 천지의 합이고, 병인과 정묘는 일월의 합이며, 무인과 기묘는 백성(人民)의 합이고, 경인과 신묘는 금석金石의 합이며, 임인과 계묘는 강하江河의 합이다.

❖ 하도河圖 : 하도위河圖緯를 뜻하는 것 같다. 하도위는 『하도계요구河圖稽曜鉤』 등 42편이나 있다.

❖ 인과 묘의 합이 각기 천지·일월·백성·금석·강하의 합으로 나뉨을

◆ 凡陰陽相配 善惡理均 凶不全凶 吉不獨吉 吉終則凶 凶終則吉 故合不專合 復有離義 就支干配日辰 乃有五合五離

◆◆ 五合者 河圖云 甲寅乙卯天地合 丙寅丁卯日月合 戊寅己卯人民合 庚寅辛卯金石合 壬寅癸卯江河合

설명하였다.

❖ 인과 묘는 만물이 생하는 방소이기 때문에 만나서 합이 된다.

2 오리五離

◆ 오리(다섯가지 떨어짐)는, 갑신과 을유는 천지의 리이고, 병신과 정유는 일월의 리이며, 무신과 기유는 백성의 리이고, 경신과 신유는 금석의 리이며, 임신과 계유는 강하의 리이다"고 했다.

❖ 신과 유의 리가 각기 천지·일월·백성·금석·강하의 리로 나뉨을 설명하였다.

❖ 신과 유는 만물이 쇠하는 때이므로 헤어지게 되는 것이다.

3 인과 묘에서 합하고 신과 유에서 헤어지는 이유

① 인과 묘에서 합하는 이유

◆◆ 인·묘는 양이 올라가는 곳으로, 만물을 낳으며, 해가 항상 나오고, 달 또한 가득차서 나온다. 동쪽은 소양少陽이 생장하는 곳으로, 물건이 기쁘게 모이는 곳이다. 그러므로 합하게 된다.

② 신과 유에서 헤어지는 이유

◆ 五離者 甲申乙酉天地離 丙申丁酉日月離 戊申己酉人民離 庚申辛酉金石離 壬申癸酉江河離

◆◆ 寅卯陽之所昇 能生萬物 日常出之 月滿又出 東方少陽生長之處 物所欣會 故以爲合

◆ 신·유는 음이 모이는 곳이고 엄숙하게 죽이는 방위로, 해와 달이 모두 이곳에서 지게 된다. 서쪽은 소음少陰이 쇠퇴하고 늙는 곳으로, 물건들이 모두 미워하는 곳이다. 그러므로 헤어지게 된다.

4 천간을 천지 · 일월 · 백성 · 금석 · 강하로 나눈 이유

◆◆ 갑·을은 일간의 첫번째이고, 괘가 건·곤괘에 속하므로 천지에, 병·정은 양의 빛이 성하므로 일월에 비유했으며, 무·기는 중심에 있어서 만물을 이루게 할 수 있기 때문에 백성과 같은 것이고, 경·신은 몸 자체가 금석金石이며, 임·계는 온통 강과 하천이다.

❖ 갑·을·병·정·무·기·경·신·임·계의 10천간이, 각각 합과 리에서 천지·일월·백성·금석·강하로 나뉘는 까닭을 설명한 것이다.

◆◆◆ 모든 일을 할 때 길한 것은 합合이 따르고, 흉한 것은 리離가 따르니, 합을 만나면 좋고, 리를 만나면 비색하다. 그러므로 택일을 하고 시간을 고르는 것과 복서卜筮에 두루 쓰인다.

◆ 申酉陰之所湊 肅殺之方 日月皆沒於其所 西方少陰衰老之處 物之所惡 故以爲離

◆◆ 甲乙日干之首 卦屬乾坤 故比天地 丙丁陽光之盛 故方日月 戊己居中 能成萬物 故類人民 庚辛體自金石 壬癸居然江河

◆◆◆ 凡爲萬事 吉則從合 凶則從離 遇合則休 遇離則否 選日定時 卜筮之用 彌所用也

제 9편 부조하고 억제함論扶抑

◆ 부扶는 보조한다는 뜻이고, 억抑은 그치고 물러나게 하는 것이다. 오행이 이미 이루어짐에, 흥성하고 쇠퇴함에 때가 있고, 높고 낮은 것이 서로 바뀌며 대신하기 때문에, 부하고 억하는 것이 서로 만나게 된다.

❖ 이하부터 '부'는 부조扶助로, '억'은 억제抑制로 쓴다.

어머니가 자식을 얻는 것이 부조가 되고, 자식이 어머니를 만나는 것은 억제가 된다. 자식은 어머니를 효도로 봉양하고 뜻을 받들어 돕는 이치가 있으니 부조가 되는 것이고, 어머니는 자식을 존엄하게 훈계하며 제재하는 도가 있으니 억제가 되는 것이다.

◆ 扶者 以輔助爲義 抑者 以止退立名 五行旣成 盛衰有時 尊卑代易 故有相扶抑者 義其相遇也 母得子爲扶 子遇母爲抑 子有孝養順助之理 所以爲扶 母有尊嚴訓制之道 所以爲抑

1장. 오행의 부조와 억제

1 부조

◆ 서로 부조하는 것은, 목은 수를 부조하고, 수는 금을 부조하며, 금은 토를 부조하고, 토는 화를 부조하며, 화는 목을 부조하니, 이것은 모두 어머니가 아들을 얻는 것이다.

2 억제

◆◆ 서로 억제하는 것은, 목은 화를 억제하고, 화는 토를 억제하며, 토는 금을 억제하고, 금은 수를 억제하며, 수는 목을 억제하니, 이것은 모두 자식이 어머니를 만난 것이다.

❖ 오행의 부조와 억제

	목	화	토	금	수
부조하는 오행	수	목	화	토	금
억제하는 오행	화	토	금	수	목

◆ 相扶者 木扶水 水扶金 金扶土 土扶火 火扶木 此皆母得子

◆◆ 相抑者 木抑火 火抑土 土抑金 金抑水 水抑木 此皆子遇母也

3 부조와 억제의 효과

◆ 류세륭柳世隆의 『귀경龜經』에 이르기를 "부조를 받은 자는 수壽하고, 억제되는 자는 비색하며, 부조를 받은 자는 일어나고, 억제되는 자는 그치며, 부조를 받은 자는 우러름을 받게 되고, 억제되는 자는 머리를 숙이게 되며, 부조를 받은 자는 나아가게 되고, 억제되는 자는 물러나며, 부조를 받은 자는 가게 되고, 억제되는 자는 정지하게 되며, 부조를 받은 자는 길하고, 억제되는 자는 흉하다"고 하나, 여기에다 또한 소식消息관계를 더 살펴보아야 한다.

4 기의 유무에 따른 부조와 억제

① 기의 유무

◆◆ 부모는 기氣가 있으면 참부모가 되고, 기가 없으면 종묘와 귀신이 되며, 기가 있으면 자식에게 복과 도움을 주고, 기가 없으면 재물과 공덕이 되니, 부조된 자는 좋고 억제된 자는 나쁘게 되는 것이다.

② 합덕과 형극

◆◆◆ 생하고 왕할 때는 기가 있는 것이 되고, 죽고 사라질 때는

◆ 柳世隆龜經云 扶者壽 抑者否 扶者起 抑者止 扶者仰 抑者俛 扶者進 抑者退 扶者行 抑者停 扶者吉 抑者凶 就此又須消息

◆◆ 凡父母有氣爲眞父母 無氣爲宗廟鬼神 有氣爲兒子福助 無氣爲財帛功德 所以扶者爲善 抑者爲惡

기가 없는 것이 된다. 그러나 기가 있고 기가 없는 것을 다시 두 종류로 나누니, 만약 합덕合德이 되면 비록 억제되나 해가 안되고, 만약 형극刑剋을 만나면 더욱 흉하게 된다.

③ 기의 유무에 따른 예

• 묻기를 "어머니가 아들에게 훈계하고 제재하는 것을 흉하다고 하니, 이것을 알 수 없습니다. 존엄하게 훈계하고 제재해서 옳은 길로 가르치는 것은 사람이 되게 하고자 하는 것인데, 어째서 도리어 나쁜 것이 됩니까?"

㉠ 기가 있을 때(참부모)의 예

•• 대답하기를 "앞의 풀이에 이미 두 가지 종류가 있다고 했다. 만약 합하는 덕을 만나면 비록 억제되더라도 해가 안된다. 그러나 기가 있는 것만이 참부모가 되니, 훈계하고 제재함이 사람이 되도록 하려고 하는 것이더라도, 훈계를 할 때 아들과 마음이 통하지 않으면 또한 막히고 방해함이 될 것인데, 하물며 형극을 만났을 때야 어떻겠는가? 순임금 같은 지극한 효자도 큰 몽둥이로 때리면 도망갔고, 왕상王祥은 얼음을 두드렸으며, 맹종孟宗은 울면서 죽순을 구했으니, 이것이 어찌 옳은 길로 가라는 교육이었겠는가?

••• 生王之時 則爲有氣 死沒之時 則是無氣 有氣無氣復有二種 若遇合德 雖抑非害 若逢刑剋爲凶更重之

• 問曰 母之於子 訓制之道 謂之爲凶 此未可解 尊嚴訓制 敎以義方 欲其成人 何爲反惡

•• 答曰 前解已有二種 若遇一德合 雖抑非害 有氣爲眞父母 此是欲其成人 雖然當訓之時 於子交不遂心 亦是留礙 況逢刑剋 舜之至孝 尙大杖則逃 王祥扣冰 孟宗泣笋 此豈是義方之敎

❖ 순舜의 부친 고수瞽叟는 맹인이었다. 순의 모친이 세상을 떠나자 재취하여서 아들 상象을 낳았다. 고수는 상을 편애하여 항상 순을 죽이려고 괴롭혔다. 그러나 순은 언제나 부모에게 순종하며 동생을 사랑함으로써 이들을 좋게 만들었다. 『사기史記』「오제본기五帝本紀」 참조.

❖ 왕상은 일찌기 어머니를 잃고 계모인 주씨朱氏 밑에서 자랐다. 그러나 주씨는 항시 왕상의 아버지에게 참언하여 음해했으므로 아버지의 사랑도 잃게 되었다. 더욱이 계모 주씨는 살아있는 물고기 요리를 좋아하였는데, 한겨울에 모든 강물이 다 얼어붙자 왕상이 옷을 벗고 얼음을 깨서 물고기를 잡고자 하였다. 그러자 갑자기 저절로 얼었던 강물이 녹으면서 두 마리의 잉어가 뛰어 나와서 봉양할 수 있게 되었다는 고사. 『진서晉書』「왕상전」 참조.

❖ 맹종의 어머니는 죽순竹筍을 좋아하였는데, 겨울철이라서 죽순이 나지 않았다. 이에 맹종이 대나무 숲으로 들어가서 슬피 울자 죽순이 나와서 어머니를 공양했다는 고사. 『삼국지三國志』「오서吳書」 참조.

ⓛ 기가 없을 때(귀신)의 예 ◆ 또 기가 없어 귀신이 되는 것은 대부분의 귀신이 숭배를 받으려고 오는 것이어서, 기도하면서 구해야 복을 받을 수 있으니, 이것이 억제하는 것이 아니고 무엇이겠는가?"

❖ 맹종孟宗 : 『삼국지三國志』에 "좌대어사인 맹종은 효성이 지극한 사람인데, 그의 모친이 대나무 순을 즐겨 먹었었다. 그런데 모친이 사망하자, 겨울임에도 숲에 들어가 애절하게 통곡을 하니, 죽순이 생겨나서, 그것으로 제사를 받들었다"는 고사.

◆ 無氣爲鬼神者 鬼神之來 多欲爲崇 禱請祈求 乃可致福 非否抑而何

④ 부모와 귀신의 구별

◆ 묻기를 "풀이에 이르기를, 기가 있으면 부모가 되고, 기가 없으면 귀신이 된다고 한 것이 또한 의심스럽습니다. 귀신이 비록 그윽하고 은미한 데 있으나, 그래도 존재하는 물건인 까닭에 정령이 감응해서 통하고 화와 복을 주니, 만약 기가 없다고 하면, 종묘에 모시고 제사를 지낼 때 무엇이 와서 의지하겠습니까?"

대답하기를 "'있다, 없다'고 한 것은, 살아있고 죽은 것을 말한 것이다. 살아 있으면 형체가 있어 있는 것이 되고, 죽으면 기가 흩어져 없는 것이 되니, 말없이 그윽하고 은미한 것이다. 어찌 의심할 것인가?"

⑤ 귀신의 부조와 억제

◆◆ 묻기를 "만약 이와 같이 풀이하여 죽으면 없어진다고 하면, 없는 것이 무슨 근심이 되며, 억제하는 것이 되겠습니까?"

대답하기를 "귀신이 비록 형질이 없어 볼 수 없으나, 좋게 되고 나쁘게 되는 것을 귀신에게 요구할 수 있기 때문에, 귀신이 자식을 억제할 수 있는 것이다."

◆ 問曰 解云 有氣爲父母 無氣爲鬼神者 此亦有疑 夫鬼神雖居幽微 猶是有物 精靈感通 禍福斯應 若云無者 宗廟饗祀 何所依憑 答曰 所言有無者 正論生死 生則形存爲有 死則氣散爲無 不語幽微 何足疑也

◆◆ 問曰 若如此解死則爲無 無何所慮 而能爲抑 答曰 鬼神雖無形質可見 而有善惡可求 故能爲抑

⑥ 귀신의 기운

◆ 묻기를 "만약 억제하는 것이 된다면, 곧 있다는 뜻입니까?"

대답하기를 "억제하는 것으로는 있는 것이 되나, 형체를 말하면 없으니, 이제 없는 것으로 해석한다. 그러나 기로 논하면 전적으로 없어지는 것이 아니라, 단지 왕상王相의 성한 기운이 없고 사몰死沒의 쇠한 기운이 있을 뿐이다. 왕상의 기운이 오면 길하고, 사몰의 기운이 오면 흉하니, 기가 없다고 말한 것은 왕상의 기운이 없다는 말이다."

◆ 問曰 若能爲抑 便是有義 答曰 就抑則有 語形則無 今解無也 就氣而論 非是全無 但無王相之氣 而有死沒之氣 王相氣來則吉 死沒氣來則凶 所言無氣者 無王相氣耳

제 10편 상극論相剋

1장. 오행의 상극

◆ 오행이 비록 군신君臣관계 또는 부자父子관계가 되나 생왕함이 같지 않고, 꺼리는 것을 따라서 서로 극을 한다. 극은 제재하고 벌하는 것이니, 힘이 강한 것으로 약한 것을 제재하기 때문에, 목이 토를 극하고, 토가 수를 극하며, 수가 화를 극하고, 화가 금을 극하며, 금이 목을 극한다.

❖ 오행의 상극

오행	목	토	수	화	금
극	토	수	화	금	목

1 백호통白虎通의 설

◆◆ 『백호통』에 이르기를 "목이 토를 이기는 것은 전일한 것이 흩어진 것을 이기는 것이고, 토가 수를 이기는 것은 실한 것이 허한 것을 이기는 것이며, 수가 화를 이기는 것은 많은 것이 적은 것을 이기는 것이고, 화가 금을 이기는 것은 정미로운 것이

◆ 五行雖爲君臣父子 生王不同 逐忌相剋 剋者制罰爲義 以其力强能制弱 故木剋土 土剋水 水剋火 火剋金 金剋木

◆◆ 白虎通云 木剋土者 專勝散 土剋水者 實勝虛 水剋火者 衆勝寡 火剋金者 精勝堅 金剋木者 剛勝柔

굳은 것을 이기는 것이며, 금이 목을 이기는 것은 강한 것이 부드러운 것을 이기는 것이다"라고 했다.

2 춘추번로春秋繁露의 설

① 금극목金克木

◆ 『춘추번로』에 이르기를 "목은 농사짓는 것이니, 농사짓는 사람이 순종치 않고 배반하면 사도司徒가 베어서 바르게 한다. 그러므로 금이 목을 이기는 것이다.

② 수극화水克火

◆◆ 화는 나랏일을 의논하는 사마司馬이니, 참언하고 간사한 사람이 있어서 임금을 유혹하면 법으로 베어 죽인다. 그러므로 수가 화를 이긴다.

③ 목극토木克土

◆◆◆ 토는 임금이니, 크게 사치해서 법도를 어기고 예를 잃으면, 백성이 궁해져서 배반한다. 그러므로 목이 토를 이긴다.

④ 화극금火克金

◆◆◆◆ 금은 사도司徒니, 약해서 백성의 무리를 부리지 못하면 사

◆ 春秋繁露云 木者農也 農人不順 如叛司徒誅其率正矣 故金勝木

◆◆ 火者本朝有讒邪 熒惑其君 法則誅之 故水勝火

◆◆◆ 土者君 大奢侈 過度失禮 民叛之窮 故木勝土

마司馬가 베어 죽인다. 그러므로 화가 금을 이긴다.

⑤ 토극수土克水

• 수는 법을 집행하는 것(執法)이니, 아부하고 무리지어 공평하지 못하게 하면 사구司寇가 죽인다. 그러므로 토가 수를 이긴다"고 했다.

3 이기는 자와 지는 자

① 일반론

•• 이기는 자는 임금이 되고, 남편이 되며, 관공서가 되고, 아전이 되며, 귀신이 된다. 지는 자는 신하가 되고, 아내가 되며, 재물이 된다.

임금은 위엄으로써 높게 되고, 남편은 덕과 의리로써 높고 중하게 되며, 관공서는 재물과 군사로써 상주고 토벌하며, 아전은 형벌과 법으로 제재하고 판단하며, 귀신은 극剋과 살殺로써 병들게 하고 죽이니, 모두 이기는 것이다.

신하는 윗사람을 두려워하여 굴복하며, 아내는 남편을 공경하여 따르며, 재물은 상대방의 사용을 풍부히 하니, 모두 지는 것이 된다.

•••• 金者司徒 弱不能使衆 則司馬誅之 故火勝金

• 水者執法 阿黨不平 則司寇誅之 故土勝水

•• 勝者爲君 爲夫爲官 爲吏爲鬼 負者爲臣 爲妻爲財 君以威嚴尊高 夫以德義隆重 官以能有賞伐 吏以刑法裁斷 鬼以剋殺病喪 竝爲勝者也 臣以畏伏其上 妻以敬從其夫 財以休彼制用 竝爲負者

❖ 이기는 자와 지는자

이기는 자	임금	남편	관공서	아전, 귀신
지는 자	신하	아내	재물	

② 음양에 따른 예외

◆ 위가 아래를 이김은 순한 것이 되고, 아래가 위를 이김은 깎는 것이 된다. 비유하면 임금은 신하를 벌주는 법이 있으나, 신하는 임금을 범하는 의리가 없으며, 아버지는 아들을 훈계하는 도가 있으나, 아들이 아버지를 교육하는 법이 없는 것과 같다. 따라서 위가 아래를 극하는 것은 이치를 따라서 행하는 것이고, 아래가 위를 극하는 것은 이치를 어기는 것이다.

그러므로 『백호통』에 이르기를 "양은 임금이 되고 음은 신하가 된다. 그런데 수水가 태음의 기운으로써 태양의 화火를 제어하며, 금이 소음의 기운으로써 소양의 목을 제어하는 것은, 비유하면 도를 잃은 임금에 해당하는 것으로, 은나라 탕왕이 하나라의 왕이었던 걸桀을 내친 것과 주나라 무왕이 은나라의 왕이었던 주紂를 친 것과 같으니, 이것은 모두 죄있는 이를 죽인 것이다"라고 했다.

◆ 凡上剋下爲順 下剋上爲剝 喩如君有刑臣之法 臣無犯君之義 父有訓子之道 子之無教父之方 所以上之剋下 順理而行 下之剋上 乖理而剋 故白虎通云 陽爲君 陰爲臣 水以太陰之氣 制太陽之火 金以少陰之氣 制少陽之木 喩如失道之君 若殷湯放桀 周武伐紂 此皆誅有罪也

③ 기운의 쇠왕에 따른 예외

◆ 모든 복서卜筮에 자신을 극하는 것을 얻으면 흉하고, 자기에게 제어를 받는 것을 얻으면 길하다. 오행의 도는, 자식이 아버지의 어려움을 구제할 수 있다. 그러므로 금이 가서 목을 극하면 목의 자식인 화가 그 원수를 갚고, 화가 금을 녹이면 금의 자식인 수가 그 부끄러움을 풀어준다.

◆◆ 그러나 기운이 쇠한 것은 도리어 왕한 것의 제재를 받으니, 솥가마 속의 물이 불의 끓임을 받는 것과 같다. 『백호통』에 이르기를 "불은 뜨겁고 물은 찬데, 따스한 물은 있고 찬 불은 없는 것은 어째서인가? 신하는 임금이 될 수 있지만, 임금은 신하가 될 수 없음을 밝힌 것이다.

불이 물을 끓여 뜨거운 물을 만드는 것은, 그 형체를 고친 것이 아니라 그 이름만 변경한 것이고, 물이 불을 꺼서 숯이 되는 것은 형체와 이름이 모두 바뀐 것이니, 또한 임금이 폐해져서 그 자리를 보존하지 못하고, 신하가 죄를 지어 퇴직한 것과 같다"고 하였다.

❖ 『백호통』에는 "화는 양이니 임금의 상이고, 수는 음이니 신하의 뜻이 있다. 그런데 신하가 그 임금을 이김은 어째서인가? 이를 일러 무도한 임금이라고 하는데, 무도하기 때문에 여러 음에게 해를 입게 되

◆ 凡卜筮得其所剋者凶 得所受制者吉 五行之道 子能拯父之難 故金往剋木 火復其讎 火旣消金 水雪其恥

◆◆ 然當衰氣者 反爲王者所制 如鼎鑊中水爲火所煎 白虎通云 火熱水冷 有溫水無寒火何 明臣可爲君 君不可爲臣 火煎水爲湯者 不改其形 但變其名也 水滅火爲炭者 形名俱盡也 亦如君被廢而不存 臣有罪而退職也

는 것이니, 은나라 말기의 주왕紂王과 같은 사람이다(火陽君之象也 水陰臣之義也 臣所以勝其君何 此謂無道之君也 故爲衆陰所害 猶紂王也)"고 되어 있다.

④ 음양에 따른 상극의 차이

㉠ 양에 해당하는 오행 ◆ 오행이 서로 극하나, 나무(木)는 흙(土)을 뚫지만 허물지는 않고, 불은 금을 태우지만 허물지 않는 것은, 양기는 모두 어질어 생하는 것을 좋아하기 때문이다.

㉡ 음에 해당하는 오행 ◆◆ 금이 나무를 쳐서 죽이고, 물이 불을 꺼서 없애는 것은, 음기는 탐하는 성격으로 죽이는 것을 좋아하기 때문이다.

◆ 五行相剋 木穿土不毁 火燒金不毁者 皆陽氣仁 好生故也

◆◆ 金伐木犯 水滅火犯者 陰氣貪 好殺故也

2장. 기운의 상충으로 인한 폐해

• 산이 무너지고 시냇물이 마르며, 나무와 돌이 재앙을 만들고, 하늘의 해가 뜨거워 지상에 있는 것이 모두 타들어가며, 장마와 가뭄이 병행하며, 바람과 서리가 해악이 되는 것들은, 모두 사람이 실정失政하면 하늘과 땅이 꾸짖어서 오행이 서로간에 해롭게 하는 것이니, 어긋나고 해쳐서 화합되지 못했다는 뜻이다. 이것은 오행의 기운이 상충해서 해치는 것이기 때문에 극이라고는 이름하지 않으나, 해친다(려沴)는 것도 또한 폐해가 있는 것이다.

목을 해치면 남쪽에 심한 천둥번개가 치고, 수를 해치면 모든 시냇물이 마르며, 화를 해치면 궁실에 재앙이 있고, 금을 해치면 구정九鼎이 진동하며, 토를 해치면 제나라와 초나라의 산이 무너지고, 목·금·수·화가 모두 토를 해치면 땅이 움직여 갈라지고 꺼진다. 그러므로 오행의 기가 서로 부딪쳐서 여섯가지 해(六沴)가 된다고 함이 대개 이와 같은 것이다.

❖ 구정九鼎 : 하나라의 시조인 우왕禹王이 구주의 구리를 거두어 주

◆ 至如山崩川竭 木石爲災 天火下流 人火上燎 水旱鬲幷 風霜爲害 此竝失政於人 天地作譴 爲五行相沴者 乖沴不和之義 以其氣衝相沴 不名剋也 沴亦廢也 於木則南宮極震 於水則三川竭 於火則宮室災 於金則九鼎震 於土則齊楚山崩 木金水火俱沴土者 地動分析是也 故五行氣衝 而有六沴 大概如斯

【10편】 상극

조한 솥으로, 나라의 안위를 보장한다 하여 하·은·주 삼대에 걸쳐 보물로 삼았다.

五行大義

제 11편 형論刑

◆ 형刑은 죽이고 벌주는 것을 말한다. 옳지 못하기 때문에 형벌하는 것이고, 잘못되었기 때문에 서로 형벌하는 것이다. 오행이 각각 한 방위에 있어서, 춥고 더운 것이 옮겨감에 따라 응하여 움직이기 때문에, 그 절도를 잃지 않으면 각각 침범하지 않으므로, 이유없이 홀로 형을 받는 일이 없을 것이다.

그러나 쓰는 것이 엄격하지 못하면 다스려야 하니, 버리고 쓰지 않을 수는 없기 때문에 모두 서로 형벌로 다스리는 것이다. 마치 금으로 금을 다스리면 그릇을 이루고, 사람으로 사람을 다스리면 나라의 정치를 이루는 것과 같다.

◆ 夫刑者 殺罰爲名 自是刑於不義 非故相刑也 五行各在一方 寒暑推移 應時而動 不失其節 各不犯 各無應獨受刑者 但須用之不嚴而治 不可棄而不用 故皆還相刑 如以金治金 則成其器 以人治人 則成國政

1장. 오행에 따라 형벌을 정함

1 여씨춘추呂氏春秋의 형벌

◆ 『여씨춘추』에 이르기를 "형벌은 나라에서 없어서는 안되고, 매질하고 꾸짖음은 집안에서 폐지할 수 없다. 그러므로 다섯가지 형벌의 종류가 삼천가지로되, 오행에 근본하지 않은 것이 없다"고 했다.

❖ 『여씨춘추呂氏春秋』: 진秦의 장양왕莊襄王과 그의 아들인 진 시황秦始皇을 도와 정승을 한 여불위呂不韋가, 빈객을 모아 역사를 논하게 하여 편집한 책. 팔람八覽·육론六論·십이기十二紀로 분류하여, 당시 성행하던 유가儒家·도가道家·병가兵家·농가農家·형명가刑名家 등을 정리하고 아울러 당시 춘추전국시대의 여러 사건을 논술하였다.

❖ 다섯가지 형벌 : 『효경孝經』「오형장五刑章」에는 "다섯가지 형벌의 종류가 3,000가지로되, 불효보다 더한 죄가 없다(五刑之屬三千而罪莫大於不孝)"라고 했다.

2 주서周書의 형벌

◆◆ 『주서』에 말하기를 "오행이 상극하는 것을 따라서 다섯 가

◆ 呂氏春秋云 刑罰不可偃於國 笞怒不可廢於家 故五刑之屬三千莫不本乎五行

◆◆ 周書曰 因五行相剋 而作五刑 墨劓剕宮大辟是也 火能變金色

지 형벌을 만들었다"고 했으니, 죄를 지었다는 표시로 글자를 몸에 새기고(墨 : 刺字), 코를 베며(劓), 발꿈치를 베고(剕), 불알을 까서 고자를 만들며(宮), 죽이는 것(大辟)이 바로 다섯가지 형벌이다.

화는 금의 색을 변하게 할 수 있기 때문에 먹물을 들여 살색을 변하게 하고, 금은 목을 극하기 때문에 발꿈치를 베어서 골절을 잃어버리게 하며, 목은 토를 극하기 때문에 코를 베어서 코를 잃어버리게 하고, 토는 수를 막을 수 있기 때문에 불알을 까서 음탕함을 끊게 하며, 수는 화를 소멸시키기 때문에 죽이는 것으로 생명을 끊는 것이다.

3 한漢나라 문제文帝 때의 형벌

◆ 한나라 문제文帝 때에 이르러 위와 같은 육체의 형벌을 없애고 채찍치고 볼기치는 것으로 대신했으나, 그 뒤에 목을 베며, 또는 그 목을 장대에 매달아 놓고, 유배 보내고, 교수형 하는 종류가 모두 다섯 수에서 벗어나지 않았다.

4 서경의 형벌

◆◆ 『서경』에 이르기를 "다섯 가지 형을 유배하는 것으로 너그

故墨以變其肉 金能剋木 故剕以去其骨節 木能剋土 故劓以去鼻 土能塞水 故宮以斷其淫泆 水能滅火 故大辟以絶其生命

◆ 至于漢文 去其肉刑 代之以鞭笞 其後梟斬流絞之徒 竝不越其五數

럽게 했다"고 했다. 또한 다섯 가지 유배의 벌이 거리가 각각 500리가 떨어지며, 채찍과 태형의 수가 열로부터 시작하여 쌓아서 백까지 이르니 역시 십간의 숫자에 의한 것이다.

❖『서경』「순전舜典」에 출전.

5 상서형덕방尙書刑德倣의 형벌

• 『상서형덕방』에 이르기를 "대벽大辟(죽이는 형)은 하늘의 형벌을 상징한 것이고, 속죄금贖罪金의 수가 삼천인 것은 삼재(하늘·땅·사람)에 대응한 것이다"라고 했다.

•• 尙書云 流宥五刑 又五流相去 各五百里 鞭笞之數 起自於十 積而至百 亦依十干之數

• 尙書刑德倣云 大辟象天刑罰 贖之數三千 應天地人

2장. 간지의 형 3가지

• 일진이나 간지의 형이 또한 세 가지가 있으니, 하늘·땅·사람의 형벌은 그 법칙이 동일한 것이다. 그 세 가지는, 첫 째는 지지끼리 서로 형이 되는 것이고, 둘 째는 지지의 형이 천간에 있는 것이며, 셋 째는 천간의 형이 지지에 있는 것이다.

1 지지끼리의 형

•• 지지끼리 서로 형이 되는 것은, 자의 형은 묘에 있고, 묘의 형은 자에 있으며, 축의 형은 술에 있고, 술의 형은 미에 있으며, 미의 형은 축에 있고, 인의 형은 사에 있으며, 사의 형은 신에 있고, 신의 형은 인에 있으며, 진·오·유·해는 각각 스스로 형이 됨을 말한다.

❖ 지지끼리의 형

지지	자	축	인	묘	진	사	오	미	신	유	술	해
형	묘	술	사	자	진	신	오	축	인	유	미	해

• 日辰支干之刑 亦有三種 故天地人之刑 其揆一也 三種者 一支自相刑 二支刑在干 三干刑在支

•• 支自相刑者 子刑在卯 卯刑在子 丑刑在戌 戌刑在未 未刑在丑 寅刑在巳 巳刑在申 申刑在寅 辰午酉亥各自刑

① 익봉翼奉의 설

㉠ 해 · 묘 · 미 목국의 형 ◆ 『한서』에 익봉이 일을 아뢴 것에 이르기를 "나무는 떨어져 뿌리로 돌아가기 때문에, 목의 자리인 해·묘·미는 형이 북방에 있게 되니, 해는 스스로 형이 되고, 묘의 형은 자에 있으며, 미의 형은 축에 있는 것입니다.

❖ 익봉翼奉 : 한漢나라의 하비下邳 사람. 자는 소군少君, 율력律曆과 음양의 설을 좋아했다. 벼슬은 박사, 간의대부 등을 지냈다.

❖ 해·묘·미는 목국을 이루고, 해·자·축은 북방에 있는 지지이다.

㉡ 신 · 자 · 진 수국의 형 물은 흘러서 끝으로 향하기 때문에, 수의 자리인 신·자·진은 형이 동쪽에 있게 되니, 신의 형은 인에 있고, 자의 형은 묘에 있으며, 진은 스스로 형이 됩니다.

❖ 신·자·진은 수국을 이루고, 인·묘·진은 동방에 있는 지지이다.

㉢ 사 · 유 · 축 금국의 형 금도 단단하고 화도 강하여서 각각 자기의 고향으로 돌아옵니다. 따라서 금의 자리인 사·유·축은 형이 서방에 있으니, 사의 형은 신에 있고, 유는 스스로 형이 되며, 축의 형은 술에 있습니다.

❖ 사·유·축은 금국을 이루고, 신·유·술은 서방에 있는 지지이다.

◆ 漢書翼奉奏事云 木落歸本 故亥卯未木之位 刑在北方 亥自刑 卯刑在子 未刑在丑 水流向未 故申子辰水之位 刑在東方 申刑在寅 子刑在卯 辰自刑 金剛火强 各還其鄕 故巳酉丑金之位 刑在西方 巳刑在申 酉自刑 丑刑在戌 寅午戌火之位 刑在南方 寅刑在巳 午自刑 戌刑在未

㉣ 인·오·술 화국의 형 화의 자리인 인·오·술은 형이 남쪽에 있으니, 인의 형은 사에 있고, 오는 스스로 형이 되며, 술의 형은 미에 있습니다"고 했다.

❖ 인·오·술은 화국을 이루고, 사·오·미는 남방에 있는 지지이다.

2 지지에 형이 되는 천간

◆ 천간이 지지의 형이 되는 것은, 인의 형은 경에 있고, 묘의 형은 신에 있으며, 진의 형은 갑에 있고, 사의 형은 계에 있으며, 오의 형은 임에 있고, 미의 형은 을에 있으며, 신의 형은 병에 있고, 유의 형은 정에 있으며, 술의 형은 갑에 있고, 해의 형은 기에 있으며, 자의 형은 무에 있고, 축의 형은 을에 있음을 말한다.

❖ 천간이 지지의 형이 됨

지지	자	축	인	묘	진	사	오	미	신	유	술	해
천간형	무	을	경	신	갑	계	임	을	병	정	갑	기

❖ 천간이 지지를 극하는 상극관계로 형을 잡되, 양간은 양지와 짝을 하고, 음간은 음지와 짝을 한다.

3 천간에 형이 되는 지지

◆◆ 지지가 천간의 형이 되는 것은, 갑의 형은 신에 있고, 을의

◆ 干刑支者 寅刑在庚 卯刑在辛 辰刑在甲 巳刑在癸 午刑在壬 未刑在乙 申刑在丙 酉刑在丁 戌刑在甲 亥刑在己 子刑在戊 丑刑在乙

형은 유에 있으며, 병의 형은 자에 있고, 정의 형은 해에 있으며, 무의 형은 인에 있고, 기의 형은 묘에 있으며, 경의 형은 오에 있고, 신의 형은 사에 있으며, 임의 형은 진·술에 있고, 계의 형은 축·미에 있으니, 이것은 모두 이기는 것으로 형을 삼는 것이다.

❖ 지지가 천간의 형이 됨

천간	갑	을	병	정	무	기	경	신	임	계
지지형	신	유	자	해	인	묘	오	사	진·술	축·미

❖ 지지가 천간을 극하는 상극관계로 형을 잡되, 양간은 양지와 짝을 하고, 음간은 음지와 짝을 한다.

◆◆ 支刑干者 甲刑在申 乙刑在酉 丙刑在子 丁刑在亥 戊刑在寅 己刑在卯 庚刑在午 辛刑在巳 壬刑在辰戌 癸刑在丑未 此竝以所勝爲刑也

3장. 형의 쓰임

• 모든 복서卜筮의 쓰임이 형을 만나면 좋지 않으나, 구하는 일은 형이 아니면 얻지 못하니, 사소史蘇의 『귀경龜經』에 이르기를 "이루어져야 하는데 이루어지지 않으면, 서로 형되는 조짐을 봐야한다"고 했다.

❖ 형을 만나면 좋지 않지만, 또 형을 만나야 일이 성취되기도 하는 것이다.

또 묻기를 "여섯 가지 합되는 것이 길한데, 사巳와 신申이 서로 극하는 것은 어째서입니까?" 답하기를 "금은 물을 띠고 있으면서 화 속에서 생겨나는데, 화는 금의 귀신이 되고, 수는 화의 귀신이 된다. 금이 수와 같이 화 속에서 생겨나면, 이것은 귀신과 어머니와 아들이 함께 있는 것으로, 신은 금의 자리인데다 수를 머금고, 사는 화의 자리인데다 금을 낳지만, 도리어 서로 원수가 되기 때문에 형이 되는 것이다"라고 했다.

❖ 사소史蘇의 『귀경龜經』: 『수서隋書』 「경적지經籍志」에 "『귀경』은 1권으로 되어 있는데, 진晉나라의 장대부掌大夫인 사소가 지었다"고

• 凡卜筮所用 遇刑非善 然所求之事 非刑不獲 史蘇龜經云 當成不成 視兆相刑 又問云 六合是吉而巳申相剋者何 答曰 金帶水生火中 火爲金鬼 水爲火鬼 金共水生火中 則是鬼母子身 申是金位 兼復懷水 巳是火位 復有生金 還相讎 故以爲刑也

되어 있다.

❖ 다른 지지의 합은 모두 만나면 길하게 되는데, 사와 신만은 합이지만 만나면 충이 되는 이유를 설명한 것이다.

❖ 화에서 금이 생겨나는데, 그 금은 수를 머금고 있으므로, 화는 자신을 극하는 귀신(원수 : 水)을 낳은 셈이다. 따라서 화의 자리인 사와 금의 자리인 신이 형이 되는 것이다.

4장. 형의 상하관계와 삼형三刑

1 형의 상하관계

◆ 그러나 형刑에는 위 아래가 있으니, 인의 형이 사에 있다고 하면, 사는 형의 관계에서 위가 되고 인은 형의 관계에서 아래가 된다. 나머지 예도 모두 같다.

그러므로 『병서兵書』에 이르기를 "형이 위에 있으면 바람이 오게 되니, 앉아있는 사람은 급히 일어나고, 길가는 사람은 급히 머물러 쉬어야 된다"고 했으니, 곧 이것을 말한 것이다.

2 삼형三刑

◆◆ 삼형三刑이라는 것은, 인의 형은 사에 있고, 사의 형은 신에 있는 것과 같으니, 인일의 신시에는 사방巳方에서 바람이 일어나고, 혹 사방巳方에 요기가 나타나는 것을 삼형이라고 이른다. 다른 것도 또한 이와 같다.

◆ 然刑有上下 寅刑在巳者 巳爲刑上 寅爲刑下 餘例悉爾 故兵書云 刑上風來 坐者急起 行者急住 卽此謂也

◆◆ 云三刑者 如寅刑在巳 巳刑在申 寅日申時 巳上起風 或巳上見妖 謂之三刑也 他亦效此 別有從氣爲刑 與德相對者 已從前解 故不重釋

이와는 별도로 기운을 따라서 형이 되거나 덕과 상대되는 것도 있으나, 이미 앞에 풀이한 것과 같기 때문에 거듭 풀이하지 않는다.

五行大義

제 12편 해論害

1장. 서로 해가 됨相害

• 서로 해가 되는 것에서 12진이 서로 만나는 것을 거슬려 행하면서, 둘씩 서로 해하는 것을 육해六害라고 이름한다. 술과 유, 해와 신, 자와 미, 축과 오, 인과 사, 묘와 진이 육해이니, 이것은 죽이고 상하게 한다는 뜻이다. 이 육해는 혹 군신君臣간이나 부자父子간이고, 혹 남편과 아내니, 이치로는 마땅히 해가 되지 않아야 한다.

그러나 『효경孝經』에 이르기를 "자기의 어버이를 사랑하지 않고 다른 사람을 사랑하는 것을 패덕悖德이라고 한다"고 했으니, 이미 그 자애하는 성품을 잃었기 때문에 성내고 죽이는 이치가 있는 것이다.

❖ 『효경』 「성치장聖治章」에 출전.

❖ 육해六害

지지	자	축	인	묘	술	해
해	미	오	사	진	유	신

• 相害者 逆行相逢於十二辰 兩兩相害 名爲六害 戌與酉 亥與申 子與未 丑與午 寅與巳 卯與辰 是六害也 是殺傷之義 今此六害 或是君臣父子 或是夫妻 理不應害 孝經云 不愛其親 而愛他人者 謂之悖德 旣違其慈愛之性 故有怒戮之理

❖ 곤괘와 육해

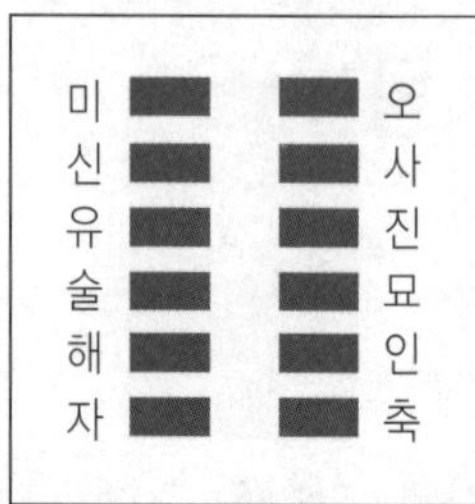

지지를 붙일 때 초효부터 시작하는데, 곤은 땅이고 음이기 때문에 양과는 달리 오른쪽으로 돈다. 초효와 상효의 지지(자와 미, 축과 오), 이효와 오효의 지지(해와 신, 인과 사), 삼효와 사효의 지지(술과 유, 진과 묘)가 각기 해害가 된다.

또 서로 대각선 방향으로 상충하고, 같은 효위끼리 상합한다. 즉 자와 오, 축과 미, 해와 사, 인과 신, 술과 진, 묘와 유가 상충의 관계이고, 자와 축, 해와 인, 술과 묘, 유와 진, 신과 사, 미와 오가 상합의 관계이다.

지지	자	인	묘	진	사	오
육합	축	해	술	유	신	미
해	미	사	진	묘	인	축

} 충관계

• 오행이 미워하는 것은 충衝과 파破에 있으니, 충·파衝破와 합을 하기 때문에 서로 해치게 되는 것이다. 그러므로 아버지는 자애로움을 잃고, 자식은 효도하지 않으며, 처는 공경하고 순종하지 않으며, 남편은 화합하고 함께 하려 하지 않으니, 이 모두가 원망하는 마음이 합쳐져서 서로 해치게 되는 것이다.

곰발바닥 먹게 해줄 것을 허락하는 명령을 기다린 것과, 배고파서 새새끼를 잡아먹은 것과, 중이重耳는 국외로 달아나고, 신생申生은 글을 준 것 같은 것은, 국내에서는 부부가 서로 해치고, 변방에서는 임금과 신하가 죽이며 빼앗는 것과 같으니, 이것

◆ 五行所惡 其在破衝 今之相害 以與破衝合 故父失其慈 子違其孝 妻不敬順 夫棄和同 竝合讎念 理成相害 至如命待熊蹯 飢探雀鷇 重耳外奔 申生賜書 河內則夫婦相殘 塞外則君臣殺奪 此豈非害乎

이 어찌 해치는 것이 아니겠는가?

❖ 군신·부자·부부관계에서 서로 상대방의 충 또는 파가 되는 것과는 합이 되지 말아야 하는데, 오히려 충 또는 파와 합이 되어 서로간의 관계를 저버리고 해치는 것이다.

❖ 초楚나라의 성왕成王이 태자(商臣)를 폐하고 다른 아들을 태자로 봉하려하자, 태자가 정변을 일으켜 성왕을 포위하였다. 성왕이 "곰발바닥 요리를 먹은 후 죽게해달라"고 하자, 태자 상신이 이를 거부하였다. 이에 성왕이 목을 매서 자결하였다. 곰발바닥은 익히기 어려워 구원병이 올 시간을 벌자는 뜻과, 초나라의 왕조의 성씨가 웅熊이므로 조상을 생각하라는 뜻이 있었던 것 같다. 『사기史記』「초세가楚世家」 참조.

❖ 진晉나라의 헌공獻公때 애첩 여희驪姬가 자신의 아들 해제奚齊를 태자로 삼고자, 전처소생인 태자 신생申生을 모함하여 신생은 부자의 정을 끊을 수 없다고 하여 자살하였다. 같은 전처 소생인 중이重耳와 이오夷吾는 나라밖으로 도망갔다. 이 과정에서 신생은 자신의 무죄를 해명할 수도 있었지만, 늙은 아버지가 애첩을 잃고 상심할까봐 그만두었고, 중이와 이오는 아버지헌공 군대의 추격을 받으며 도망갔다. 『사기』「진세가晉世家」 참조.

❖ 조趙나라의 무령왕武靈王이 왕자 하何를 왕(惠文王)으로 앉히고 자신은 주부主父(임금의 아버지)라고 하며 국외의 전쟁과 종묘에 관한 일을 맡았다. 그의 맏아들 장章이 혜문왕을 죽이려 하다 실패하자, 아버지(무령왕)가 있는 곳으로 도망갔다. 재상 이태李兌와 무령왕의 숙부인 성成이 함께 그 성(砂丘宮)을 포위했는데, 결국 맏아들 장은 자살하고 말았다. 그렇지만 주부主父의 보복이 두려워 여전히 성을 포위하니, 주부(무령왕)는 먹을 것이 떨어진 성안에서 참새를 잡아먹으면서 연명하다가 세 달만에 굶어죽었다. 『사기』「조세가趙世家」 참조.

1 진과 묘가 서로 해가 되는 이유

◆ 진과 묘가 서로 해가 되는 것은, 묘와 술은 합이 되며 술이 진을 파하는데, 진토는 묘목의 아내이다. 술과 진은 원수사이인데도, 묘와 술이 합이 되니, 아내인 진토를 버리는 것이다.

❖ 묘와 술이 합이 되어, 부부사이인 진과 묘를 갈라 놓는 것이다.

또 진과 유는 합이 되고, 유가 묘를 충파하는데, 진은 묘의 처가 된다. 유는 묘의 원수인데도, 진이 유와 합을 해서 유가 묘를 극할 수 있게 하니, 아내가 외간 남자와 간통하여 본남편을 죽이는 상이다.

❖ 진과 유가 합이 되어, 부부사이인 진과 묘를 갈라 놓는 것이다.

2 인과 사가 서로 해가 되는 이유

◆◆ 인과 사가 서로 해가 되는 것은, 사와 신은 합이 되며 신이 인을 충하는데, 사는 인의 아들이 된다. 신은 인을 극하니, 사와 신이 합하는 것은 아들이 거스르는 행동을 하는 것이다.

❖ "사와 신은 합이 된다(巳與申合)"의 이전에 "인과 사가 해가 되는 이유는 다음과 같다(寅巳爲害者)"는 문장이 빠진 것 같다. 그래야 아들인 사가 아비인 인을 충하는 신과 합이 되어 거스르는 행동을 하는 것이 된다.

◆ 辰卯爲害者 卯與戌合 戌破於辰 辰土爲卯木妻 戌辰同讎 卯與戌合 便是棄 辰與酉合 酉衝破卯 辰爲卯妻 酉爲卯讎 辰與酉合 酉能剋卯 婦姦外夫 殺本夫之象也

◆◆ 巳與申合 申衝於寅 巳爲寅子 申能剋寅 巳與申合 子有逆行

3 축과 오가 서로 해가 되는 이유

◆ 축과 오가 서로 해가 되는 것은, 축은 자와 합이 되는데 자는 오를 충파하며, 오와 미가 합이 되는데 미는 축에게 파를 당하니, 또한 부자가 서로 해하는 뜻이다.

❖ 축과 오는 서로 상대방과 합이 되는 미와 자에게 충파를 당하고 파를 하니, 서로 해가 된다고 하는 것이다. 축과 오는 화생토火生土하는 관계이므로, 오가 아비가 되고 축은 자식이 된다.

4 미와 자가 서로 해가 되는 이유

◆◆ 미와 자가 서로 해가 되는 것은, 미와 오가 합이 되는데 오는 자를 충파하며, 미토는 임금이 되고, 자수는 신하가 되는데, 오화午火는 자수子水의 재물이 되니, 임금이 재물로써 신하를 해치는 상이다.

또 자와 축이 합이 되고, 축은 미에게 파를 당하나, 축 또한 토니, 자와 축이 합하는 것은 다른 임금과 연합하여 함께 그 주인을 해치려고 하는 것이다. 이것은 신하가 도망한다는 뜻이 있다.

❖ 미가 자를 극하니, 미는 임금이고 자는 신하다. 또 자가 오를 극하니 오는 자의 재물이 된다. 그런데 임금인 미와 재물인 오가 합이 되

◆ 丑午相害者 丑與子合 子衝破午 午與未合 未破於丑 亦是父子相害義也

◆◆ 未子相害者 未與午合 午衝破子 未土爲君 子水爲臣 午火爲子水之財 君以財害臣之象也 子與丑合 丑破於未 丑又是土 子與丑合欲引外君 共害其主 此則臣有逃亡之象也

고, 그 중에 오가 오히려 자를 충파하니, 임금이 재물로써 신하를 해친다고 한 것이다. 그래서 신하인 자가 역시 임금(미)에게 파를 당하는 축과 합이 되어 도망가니, 임금은 신하를 잃어 손해를 보고, 또 신하는 도망을 가게 되니 해가 되는 것이다.

5 신과 해가 서로 해가 되는 이유

◆ 신과 해가 서로 해가 되는 것은, 해는 인과 합이 되는데 인은 신에게 충을 받으며, 신은 사와 합이 되는데, 사는 해에게 충을 당하니, 또한 부자가 서로 해치는 뜻이 있다.

❖ 신과 해가 서로 상대방과 합이 되는 인과 사를 충하므로, 신과 해는 서로 해가 된다고 하는 것이다. 신과 해는 금생수金生水하는 관계이므로, 신이 아비가 되고 해는 자식이 된다.

◆ 申亥相害者 亥與寅合 寅衝於申 申與巳合 巳衝於亥 亦是父子相害義也

2장. 상생과 상해

◆ 대개 상생하는 것도 반드시 상생이 되는 것은 아니고, 서로 해가 되는 것도 반드시 서로 해가 되지는 않는다.

1 상생이 해가 되는 경우

◆◆ 마치 불이 물건을 태울 수 있으나 강가운데 있는 섬을 태우려면 태우지 못하고, 물이 물건을 불리고 크게 할 수 있으나 큰물이 갑자기 오면 또한 풀과 나무가 누렇게 되는 것과 같으니, 이것은 상생이 도리어 해가 되며, 해가 됨이 도리어 상생이 되는 것이다.

2 상해가 도움이 되는 경우

◆◆◆ 나무를 뚫어 마찰해서 불을 얻고, 구름과 비를 번개가 제어하여 서로 원인해서 있게 하니, 이것은 서로 해치는 것이 도리

◆ 夫相生不必相生 相害不必相害

◆◆ 猶如火能燒物 遂有炎洲之火 而不能燒物 水能潤長 洪潦暴至 亦使草樹芸黃 此是相生反相害 相害反相生者

◆◆◆ 鑽木得火 而雲雨掣電 相因而有 此是相害反相生也 水本害火 膏油漬炷 燈火益明 亦是相害反相生也

어 상생이 되는 것이다. 수가 본래 화를 해하나, 기름(水)으로 심지를 물들이면 등불이 더욱 밝으니, 또한 서로 해치는 것이 상생이 되는 것이다.

❖ 금은 화에게 극을 당하는 것이나, 나무를 뚫음으로써 불이 생겨나도록 만들고, 화는 수에게 극을 당하는 것이나, 하늘을 진동시켜 구름과 비가 나올 수 있도록 해준다.

3장. 구원과 해침

◆ 음양오행이 만물에 적용하는 길흉의 응함을 각각 그 종류로써 말하면, 혹 길한 가운데 흉한 것이 있고, 흉한 가운데 길한 것도 있으니, 흉하면 구원이 있는가를 보고, 길하면 해치는 것이 있는가를 봐야 한다.

흉한데 구원이 있으면 화를 당하는 데까지는 이르지 않고, 길한데 해치는 것이 있으면 경사스러운 데까지는 미치지 못하며, 순전히 흉하면 화가 크고, 순전히 길하면 복이 깊다.

1 구원의 예

◆◆ 만일 축과 오가 서로 해가 되는 경우를 보면 다음과 같다. 자가 오를 충파하면, 자에는 왕한 수(王水)가 있으니, 이것은 순전하게 흉한 것이다. 그러나 미가 축을 파하려고 하면, 축에는 상相하려는 목이 있어서 미토를 제어할 수 있으니, 구원이 있는 것이 된다.

◆ 陰陽五行萬物所存 吉凶之應 各以其類言之 或吉中有凶 凶中有吉 凶則視其所救 吉則觀其所害 凶而有救 不至於禍 吉而有害 不及於慶 純凶則禍大 純吉則福深

◆◆ 如丑午相害 以子衝破午 子有王水 此爲純凶 未破於丑 丑有欲相之木 能制未土 爲有救也

❖ 오와 합이 되는 미는 축을 파할 수 없고, 축과 합이 되는 자는 오를 파할 수 있다. 따라서 오는 순전하게 흉해서 좋지 않고, 축은 구원이 있는 경우라 화를 당하지는 않는다.

2 해침의 예

• 미와 자가 서로 해가 되는 경우를 보면 다음과 같다. 오는 자에게 충과 파를 당하고, 자는 왕한 수이기 때문에 오화를 제어하니, 흉한 가운데 길함이 있는 것이다. 그러나 자와 축이 합이 되어 축의 토가 도리어 자의 수를 제어하니, 길한 가운데 흉한 것이 있는 것이다. 생하고 해하는 뜻의 예가 모두 이와 같다.

❖ 미와 합이 되는 오는 자에게 충파를 당해 힘이 없으니, 자는 흉한 가운데(미라는 해를 만났으므로 흉하다) 구원을 얻은 것이다. 그러나 자신과 합이 되는 축이 오히려 자신의 왕한 수를 제어하니, 길하다가도 흉하게 되는 것이다.

◆ 未子相害 午衝破於子 子是王水 水制午火 爲凶中有吉 子與丑合 丑土反制子水 卽是吉中有凶 生害之義 例皆如斯

五行大義

제 13편 충과 파論衝破

• 충파衝破라는 것은 그 기운이 서로 부딪치고 대립하는 것이니, 충하는 기운은 가벼운 것이 되고, 파하는 기운은 중한 것이 된다. 간지가 각각 서로 대가 되기 때문에 각각 충과 파가 되는 것이다.

• 衝破者 以其氣相格對也 衝氣爲輕 破氣爲重 支干各自相對 故各有衝破者

1장. 천간의 충파

• 천간의 충과 파는 갑·경이 충파이고(金克木), 을·신이 충파며(金克木), 병·임이 충파이고(水克火), 정·계가 충파이며(水克火), 무와 임(土克水), 갑과 무(木克土), 을과 기(木克土) 또한 충파이다. 이것은 모두 상대되는 충파이며, 또한 본체를 서로 극하므로 더욱 위험한 것이 된다.

❖ 천간의 충파

천간	갑	을	병	정	무	기	경	신	임	계
충파	경	신	임	계	갑	을	병	정	무	기

❖ 천간과 지지의 충파는 자신과 일곱번째에 있는 천간 및 지지와 충파하므로, 이를 칠살七殺이라고도 한다. 따라서 무와 갑, 기와 을, 경과 병, 신과 정, 임과 무, 계와 기도 충파가 되어야 한다. 이들은 모두 뒤의 천간이 앞의 천간을 극하는 관계로 되어 있다.

또 양간陽干과 양간이 만나고 음간陰干과 음간이 만나므로, 그 기운이 서로 부딪치고 대립하는 것이다. 지지의 경우도 마찬가지이다.

• 干衝破者 甲庚衝破 乙辛衝破 丙壬衝破 丁癸衝破 戊壬甲戊乙己亦衝破 此皆對衝破 亦本體相剋 彌爲重也

2장. 지지의 충파

• 지지의 충파는 자·오가 충파이고(水克火), 축·미가 충파이며(金克木 : 死金과 死木), 인·신이 충파이고(金克木), 묘·유가 충파이며(金克木), 진·술이 충파이고(水克火 : 死水와 死火), 사·해(水克火)가 충파이니, 이것 또한 서로 대가 되는 것으로 취한 것이다.

❖ 지지의 충파

지지	자	축	인	묘	진	사
충파	오	미	신	유	술	해

❖ 지지의 충파 역시 자신과 일곱번째에 있는 지지와 충파관계가 된다. 천간의 충파와는 달리 앞에 있는 지지가 뒤에 있는 지지를 극하는 관계로 되어있다.

◆ 支衝破者 子午衝破 丑未衝破 寅申衝破 卯酉衝破 辰戌衝破 巳亥衝破 此亦取相對

3장. 충과 파의 구별

1 오행의 생사로 구별함

• 충과 파의 가볍고 무거움은 다 생사로써 판단한다. 4맹월孟月은 생만 있고 사가 없으니, 충만 있고 파는 없으며, 4계월季月은 사만 있고 생은 없으니, 파만 있고 충은 없으며, 4중월仲月은 사와 생이 함께 일어나기 때문에 충과 파가 모두 있다.

❖ 각 계절의 첫째 달은 맹월이고, 가운데 달은 중월이며, 끝의 달이 계월이다. 따라서 맹월에는 생하는 기운만 있고, 계월에는 사하는 기운만 있게 된다.

계절	봄			여름			가을			겨울		
월	인	묘	진	사	오	미	신	유	술	해	자	축
구분	맹월	중월	계월	맹월	중월	계월	맹월	중월	계월	맹월	중월	계월

① 4맹월의 충

•• 4맹월은 생만 있고 사가 없어서 충만 있고 파가 없다는 것

• 其輕重 皆以死生言之 四孟有生而無死 直衝而不破 四季有死而無生 直破而無衝 四仲死生俱興 故竝有衝破

•• 四孟有生無死 直有衝無破者 寅有生火 巳有生金 申有生水 亥有生木也

은, 인은 생하는 화(生火)가 있고, 사는 생하는 금(生金)이 있으며, 신은 생하는 수(生水)가 있고, 해는 생하는 목(生木)이 있음을 말한다.

② 4중월의 충과 파

◆ 4중월은 사와 생이 함께 있다는 것은, 묘에는 왕한 목(王木)과 사한 수(死水)가 있고, 오에는 왕한 화(王火)와 사한 목(死木)이 있으며, 유에는 왕한 금(王金)과 사한 화(死火)가 있고, 자에는 왕한 수(王水)와 사한 금(死金)이 있음을 말한다.

③ 4계월의 파

◆◆ 4계월은 사死만 있고 생生이 없다는 것은, 진에는 사한 수(死水)가 있고, 미에는 사한 목(死木)이 있으며, 술에는 사한 화(死火)가 있고, 축에는 사한 금(死金)이 있음을 말한다.

계절	봄			여름			가을			겨울		
월	인	묘	진	사	오	미	신	유	술	해	자	축
구분	맹월	중월	계월	맹월	중월	계월	맹월	중월	계월	맹월	중월	계월
충파	충	충·파	파	충	충·파	파	충	충·파	파	충	충·파	파
오행의 생왕	生火	王木 死水	死水	生金	王火 死木	死木	生水	王金 死火	死火	生木	王水 死金	死金

◆ 四仲死生俱有者 卯有王木死水 午有王火死木 酉有王金死火 子有王水死金

◆◆ 四季有死而無生者 辰有死水 未有死木 戌有死火 丑有死金 死氣則重 故能破 生氣則輕 故相衝

기氣가 사하면 무겁기 때문에 서로 파하는 것이고, 기가 생하면 가볍기 때문에 서로 충하는 것이다.

2 이기고 지는 것으로 구별함

◆ 또한 갑이 경에게로 향해 가는 것은 충이 되고, 경이 갑에게로 향해가는 것은 파가 되니, 강한 것으로써 약한 것을 제재하기 때문이다.

❖ 경금으로 갑목을 극할 수 있으므로, 경이 강한 것이 된다. 충파를 하더라도 강한 것으로 약한 것을 만나면 그 화가 덜하다.

충과 파가 모두 반대되는 위치에서 항쟁하고 충(衝)하는 것을 가장 좋지 않은 것으로 본다. 또 상대되어 충이 되는 곳으로 향해서 갈 때는, 내가 경에 있고 상대가 갑에 있어야 하니, 강한 것으로써 약한 것을 제어할 수 있기 때문이다.

묻기를 "나쁜 기운이 서로 충하는 것인데 지금 충파라고 해석하고, 나쁜 기운이 해치는 것이라고 부르지 않는 것은 이해 할 수 없습니다"고 하니, 대답해 말하기를 "오행이 서로 해치는 것은 사안에 따라 경중이 달라지니, 항상 일정한 것이 아니다. 치게 되면 드러나고, 재앙이 없으면 그치게 된다. 지금 풀이한 것은 곧 간지의 자리로, 항상 상대되어 부딪쳐서 강한 것과 부드

◆ 又復甲往向庚爲衝 庚往向甲爲破 以强者制弱也 其衝破皆以對位抗衝 最爲不善 又互向對衝之地 我當在庚令敵居甲 以强制弱故也 問曰 沴氣是相衝 而爲今解衝破 而不喚爲沴 此未可解 答曰 五行相沴 因事變重 非是常然 有伐則見 無災則止 今之所解 直是支干之位 常自格對 剛柔相衝 非問變異 寧得稱爾矣

러운 것이 서로 충하는 것이니, 충파가 변이變異를 일으키지 않으면 어떻게 해친다고 풀이할 수 있겠는가?”

❖ 충과 파를 당한다고 해서, 항시 나쁘게 됨이 아님을 설명한 것이다.

五行大義

제 14편 그 밖의 배속

論雜配

1장. 오색의 배속論配五色

1 다섯 정색正色

① 춘추좌씨전의 설

◆『춘추좌씨전』에 자산子産이 말하기를 "발동해서 다섯 색깔이 된다"고 했으며, 채백개蔡伯喈(채옹蔡邕)가 말하기를 "눈에 들어오는 것이 다섯 색깔이 된다"고 했다.

② 황제소문黃帝素問의 설

◆◆『황제소문』에 말하기를 "풀의 성질이 다섯이 있으니, 그것이 드러나서 다섯 가지 색으로 된다.

㉠ 동방목의 푸른 색蒼色 ◆◆◆ 동방목은 푸른 색(蒼色)이 되니, 만물이 부드럽게 발생하는 색이다.

㉡ 남방화의 붉은 색赤色 ◆◆◆◆ 남방화는 붉은 색(赤色)이 되니, 태양이 뜨겁게 타오르는 상이다.

◆ 左氏傳子産曰 發爲五色 蔡伯喈云 通眼者爲五色

◆◆ 黃帝素問曰 草性有五 章爲五色者

◆◆◆ 東方木爲蒼色 萬物發生 夷柔之色也

◆◆◆◆ 南方火爲赤色 以象盛陽炎燄之狀也

㉢ 중앙토의 누런 색黃色 ◆ 중앙토는 누런 색(黃色)이니, 누런 것은 땅의 색이다. 그러므로 '하늘은 검고 땅은 누렇다'고 한 것이다.

㉣ 서방금의 흰 색白色 ◆◆ 서방금의 색은 흰 색(白色)이니, 가을의 살벌한 기운이 있으며 이슬이 하얗게 서리가 된다. 희다는 것은 상복喪服 또는 죽음의 상이다.

㉤ 북방수의 검은 색黑 ◆◆◆ 북방수의 색이 검은 것은, 먼 곳을 바라보면 어두워서 음침하고 어렴풋한 상이니, 바다가 아득하고 멀어서 검고 어두워 끝이 없는 것이고, 물은 태음의 물질이기 때문에 음침하고 어두운 것이다"라고 했다.

③ 효경원신계孝經援神契의 설

◆◆◆◆ 『효경원신계』에 말하기를 "토의 정기는 누렇고, 목의 정기는 푸르며, 화의 정기는 붉고, 금의 정기는 희며, 수의 정기는 검다"고 했다.

④ 춘추고이우春秋考異郵의 설

◆ 中央土黃色 黃者地之色也 故曰天玄而地黃

◆◆ 西方金色白 秋爲殺氣 白露爲霜 白者喪之象也

◆◆◆ 北方水色黑 遠望黯然 陰闇之象也 溟海淼邈 玄闇無窮 水爲太陰之物 故陰闇也

◆◆◆◆ 孝經援神契言 土之精黃 木之精青 火之精赤 金之精白 水之精黑

㉠ 북적北狄의 검은 색 ◆ 『춘추고이우』에 이르기를 "북적北狄의 기는 유도幽都에서 나오니, 색이 검기가 뭇가축들의 생식기(陰門)와 같다.

❖ 유도幽都 : 요堯임금 때 북방의 땅이름으로, 유주幽州라고도 한다.

㉡ 남이南夷의 붉은 색 ◆◆ 남이南夷의 기운은 교지交趾에서 나오니, 붉은 색이 모여있는 것이 깃발과 새의 벼슬과 같다.

❖ 교지交趾 : 한漢나라 때의 군郡이름으로, 후에 교주交州라고 하였다.

㉢ 동이東夷의 푸른 색蒼色 ◆◆◆ 동이東夷의 기운은 내작萊柞에서 나오니, 색이 푸르게 어지러이 흩어져서 숲과 같다.

❖ 내작萊柞 : 산동성 황현黃縣의 동남방에 위치한 지명.

㉣ 서이西夷의 흰 색白色 ◆◆◆◆ 서이西夷의 기운은 사구沙丘에서 나오니, 색이 희기가 칼날을 쌓아놓은 것 같다.

❖ 사구沙丘 : 하북성 평양현의 동북에 있다는 지명. 은殷나라의 주왕紂王이 정원을 꾸며 주지육림酒池肉林을 하며 놀았다는 곳.

㉤ 중앙의 누런 색 ◆◆◆◆◆ 중앙의 토가 모인 것은 색이 누렇기가 성곽의 형상과 같아서, 누런 기운이 사방으로 꽉 차고 토의 정

◆ 春秋考異郵云 北狄之氣生幽都 色黑如羣畜穹閭

◆◆ 南夷之氣生交趾 色赤聚隅如幡旗鳥頭

◆◆◆ 東夷之氣生萊柞 色蒼搖撒布散 如林木

◆◆◆◆ 西夷之氣生沙丘 色白鋒積如刀刃之浮

◆◆◆◆◆ 中央土會 色黃如城墎之形 黃氣四塞 土精舒 此五者爲正色 其變色亦五

기가 펴진다"고 했으니, 이상의 다섯가지는 정색正色이 되는 것이고, 그 변색變色도 또한 다섯가지다.

2 다섯 간색間色

◆ 영자엄穎子嚴(영용)의 『춘추석례春秋釋例』에 말하기를 "『춘추』에 '적적赤狄과 백적白狄이 있다'고 했으니, 그렇다면 동의 청색, 북의 흑색, 중앙의 황색은 모두 다 정색이다.

① 동방의 간색間色은 녹색綠色

◆◆ 무토戊土가 목을 두려워하기 때문에, 누이인 기토己土를 갑의 아내로 주었다. 누런 것이 푸른 것에 들어갔으므로 동방의 간색間色은 녹색綠色이다. 『시경』에 말하기를 '녹색의 옷을 입었다'고 했으니, 간색이 정색을 어지럽힘을 풍자한 것이다.

❖ 『서경書經』「패풍邶風」에 "綠兮衣兮 綠衣黃裏"라고 되어 있다.

② 남방의 간색은 홍색紅色

◆◆◆ 경금庚金이 화를 두려워하기 때문에, 누이인 신금辛金을 병에게 아내로 주었다. 흰 것이 붉은 것에 들어갔으므로 남방의 간색은 홍색紅色이다. 그래서 『논어』「향당」에 '홍색과 자색으로

◆ 穎子嚴春秋釋例曰 經有赤狄白狄 然則東青 北黑 中黃 皆正色也

◆◆土戊畏於木 故以妹己妻甲 以黃入於青 故東方間色綠也 詩云 綠兮衣兮 刺間色亂正色也

◆◆◆ 金庚畏於火 故以妹辛妻於丙 以白入於赤 故南方間色紅 論語鄉黨曰 紅紫不以爲褻服

는 속옷을 만들지 않는다'고 한 것이다.

③ 서방의 간색은 옥색(표색縹色)

◆ 갑목甲木이 금을 두려워하기 때문에, 누이인 을을 경에게 아내로 주었다. 푸른 것이 흰 것에 들어갔으므로 서방의 간색은 옥색縹色이다.

④ 북방의 간색은 자색紫色

◆◆ 병화丙火가 수를 두려워하기 때문에, 누이인 정을 임에게 아내로 주었다. 붉은 것이 검은 것에 들어갔으므로 북방의 간색이 자색紫色이다. 그래서 공자께서 말씀하시기를 '자색이 주색朱色을 뺏는 것을 미워한다'고 하셨다.

❖『논어』「양화」에 "惡紫之奪朱也 惡鄭聲之亂雅樂也 惡利口之覆邦家者"라고 되어 있다.

⑤ 중앙의 간색은 검은 황색驪黃色

◆◆◆ 임수壬水가 토를 두려워하기 때문에, 누이인 계를 무에게 아내로 주었다. 검은 것이 누런 것에 들어갔기 때문에 중앙의 간색이 검은 황색(려황색驪黃色)이다"라고 했다.

◆ 木甲畏於金 故以妹乙妻庚 以靑入於白 故西方間色縹也

◆◆ 火丙畏於水 故以妹丁妻壬 以赤入於黑 故北方間色紫也 孔子曰 惡紫之奪朱也

◆◆◆ 水壬畏於土 故以妹癸妻戊 以黑入於黃 故中央間色驪黃

❖ 방위와 색

	동방	남방	중앙	서방	북방
정색	푸른 색	붉은 색	누런 색	흰 색	검은 색
간색	녹색綠色	홍색紅色	검은 황색驪黃色	옥색縹色	자색紫色
오행	목	화	토	금	수
민족	동이	남이	중국	서이	북적

3 색을 천간에 배속함

◆ 『오행서五行書』에 이르기를 “갑은 청색이 되고, 기는 녹색이 되며, 병은 적색이 되고, 신은 홍색이 되며, 경은 백색이 되고, 을은 옥색이 되며, 임은 흑색이 되고, 정은 자색이 되며, 무는 황색이 되고, 계는 검은 황색(驪黃色)이 된다”고 하니, 이것은 모두 남편은 본색本色이 되고, 아내는 잡색雜色이 된 것이다.

❖ 남편은 홀수번째 천간인 양간陽干을, 아내는 짝수번째 천간인 음간陰干을 각기 뜻한다.

❖ 천간과 색

천간	갑	을	병	정	무	기	경	신	임	계
색	청색	옥색	적색	자색	황색	녹색	흰색	홍색	흑색	검은황색

◆ 五行書云 甲爲青 己爲綠 丙爲赤 辛爲紅 庚爲白 乙爲縹 壬爲黑 丁爲紫 戊爲黃 癸爲驪黃 此皆夫爲本色 妻爲雜色也

4 색을 팔괘에 배속함

◆ 류세륭이 이르기를 "팔괘가 각각 그 색깔이 있으니, 진☳은 청색이고, 리☲는 적색이며, 태☱는 백색이고, 감☵은 흑색이다"라고 하니, 이것은 모두 정방위의 정색이다.

또한 "건☰은 자색이고, 간☶은 홍색이며, 손☴은 녹색이고, 곤☷은 황색이다"라고 하니, 이것은 모두 간색이나, 곤괘만은 미토未土의 바른 색을 취했다.

팔괘	진	리	태	감	건	간	손	곤
색	청색	적색	백색	흑색	자색	홍색	녹색	황색

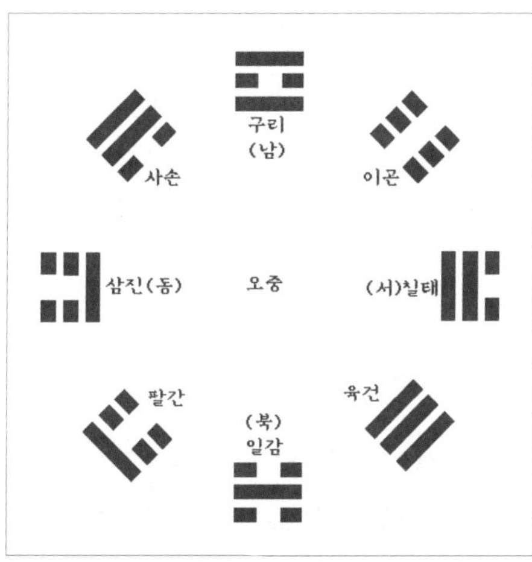

위의 후천팔괘에서 보듯이, 진·리·태·감은 정방위이고, 건·간·손·곤은 사잇방이다.

◆ 柳世隆云 八卦各有其色 震爲青 離爲赤 兌爲白 坎爲黑 此皆當方正色 乾爲紫 艮爲紅 巽爲綠 坤爲黃 此竝間色也 坤取未土之正色

5 기운의 쇠왕衰旺과 색

① 갑을경甲乙經의 설

㉠ 기운이 왕할 때의 색 ◆『갑을경』에 이르기를 "청색은 푸른 깃털 같고, 흑색은 까마귀 깃털 같으며, 적색은 닭벼슬 같고, 황색은 게의 배 같으며, 흰색은 돼지기름과 같다"하니, 이것은 오색을 생기生氣차원에서 본 것이다.

㉡ 기운이 쇠할 때의 색 ◆◆ "청색은 풀이 크는 것 같고, 흑색은 물에 이끼가 낀 것 같으며, 황색은 탱자 열매 같고, 적색은 어혈衃血과 같으며, 흰색은 마른 뼈와 같다"고 하니, 이것은 오색을 죽은 기(死氣)에서 본 것이다.

❖『갑을경』은『황제갑을경黃帝甲乙經』을 뜻하는 것 같으나,『황제갑을경』은 실전되었고, 단지『침구갑을경鍼灸甲乙經』에 "靑如草滋 黑如炱煤 黃如枳實 赤如衃血 白如枯骨 此五色爲見而死也 靑如翠羽 黑如烏羽 赤如鷄冠 黃如蟹腹 白如豕膏 此五色見而生也"로 되어 있다. 태매炱煤 : 그을음.

② 상경相經의 설

㉠ 동방기운의 쇠왕과 색 ◆◆◆『상경相經』에 말하기를 "청기靑氣(푸른 기운)가 처음 올 때는 보리가 돋아나는 것 같고, 왕성할

◆ 甲乙經云 靑如翠羽 黑如烏羽 赤如鷄冠 黃如蟹腹 白如豕膏 此五色生氣見

◆◆ 靑如草滋 黑如水苔 黃如枳實 赤如衃血 白如枯骨 此五色爲死氣見

◆◆◆ 相經曰 靑氣初來 如麥生 盛王之時 如樹葉靑 欲去之時 如水上苔

때는 나뭇잎새가 푸른 것 같으며, 사라지려고 할 때는 물 위의 이끼 같다.

ⓛ 남방기운의 쇠왕과 색 ◆ 적기赤氣(붉은 기운)가 처음 올 때는 붉은 기둥 같고, 왕성할 때는 붉은 단청 같으며, 사라지려고 할 때는 마른 피 같다.

ⓒ 중앙기운의 쇠왕과 색 ◆◆ 황기黃氣(누런 기운)가 처음 올 때는 누에가 실을 토하는 것 같고, 왕성할 때는 넓은 들판 같으며, 사라지려고 할 때는 마른 잎새 같다.

ⓡ 서방기운의 쇠왕과 색 ◆◆◆ 백기白氣(흰 기운)가 처음 올 때는 옥새璽와 구슬 같고, 왕성할 때는 분粉이 빛나는 것 같으며, 사라지려고 할 때는 깨끗한 돈(전錢)과 같다.

ⓜ 북방 기운의 쇠왕과 색 ◆◆◆◆ 흑기黑氣(검은 기운)가 처음 올 때는 죽은 말의 간肝 같고, 왕성할 때는 옻 빛깔(칠광漆光) 같으며, 사라지려고 할 때는 마른 이끼(태구苔垢)와 같다"고 했다.

❖ 『상경相經』: 『수서』 「경적지」에는 "『상경』30권을 종무예鍾武隸가 지었으며, 『상서相書』 46권과 『상경요록相經要錄』 2권을 소길蕭吉이 지었다"고 되어 있다.

◆ 赤氣初來 如赭柱 盛王之時 如朱丹 欲去之時 如乾血

◆◆ 黃氣初來 如蠶吐絲 盛王之時 如博基 欲去之時 如枯葉

◆◆◆ 白氣初來之時 如璽璧 盛王之時 如粉上光 欲去之時 如鮮錢

◆◆◆◆ 黑氣初來之時 如死馬肝 盛王之時 如漆光 欲去之時 如苔垢

5 사람의 품성과 색

① 예기禮記의 설

◆『예기』에 말하기를 "군자의 상복은 슬픈 빛이 있고, 단정한 면류관은 공경하는 빛이 있으며, 갑옷과 투구는 범할 수 없는 빛이 있다"고 했다.

② 대대례大戴禮의 설 1

◆◆『대대례』에 이르기를 "공자께서 말씀하시기를 '군자가 세 가지 빛이 있으니, 드러나게 즐거워함은 종치고 북치는 색(鐘鼓之色)이고, 의기가 가라앉고 고요함은 근심하며 상喪을 치르는 색이며, 분연히 다투어 움직임은 전쟁할 때의 색(兵革之色)이다'" 라고 했다.

❖『예기』를『소대례小戴禮』와『대대례大戴禮』로 나누기도 하는데, 대덕戴德이 정리한『예기』를 '소대례' 또는 '예기'라고 하며, 대덕의 사촌형인 대성戴聖이 정리한『예기』를 '대대례'라고 한다.

❖『예기』「표기表記」에는 "是故君子縗絰則有哀色 端冕則有敬色 甲冑則有不可辱之色"으로 되어 있다. 또「곡례曲禮」에도 비슷한 내용이 있다. 본문에 '욕辱'자를 '범犯'으로 한 것은 "介冑則不可犯之色"이라고 한「곡례」의 영향을 받은 것 같다.

◆ 禮記曰 君子縗絰 則有哀色 端冕則有敬色 甲冑則有不可犯之色
◆◆ 大戴禮云 孔子曰 君子有三色焉 顯然怡樂 鐘鼓之色 意氣沈靜 憂喪之色 忿然競動 兵革之色

③ 대대례大戴禮의 설 **2**

◆『대대례』「관인觀人」에 이르기를 “사람에게 다섯 가지 성질이 있으니, 기뻐하고 성내며 욕심부리고 두려워하며 근심하는 것이다. 기쁜 기운이 안으로 축적되면, 비록 숨기려고 하나 기쁨이 반드시 나타난다. 나머지 네 가지 기운도 모두 그러하니, 다섯 가지 기운이 속에 꽉 차서 바깥으로 나타나면 사람의 정情을 숨길 수 없게 된다.

기쁜 색은 자연스럽게 나오고, 노한 색은 발끈해서 업신여기며, 욕심의 색은 기뻐하면서 즐거워하고, 두려운 색은 경망스러우면서도 가라앉으며, 근심하고 슬퍼하는 색은 놀라면서도 고요해진다.

그러므로 진실로 지혜로운 이에게는 다 표현하기 힘든 색이 있고, 진실로 어진 이에게는 반드시 존경할 만한 색이 있으며, 진실로 용감한 이에게는 반드시 넘기 어려운 색이 있고, 진실로 충성스러운 이에게는 반드시 친할 수 있는 색이 있으며, 진실로 정결한 이에게는 반드시 더럽히기 어려운 색이 있고, 진실로 참된 이에게는 반드시 믿을 수 있는 색이 있다.

◆◆ 그 본바탕에서 우러나온 색은 밝고 깨끗하기 때문에 편안

◆ 大戴禮觀人篇云 人有五性 喜怒欲懼憂 喜氣內畜 雖欲隱陽喜必見 四氣皆然 五氣在誠乎中 發形於外 人情不可隱也 喜色猶然以出 怒色怫然以侮 欲色熙然以愉 懼色薄然以下 憂悲之色 瞿然以靜 誠智必有難盡之色 誠仁必有可尊之色 誠勇必有難攝之色 誠忠必有可親之色 誠潔必有難污之色 誠眞必有可信之色

◆◆ 其質色皓然因以安 僞色蔓然亂以煩 夫喜色則黃 怒色則赤 憂色

해지고, 거짓된 색은 덩굴처럼 어지러워서 번거로우니, 기쁜 빛은 누렇고, 성난 빛은 붉으며, 근심스러운 빛은 푸르고, 상심한 빛은 희며, 슬픈 빛은 검은 것이다. 이것은 다 다섯가지 떳떳한 색이 오장에서 움직여 바깥에 나타난 것으로, 각각의 선악과 성하고 쇠함에 따라 다르게 된다"고 했다. 군자가 잘 관찰해야 하는 것이기 때문에 여기에 풀이했다.

則青 喪色則白 哀色則黑 此皆五常之色 動于五臟 而見于外 隨其善惡盛衰之應也 君子所觀 故於此釋

2장. 성음에 배속함論配聲音

1 오성의 성격

① 춘추좌씨전의 설

◆ 자산子産이 말하기를 "빛(章)이 다섯가지 소리(聲)가 된다" 고 했으며, 채백개(채옹)가 말하기를 "귀를 통해 들리는 것이 소리가 되니, 푸른색은 각성을 내고, 흰색은 상성을 내며, 검은색은 우성을 내고, 붉은색은 치성을 내며, 누런색은 궁성을 낸다" 고 했다.

❖ 장章 : 무늬 또는 문채라고도 하지만, 『예기』에 "말을 내면 '장'이 있게 된다(出言有章)"고 하였고, 『한서漢書』「율력지」에 "상商이 내는 말이 장이다. 물건이 성숙해지면 장을 헤아릴 수 있게 된다(商之爲言章也 物成孰可章度也)"고 하였으니, '장'이란 밖으로 드러나는 빛을 뜻한다. 이 장을 다섯으로 나누어 헤아린 것이 오성五聲이란 뜻이다.

② 한서漢書의 설

◆◆ 『한서』「율력지」에 말하기를 "각(각성角聲)은 부딪치는 것

◆ 子産曰 章爲五聲 蔡伯喈云 通於耳者爲聲 青作角聲 白作商聲 黑作羽聲 赤作徵聲 黃作宮聲

◆◆ 律曆志云 角者觸也 陽氣蠢動 萬物觸地而生也 徵者祉也 萬物大盛蕃祉也 宮者中也 居中央暢四方 唱始施生 爲四聲之經 商者章也 物成章明也 羽者宇也 物藏聚萃宇覆之也

이니, 양기가 꿈틀꿈틀 움직여서 만물이 땅을 부딪치며 나오는 것이다.

치(치성徵聲)는 복받는 것이니, 만물이 성대하게 번성하여 복을 받는 것이다.

궁(궁성宮聲)은 중앙이니, 중앙에 거처해서 사방으로 펼쳐나가며 시작을 선도하고 발생시켜서, 나머지 사성四聲의 벼리가 되는 것이다.

상(상성商聲)은 빛나게 드러나는 것이니, 물건이 이루어져 밝게 빛나며 드러나는 것이다.

우(우성羽聲)는 지붕(우宇)이니, 물건을 감추고 모아서 덮는 것이다"라고 했다.

③ 악위樂緯의 설

◆『악위』에 이르기를 "봄 기운이 조화로우면 각성이 조화를 이루고, 여름 기운이 조화로우면 치성이 조화를 이루며, 계하의 기운이 조화로우면 궁성이 조화를 이루고, 가을 기운이 조화로우면 상성이 조화를 이루며, 겨울 기운이 조화로우면 우성이 조화를 이룬다"고 했다.

④ 예기의 설 **1**

◆◆『예기』「악기樂記」에 말하기를 "궁성은 임금이 되기 때문

◆ 樂緯云 春氣和則角聲調 夏氣和則徵聲調 季夏氣和則宮聲調 秋氣和則商聲調 冬氣和則羽聲調

◆◆ 樂記曰 宮爲君 故宮亂則荒 其君驕 商爲臣 商亂則陂 其臣壞 徵

에, 궁성이 어지러워지면 거칠어져서 임금이 교만해진다.

상성은 신하가 되니, 상성이 어지러워지면 삐뚤어져서 신하가 무너진다.

치성은 일이 되니, 치성이 어지러워지면 슬퍼져서 일이 수고스러워진다.

우성은 물건이 되니, 우성이 어지러워지면 위태해서 재물이 소모된다.

각성은 백성이 되니, 각성이 어지러워지면 근심스러워서 백성이 원망한다.

이 다섯가지가 어지럽지 않으면 세상이 화평해서, 실패하거나 허물어지는 음률이 없다"고 했다.

❖ 『예기』 「악기」에는 "宮爲君 商爲臣 角爲民 徵爲事 羽爲物 五者不亂 則無怗懘之音矣 宮亂則荒 其君驕 商亂則陂 其臣壞 角亂則憂 其民怨 徵亂則哀 其事勤 羽亂則危 其財匱"라고 하고, 끝마무리에 "다섯 음이 다 어지러워 서로 능멸하는 것을 '모멸한다(慢)'고 하니, 이렇게 되면 나라가 멸망할 날이 머지 않은 것이다(五者皆亂 迭相陵 謂之慢 如此則國之滅亡無日矣)"라고 하였다.

⑤ 황제소문의 설

◆ 『황제소문』에 이르기를 "목의 음은 각이니, 소리로는 배뿜는 소리이다. 화의 음은 치니, 소리로는 웃는 소리가 된다. 토의 음은 궁이니, 소리로는 노래 소리가 된다. 금의 음은 상이니, 소

爲事 徵亂則哀 其事勤 羽爲物 羽亂則危 其財匱 角爲民 角亂則憂 其民怨 五者不亂 則天下和平 无弊敗之音

◆ 素問云 木音角 在聲爲呼 火音徵 在聲爲笑 土音宮 在聲爲歌 金音商 在聲爲哭 水音羽 在聲爲呻

리로는 우는 소리가 된다. 수의 음은 우니, 소리로는 신음하는 소리가 된다"고 했다.

⑥ 예기의 설 **2**

• 『예기』의 「악기」에 말하기를 "'악樂'이라는 것은 음音이 말미암아 나오게 되는 것이니, 그 근본은 사람의 마음이 물건을 대해 느끼는 데 있다. 그러므로 슬픈 마음이 느껴지면 그 소리는 가늘고 낮으며, 즐거운 마음을 느끼면 그 소리가 화평하고 한가로우며, 기쁜 마음을 느끼면 그 소리가 퍼져서 흩어지고, 성내는 마음을 느끼면 그 소리가 조급하고 큰소리가 나며, 곧은 마음을 느끼면 그 소리가 곧고 청렴스럽고, 사랑하는 마음을 느끼면 그 소리가 화락하고 은근하다.

이 여섯 가지는 성품이 아니고 물건에 느껴서 움직인 것이니, 소리를 살펴서 어떤 음인지를 알고, 음을 살펴서 악을 알며, 악을 살펴서 정사를 알면 다스리는 도가 갖추어진다"고 했다.

❖ 느껴진 마음과 소리

느껴진 마음	슬픈 마음	즐거운 마음	기쁜 마음	성내는 마음	곧은 마음	사랑하는 마음
소리	가늘고 낮다	화평하고 한가롭다	퍼져서 흩어진다	조급하고 큰소리가 난다	곧고 청렴스럽다	화락하고 은근하다

◆ 樂記曰 樂者音之所由生 其本在人心之感於物 是故哀心感者 其聲噍以殺 樂心感者 其聲嘽以緩 喜心感者 其聲發以散 怒心感者 其聲粗以勵 貞心感者 其聲直以廉 愛心感者 其聲和以婉 六者非性也 感於物而後動 審聲以知音 審音以知樂 審樂以知政 而治道備矣

⑦ 시경詩經 서문序文의 설

◆ 그러므로 『시경』의 서문에 말하기를 "소리가 무늬를 이룬 것을 음이라고 하니, 다스려진 세상의 음은 편안하고 즐거워서 그 정치가 화락하고, 어지러운 세상의 음은 원망하고 노여워해서 그 정치가 어그러지며, 망하는 나라의 음은 슬프고 근심해서 그 백성이 곤궁하다"고 했다.

⑧ 대대례의 설

◆◆ 『대대례』 관인편에 이르기를 "정성이 속에 들어 있으면 반드시 밖으로 나타난다. 그 나타난 것으로써 숨겨진 것을 점치고, 그 사소한 것으로써 큰 것을 점치니, 소리는 그 실질적인 내용물의 상징이다. 기氣가 처음에 물건을 낳고, 물건이 나오면 소리가 있으니, 소리에는 강하고 부드러우며, 맑고 흐리며, 좋아하고 미워하는 소리가 있어서 모든 느낌이 소리로 발동한다.

그러므로 마음과 기운이 들떠있고 거짓된 사람은 그 소리가 흘러 흩어지고, 마음과 기운이 순하고 신실한 사람은 그 소리가 순하고 절도있으며, 마음과 기운이 더럽고 어긋난 사람은 그 소리가 비린내나고 추하며, 마음과 기운이 너그럽고 부드러운 사람은 그 소리가 온화하다. 그러므로 성인은 그 소리를 듣고 그

◆ 故詩序曰 聲成文 謂之音 治世之音 安以樂 其政和 亂世之音 怨以怒 其政乖 亡國之音 哀以思 其民困

◆◆ 大戴禮觀人篇云 誠在其中 必見諸外 以其見占其隱 以其細占其大 聲象其實 氣初生物 物生有聲 聲有剛柔淸濁好惡 咸發于聲 故心氣嘩誕者 其聲流散 心氣順信者 其聲順節 心氣鄙戾者 是聲腥醜 心氣寬柔者 其聲溫和 故聖人聽其聲 觀其色 知其善惡

색을 관찰하면, 그 착하고 악한 것을 안다"고 했다.

❖ 마음의 기운과 소리(대대례의 설)

마음과 기운	들떠있고 거짓된 사람	순하고 신실한 사람	더럽고 어긋난 사람	너그럽고 부드러운 사람
소리	흘러 흩어진다	순하고 절도있다	비린내나고 추하다	온화하다

2 성聲과 음音

① 시경 서문序文의 설

◆ 홀로 발동하는 것을 '성聲'이라고 하고, 합해서 조화되는 것을 '음音'이라고 한다. 『시경』의 서문에 이르기를 "성聲이 무늬를 이룬 것을 음이라"고 했으니, 그러므로 오성으로 인해서 팔음八音이 있다는 것이다.

② 악위樂緯의 설

◆◆ 『악위』에 이르기를 "물건은 셋으로써 이루어지고 다섯으로써 자립하니, 셋과 다섯을 합하면 여덟이 된다. 그러므로 음이 여덟이 된다. 여덟음은 금金·석石·사絲·죽竹·토土·목木·포匏·혁革

◆ 夫獨發者謂之聲 合和者謂之音 毛詩序云 聲成文 謂之音 故因五聲而有八音

◆◆ 樂緯云 物以三成 以五立 三與五如八 故音以八 八音金石絲竹土木匏革 以發宮商角徵羽也 金爲鍾 石爲磬 絲爲絃 竹爲管 土爲塤 木爲柷圄 匏爲笙 革爲鼓 鼓主震 笙主巽 柷圄主乾 塤主艮 管主坎 絃主離 磬主坤 鍾主兌

으로 궁·상·각·치·우의 소리를 내는 것이다. 금은 종鍾이고, 석은 돌북(경磬)이며, 사는 현악기(현絃)이고, 죽은 관악기(관管)이며, 토는 질나팔(훈塤)이고, 목은 축어柷圉이며, 포는 생황(생笙)이고, 혁은 가죽북(고鼓)이 된다.

가죽북은 진震을 주관하고, 생황은 손巽을 주관하며, 축어는 건乾을 주관하고, 질나팔은 간艮을 주관하며, 관악기는 감坎을 주관하고, 현絃악기는 리離를 주관하며 돌북은 곤坤을 주관하며, 종은 태兌를 주관한다"고 했다.

❖ 축어柷圉 : 악기의 일종. 축은 음악을 시작할 때 쓰고, 어는 음악을 그칠 때 쓴다.

❖ 팔괘와 악기

팔괘	감	간	진	손	리	곤	태	건
절기	동지	입춘	춘분	입하	하지	입추	추분	입동
악기	관악기	질나팔	가죽북	생황	현악기	돌북	종	축어
재료	죽(竹)	흙(土)	가죽(革)	포(匏)	사(絲)	돌(石)	쇠(金)	나무(木)

③ 팔괘에 악기를 배속한 이유

㉠ 감坎과 관악기 ◆ 『악위』의 집도치편汁圖徵篇에 이르기를 "감坎은 동지冬至를 주관하고, 궁성宮聲은 임금의 상이다. 사람은 임금이 있은 뒤에 만물이 이루어지고, 기운은 황종의 궁이 있은 뒤에 만물이 조화되니, 이것이 세상을 시작하고 바르게 하는 것

◆ 樂緯汁圖徵篇云 坎主冬至 宮者君之象 人有君 然後萬物成 氣有黃鍾之宮 然後萬物調 所以始正天下也 能與天地同儀 神明合德者 則七始八終 各得其宜 而天子穆穆 四方取始 故樂用管

이다.

하늘·땅과 더불어 거동을 같이 하고, 신명과 더불어 덕을 합치시키면, 칠시七始와 팔종八終으로 각각 자기의 마땅함을 얻으며, 천자가 아름답고 온화해서 사방이 본받아 시작을 한다. 그러므로 악기는 관악기를 쓴다.

❖ 칠시七始와 팔종八終 : 칠시는 사방과 천·지·인의 삼재三才를 말하고, 팔종은 8괘가 8절(동지·입춘·춘분·입하·하지·입추·추분·입동)을 돌아서 1년을 마침을 말한다.

㉡ 간艮과 질나팔塤 • 간艮은 입춘立春을 주관한다. 입춘은 양기가 처음 나오는 때이므로, '우레가 백리를 진동시킨다'고 말했다. 성인이 백성들에게 농지를 줄 때에 또한 백묘 밖에 주지 않으니, 이것이 세상(천지天地)의 분수이고 황종의 법도이다.

아홉으로 8음을 조율하기 때문에, 성인이 구백 이랑으로써 여덟 집에 나누어 줘서, 상농부는 아홉 식구를 먹이고, 중농부는 일곱 식구를 먹이며, 하농부는 다섯 식구를 먹인다. 이래서 부자도 사치를 할 수 없고, 가난한 사람도 기아의 근심이 없는 것이며, 3년을 농사지으면 1년치가 남고, 9년을 농사지으면 3년치가 남으니, 이는 황종이 이루어진 것이고, 음양이 화합된 것이다. 그러므로 악기는 질나팔을 쓴다.

❖ 구백 이랑으로써 여덟 집에 나누어 줘서 : 정전법井田法을 설명한 말로, 총 900묘의 땅을 9등분하여 둘레의 800묘는 여덟 농부에게 각기 100묘씩 나누어주고, 가운데의 100묘는 여덟 농부가 공동으로 경

◆ 艮主立春 陽氣始出 言雷動百里 聖人授民田 亦不過百畝 此天地之分 黃鍾之度 九而調八音 故聖人以九頃 成八家 上農夫食九口 中者七口 下者五口 是爲富者不足以奢 貧者無飢餧之憂 三年餘一年之蓄 九年餘三年之蓄 此黃鍾之所成 以消息之和 故樂用塤

작하여 나라에 세금으로 바치는 제도이다.

ⓒ 진震과 북鼓 ◆ 진震은 춘분春分을 주관한다. 춘분은 하늘과 땅의 음양이 고루 나누어지기 때문에, 성스러운 임금이 하늘의 법도를 이어받아 다섯 가지를 고르게 한다. 다섯 가지를 고르게 한다는 것은 오성을 조율하여 고르게 하는 것이다. 음音은 지극히 많지만 성聲은 다섯 밖에 안되고, 물건은 지극히 번성하지만 고르게 된 것은 다섯 가지 밖에 없다.

부자는 가난한 사람을 생각하고, 강한 사람은 약한 사람을 침범하지 않으며, 지혜로운 사람은 어리석은 이를 속이지 않고, 시장에는 이중가격이 없으며, 만물이 모두 고르게 되어서 사시에 항상 합당하게 되면, 나라나 개인이나 여유가 있고, 은혜가 세상에 미쳐서 천지天地와 덕이 같기 때문에 악기는 북(鼓 : 가죽북)을 쓴다.

ⓔ 손巽과 생황笙 ◆◆ 손巽은 입하立夏를 주관한다. 입하에는 만물의 길고 짧은 것이 각각 차등이 있게 된다. 그러므로 성스러운 임금이 하늘의 법을 이어 받아 법대로 일을 맡김으로써, 높고 낮음에 차등을 둔다. 선비는 의롭고 사양하는 예법이 있고, 임금과 신하는 높고 낮은 차등이 있으니, 윗사람이나 아랫사람이나 다 차례가 있어서 다스리는 도가 행해진다. 그러므로 악기

◆ 震主春分 天地陰陽分均 故聖王法承天 以立五均 五均者亦律調五聲之均也 音至衆也 聲不過五 物至蕃也 均不過五 爲富者慮貧 强者不侵弱 智者不詐愚 市無二價 萬物同均 四時常得 公家有餘 恩及天下 與天地同德 故樂用鼓

◆◆ 巽主立夏 言萬物長短各有差 故聖王法承天 以法授事焉 尊卑各有等 於士則義讓有禮 君臣有差 上下皆次 治道行 故樂用笙

는 생황을 쓴다.

ⓜ 리離와 현악기絃 ◆ 리離는 하지夏至를 주관한다. 하지에는 양은 내려가기 시작하고 음은 물건을 성숙시킨다. 따라서 성스러운 임금이 하늘의 법을 따라서 의복과 제도에 대한 법을 만듦으로써, 예의를 밝히며 귀하고 천한 것을 나타내는 것이다.

그 덕을 밝게 해서 법도로써 통솔하면, 남자이거나 여자이거나 공적과 행실에 차등과 예禮가 있게 된다. 그러므로 악기는 현악기를 쓴다.

ⓑ 곤坤과 돌북磬 ◆◆ 곤坤은 입추立秋를 주관한다. 입추에 양기는 들어가기 시작하고 음기는 일을 주관하게 되니, 곤충이 구멍으로 들어가 칩거하려고 한다. 그러므로 성스러운 임금이 본받아서 궁실과 도량형을 제정하고 법령과 제도를 마땅하게 만드니, 크고 작은 일에 법이 있고 귀하고 천한 것에 차등이 있어서, 상하가 순조롭게 된다. 그러므로 악기는 돌북을 쓴다.

ⓢ 태兌와 종鐘 ◆◆◆ 태兌는 추분秋分을 주관한다. 추분에는 천

◆ 離主夏至 陽始下 陰又成物 故聖王法承天 以法授衣服制度 所以明禮義顯貴賤 明燭其德 卒之以度 則女功有差 男行有禮 故樂用絃

◆◆ 坤主立秋 陽氣方入 陰氣用事 昆蟲首穴欲蟄 故聖王法之 授宮室度量 又章制有宜 大小有法 貴賤有差 上下有順 故樂用磬

◆◆◆ 兌主秋分 天地萬物人功皆以定 故聖王法承天 以定爵祿 爵祿者不過其能 宮爲君 商爲臣 商章也 言臣章明君之功德 尊卑有位 位有物 物有宜 功成者爵賞 功敗者刑罰 故樂用鐘

지의 모든 물건과 사람들의 일이, 노력에 따라 결과가 정해진다. 그러므로 성스러운 임금이 하늘의 법을 따라서 벼슬과 녹을 정하니, 벼슬과 녹이 받는 사람의 재능보다 지나치지 않게 된다.

궁宮은 임금이 되고, 상商은 신하가 된다. 상商은 드러나 빛나는 것이니, 신하가 현명한 임금의 공덕功德을 드러나고 빛나게 한다. 높고 낮은 것에 정해진 지위가 있고, 지위에는 합당한 사람이 있게 해서, 공을 이룬 사람은 벼슬로 상주고, 공이 없는 사람은 형벌에 처한다. 그러므로 악기는 종을 쓴다.

◎ 건乾과 축어柷梧 • 건乾은 입동立冬을 주관한다. 입동에는 음양이 마쳤다가 다시 시작하고, 만물이 죽었다가 다시 소생한다. 그러므로 성스러운 임금은 하늘의 법을 이어받아 형법을 만듦으로써, 한 사람을 베어서 천 사람을 움직이게 하고 하나를 죽여서 만을 감동시켜서, 죽은 사람도 한이 없고 산사람도 원망을 하지 않게 만든다. 그래서 축어를 악기로 쓴다"고 했다.

❖ 팔괘·팔절과 악기

팔절	동지	입춘	춘분	입하	하지	입추	추분	입동
팔괘	감	간	진	손	리	곤	태	건
악기	관악기	질나팔	북	생황	현악기	돌북	종	축어

• 乾主立冬 陰陽終而復始 萬物死而復蘇 故聖王法承天 以制刑法 誅一動千 殺一感萬 使死者不恨 生者不怨 故樂用柷梧

3 악기와 오성五聲

◆『국어國語』에 말하기를 "와瓦(기와)와 사絲(현악기)와 금슬(비파)은 궁음을 내고, 종과 금속악기는 우음을 내며, 돌로 만든 악기는 각음을 내고, 포匏(바가지)와 죽竹(대나무)으로 만든 악기는 치음을 내며, 혁목革木은 상음을 낸다.

❖『국어國語』: 주周나라의 좌구명左丘明이 지은 책으로, 춘추시대 여러나라의 사적을 나라별로 기록하였다.

❖ 혁목革木 : 가죽을 댄 악기와 나무로 만든 악기

여呂는 악樂을 조화시키고, 율律은 성聲을 평탄하게 한다. 금석金石으로 만든 악기는 고동시키고, 사죽絲竹으로 만든 악기는 일정하게 연주하니, 노래로 만들면 읊조릴 수 있고, 포匏로 만든 악기는 널리 퍼지게 하고, 와瓦로 만든 악기는 보조補助하며, 혁목革木으로 만든 악기는 절도를 맞추게 한다.

물건이 본래의 상도를 얻는 것을 악樂이라고 하고, 빼앗는 것을 격擊이라고 하며, 서로 보호하는 것을 화和라고 하고, 작고 큰 것이 서로 분수를 넘지 않는 것을 평平이라고 한다.

◆◆ 와瓦와 사絲로 만든 악기는 다 크기 때문에 궁음을 숭상하

◆ 國語曰 瓦絲琴瑟尙宮 鍾金尙羽 石尙角 匏竹尙徵 革木尙商 呂以和樂 律以平聲 金石以動之 絲竹以行之 歌以詠之 匏以宣之 瓦以贊之 革木以節之 物得其常曰樂 所奪曰擊 相保曰和 細大不踰曰平

◆◆ 瓦絲皆大也 故尙宮 子母相應之道 鍾金尙羽亦然 石尙角者 石金也 與角爲牝牡相和之義 匏土也 竹木也 尙徵 亦子母相應也 革

니, 자식과 어머니가 서로 응하는 도이고, 종種과 쇠(金)로 만든 악기가 우음을 숭상함도 또한 같은 것이다. 석石으로 만든 악기가 각음을 숭상하는 것은, 석은 금이니, 각 하고는 암수가 서로 화합하는 뜻이다. 포匏는 토고 죽竹은 목인데, 치음을 숭상하는 것은 또한 자식과 어머니가 서로 응하는 뜻이다. 혁목革木은 모두 각에 해당하나, 상음을 숭상하는 것은 또한 암수가 서로 화답하는 뜻이다.

❖ 『국어』의 악기와 오성

오성	궁	상	각	치	우
악기	와 · 사 · 금슬	혁 · 목	돌	포 · 죽	종 · 금속악기
오장	비장	폐장	간장	심방	신장
응함	자 · 모	암 · 수	암 · 수	자 · 모	자 · 모

4 오성과 오장五臟

◆ 궁성은 온화하고 늘어지니, 그 화음이 넓고 부드러워서 비장을 움직인다. 상성은 흩어지고 밝으니, 그 화음이 온화하고 비어 있어서 폐를 움직인다. 각성은 막히고 제약시키니, 그 화음이 고요하고 맑아서 간을 움직인다. 치성은 깨지는 소리면서도 빠르니, 그 화음이 평평하고 가지런해서 심장을 움직이며, 우성은

木俱角 尙商亦以牝牡相和也

◆ 宮聲和以舒 其和博以柔 動脾 商聲散以明 其和溫以虛 動肺 角聲防以約 其和靜以淸 動肝 徵聲敗以疾 其和平以均 動心 羽聲疾以虛 其和短以散 動腎

빠르고 허하니, 그 화음이 짧고 흩어져서 신장을 움직인다"고 했다.

❖『예기』「악기소樂記疏」에 "궁성은 임금에 해당한다. 임금은 마땅히 관대하여 백성을 잘 포용해야 한다. 그러므로 그 소리가 널리 퍼지고, 그 화음이 맑으면서도 부드러우니, 비장을 움직인다. 상성은 신하에 해당한다. 마땅히 임금의 명령을 잘 받들어 이루어지게 해야 한다. 그러므로 그 소리가 온화하면서도 끊어지니, 폐를 움직인다. 각성은 백성에 해당한다. 백성은 마땅히 검약하여 사치하거나 참람하지 말아야 한다. 그러므로 그 소리가 맑고 온화하면서도 고요하니, 간장을 움직인다. 치는 일에 해당한다. 일은 임금의 공적이니, 마땅히 급히 서둘러야 하며, 서두르지 않으면 백성들이 떠돌아 다니게 된다. 그러므로 그 소리가 낮으면서도 빠르고, 그 화음이 평이하면서도 단단함이 있으니, 심장을 움직인다. 우성은 물건에 해당한다. 물건은 잘 다스리지 않으면 한쪽으로 모인다. 그러므로 그 소리가 흩어지면서도 공허하고, 그 화음이 끊어지면서도 흩어지니, 신장을 움직인다(宮爲君 君者當寬大容衆 故其聲弘以舒 其和清以柔 動脾也 商爲臣 當以發明君之號令 其聲散以明 其和溫以斷 動肺也 角爲民 民當約儉不奢僭差 故其聲防以約 其和清以静 動肝也 徵爲事 事者君之功 旣當急就之 其事當久流亡 故其聲貶以疾 其和平以功 動心也 羽爲物 物者不齊委聚 故其聲散以虛 其和斷以散 動腎也)"로 되어 있다.

5 기운의 발동과 오성

① 궁성의 기운

• 『황제병결』에 이르기를 "적군과 서로 대치하여, 정탐병을 시켜서 적진 120보 거리까지 가서 대롱을 귀에 대고 들을 때,

• 黄帝兵決云 兩敵相當 使人去敵營 一百二十步 以管注耳聽之 聞隆隆如車 如雷如鼓聲者宮也 其將寬和有信

웅웅거리는 소리가 수레소리 또는 우레소리나 북소리 같이 들리는 것은 궁성이니, 적장이 너그럽고 온화하여 신의가 있는 것이다.

② 상성의 기운

◆ 쇠소리나 돌소리가 섞여 시끄럽게 치는 소리가 나서, 종이나 돌북 치는 소리 또는 벼락치는 소리가 들리는 것은 상성이니, 적장이 위엄있고 성내기 잘하며 죽이는 것을 좋아하므로, 자주 분을 돋구어야 한다.

③ 치성의 기운

◆◆ 말 달리는 소리나 폭약이 터지듯 찢어지는 소리가 들리는 것은 치성이니, 적장이 맹렬하고 용감해서 맞서 싸우기 어렵다.

④ 각성의 기운

◆◆◆ 우수수 나무 움직이는 소리가 나며 사람들이 부르고 걱정하는 소리처럼 들리는 것은 각성이니, 적장이 어질고 여러가지를 잘 갖추어서 속일 수 없다.

⑤ 우성의 기운

◆ 聞金石相和 轟轟擊攻 如鍾磬霹靂聲者商也 其將威怒好殺 宜數忿之

◆◆ 聞如奔馬炎炮掣 裂聲者徵也 其將猛烈勇敢 難與爭鋒

◆◆◆ 聞肅肅習習如動樹木 如人呼愁愁聲者角也 其將仁庶不可欺

◆ 물 흐르는 소리나 파도치는 소리같이 격하고 서로 웃는 소리가 들리는 것은 우성이니, 적장이 탐심貪心과 모험심이 있고 간사한 꾀가 많은 것이다. 이 다섯가지 음을 살펴서 적의 성질을 아는 것이니, 계절에 따른 바람소리를 듣는 것도 또한 이와 같다"고 했다.

이는 모두 음성의 상을 논한 것이므로 함께 해설했다.

◆ 聞滔滔如流水揚波激氣相笑聲者羽也 其將貪冒多姦謀 審車五音以知敵性 候風之聲 亦皆如之 此竝論音聲之狀 故以備說

3장. 기와 맛에 배속함論配氣味

1 다섯 가지 맛五味의 정의

◆ 자산子産이 말하기를 "기氣가 다섯 가지 맛이 된다"고 했으며, 정현이 말하기를 "입을 통하면 다섯 가지 맛이 되고, 코를 통하면 다섯 가지 냄새가 된다"라고 했다.

① 신맛酸味

◆◆ 『예기』「월령」에 이르기를 "봄에는 그 맛이 시고, 그 냄새는 누린내가 나니, 나무의 냄새와 맛이다"라고 했다.

『설문해자』에 이르기를 "누린내(羶)는 양羊의 냄새니, 봄에 물건의 기운이 양羊과 서로 같다는 것이다. 나무가 신맛인 것은 동쪽에서 만물이 생겨남을 상징한 것이니, 시다는 뜻의 산酸자는 뚫을 찬鑽의 뜻이다"라고 하였다. 이말은 만물이 땅을 뚫고 나온다는 말로, 다섯 가지 맛 중에 신맛을 얻어야 나오게 되는 것이다.

◆ 子産云 氣爲五味 鄭玄云 通口者爲五味 通鼻者爲五臭

◆◆ 禮記月令云 春之日 其味酸 其臭羶 木之臭味也 說文云 羶者羊臭 春物氣 與羊相類 木所以酸者 象東方萬物之生 酸者鑽也 言萬物鑽地而出生 五味得酸 乃達也 元命苞云 酸之言端也 氣始生專心自端也

『춘추원명포』에 이르기를 "산酸의 뜻은 단정하다(端)는 것이니, 기가 처음 나와서 전일할 때는 그 마음이 단정하다는 것이다"라고 했다.

❖ 羶 : 누린내 전, 비린내 전, 나무냄새 전,

② 쓴맛苦味

• 『예기』에 이르기를 "여름에는 그 맛이 쓰고, 그 냄새는 그을리며 볶는 냄새다"라고 하니, 화가 쓴 까닭은 남쪽은 기르고 키우는 것을 주관하는 곳이며, 쓴 것은 기르고 크게 하는 것이므로, 다섯 가지 맛 중에 쓴 맛이 있어야 길러지는 것이다.

❖ 『예기』「월령」에는 "孟夏之月 … 其味苦 其臭焦"로 되어 있다.

『춘추원명포』에 이르기를 "쓰다는 것은 부지런히 노고를 아끼지 않는 것이니, 이것이 곧 기를 수 있는 까닭이다"라고 했다.

『방언方言』에 "괴로운 것이 지나면 쾌락이 온다"라고 했다.

❖ 『방언』에는 "고통스러운 것이 끝나면 즐겁게 된다(逞苦了快也)"라고 하였다.

그을리며 볶는 냄새가 나는 것은, 양기가 찌는 듯이 움직여서 불기운으로 태우는 것이다. 허신이 『설문해자』에 이르기를 "볶는다는 것은 불로 물건을 태워서 볶고 타는 기운이 있는 것이니, 여름 기운과 같은 것이다"라고 했다.

• 禮記云 夏之日 其味苦 其臭焦 火所以苦者 南方主長養也 苦者所以長養之 五味須苦 乃以養之 元命苞云 苦者勤苦 乃能養也 方言 苦快也 臭焦者 陽氣蒸動 燎火之氣也 許愼云 焦者火燒物 有焦燃之氣 夏氣同也

③ 단맛甘味

◆ 『예기』에 이르기를 "계하季夏에는 그 맛이 달고, 그 냄새가 향기롭다"고 했다. 토의 맛은 단 것이고 중앙은 온화한 곳이니, 감미로운 것이다.

❖ 『예기』「월령」에는 "中央土 其日戊己 … 其味甘 其臭香"이라고 되어 있다.

『춘추원명포』에 이르기를 "달다는 것은 먹는 것의 통상적인 맛이니, 편안하게 음식맛을 보는 것이다. 단 맛이 다섯 가지 맛의 주인이 되는 것은, 토가 나머지 사행四行을 화합시키고 성취시키는 것과 같다. '냄새가 향기롭다'는 것은, 토의 기운은 향기가 주가 되기 때문이다"라고 했다.

허신이 『설문해자』에 이르기를 "토는 중화의 기운을 얻었기 때문에 향기롭다"라고 했다.

④ 매운맛辛味

◆◆ 『예기』에 이르기를 "가을에는 그 냄새가 비린내가 나고, 그 맛이 맵다"고 하니, 서방의 살기가 비린내 나는 것이다.

◆ 禮記云 季夏之日 其味甘 其臭香 土味所以甘者也 中央中和也 甘美也 元命苞云 甘者食常 言安其味也 甘味爲五味之主 猶土之和成於四行也 臭香者 土之氣 香爲主也 許愼云 土得其中和之氣 故香

◆◆ 禮記云 秋之日 其臭腥其味辛 西方殺氣腥也 許愼云 未熟之氣腥也 西方金之氣 象此味辛者 物得辛乃萎殺也 亦云 故新之辛也 故物皆盡 新物已成 故云新 元命苞云 陰害故辛 殺義故辛 刺陰氣使其然也

❖『예기』「월령」에는 "孟秋之月 … 其味辛 其臭腥"이라고 되어 있다.

허신이 『설문해자』에 이르기를 "덜 익은 기운의 맛이 비린내 나는 것이다. 서방 금기의 맛을 매운 것으로 상징한 것은, 물건이 매운 것을 만나면 위축되고 죽게 되기 때문이다"라고 했으며, 또 이르기를 "옛것을 새롭게 하는 것(新)이 신辛이다. 그러므로 물건이 다 없어지고 새로운 물건이 이미 이루어졌기 때문에 신新이라고 했다"고 했다.

『춘추원명포』에 이르기를 "음이 해치기 때문에 매운 것이고, 죽이는 뜻이기 때문에 매운 것이니, 음기에 찔려서 그런 것이다"라고 했다.

⑤ 짠맛鹹味

◆『예기』에 이르기를 "겨울에는 그 맛이 짜고, 그 냄새가 썩은 냄새가 난다"고 했다. 썩은 것은 물의 기운이니, 있는 듯도 하고 없는 듯도 한 물의 미미한 기운을 말한 것이고, 또한 물이 혼탁하고 더러운 때를 다 받아들임을 말한 것이다. 그러므로 그 냄새가 썩은 냄새가 나는 것이다.

❖『예기』「월령」에 "孟冬之月 … 其味鹹 其臭朽"이라고 되어 있다.

허신이 『설문해자』에 이르기를 "썩는 기운은 북방의 기와 같

◆ 禮記云 冬之日 其味鹹 其臭朽 朽者水之氣也 若有若無 言氣微也 亦云 水者受垢濁 故其臭腐朽也 許愼云 朽爛之氣 北方氣同 此味鹹者 北方物鹹 所以堅之也 猶五味得鹹乃堅也 許愼云 鹹者銜也 元命苞云 鹹者鎌鎌清也 至寒之氣 故使其清而鹹

은 것이고, 맛이 짠 것은 북방의 물건이 짠 것이며, 짜기때문에 굳어지는 것이다"라고 했으니, 다섯 가지 맛이 짠 것을 얻어 굳어지는 것과 같다. 허신이 『설문해자』에 이르기를 "짜다는 것은 받아서 품는 것(銜)이다"라고 했다.

『춘추원명포』에 이르기를 "짜다는 것은 낫으로 베어서 깨끗하게 하는 것이니, 지극히 추운 기운이기 때문에 깨끗하고 짜지게 하는 것이다"라고 했다.

❖ 『예기禮記』의 계절에 따른 맛

계절	봄	여름	6월	가을	겨울
맛	신맛	쓴맛	단맛	매운맛	짠맛
냄새	누린내	그을리며 볶는 냄새	향기로운 냄새	비린내	썩는 냄새
역할	생해줌	길러줌	조화와 성취	위축시키고 죽임	깨끗하고 굳어지게 함

2 다섯 가지 맛과 만물

① 정현의 설

◆ 정현이 이르기를 "다섯가지 맛은 초의 신맛, 술의 쓴맛, 꿀의 단맛, 생강의 매운맛, 소금의 짠맛이다"라고 했다.

② 황제갑을경의 설

㉠ 곡식 ◆◆ 『황제갑을경』에 말하기를 "곡식으로는 쌀의 단맛,

◆ 鄭玄云 五味醯酸 酒苦 蜜甘 薑辛 鹽鹹

삼(麻)의 신맛, 콩의 짠 맛, 보리의 쓴맛, 기장의 매운맛 또는 입쌀(稻米)의 매운맛이다.

ㄴ 과일 ◆ 과일로는 대추의 단맛, 오얏의 신맛, 밤의 짠맛, 살구의 쓴맛, 복숭아의 매운맛이다.

ㄷ 나물 ◆◆ 나물로는 미나리의 단맛, 맥문동의 신맛, 콩잎의 짠맛, 부추의 쓴맛, 파의 매운맛이다.

ㄹ 가축 ◆◆◆ 가축으로는 소고기의 단맛, 개고기의 신맛, 돼지고기의 짠맛, 양고기의 쓴맛, 닭고기의 매운맛이다"라고 했다.

③ 본초本草의 설

ㄱ 돌石 ◆◆◆◆ 『본초本草』에 이르기를 "돌로는 옥玉의 단맛, 쇠의 매운맛, 웅황雄黃의 쓴맛, 증청曾靑의 신맛, 적석지赤石脂의 짠맛이다.

❖ 『본초本草』: 신농씨가 지어서 전해내려 왔다는 책으로, 약(옥석玉石과 초목草木은 물론이고 조수鳥獸와 충어蟲魚에 이르기까지 자세하다)에 대해 쓰여졌고, 특히 풀에 관한 사항이 제일 많다. 그러나 『한서』의 「누호전樓護傳」에 그 이름이 처음 나오는 것으로 봐서, 후세 사람이 신농씨의 이름을 빌려서 책을 썼다는 설이 제기되고 있다.

◆◆ 黃帝甲乙經言 穀則米甘 麻酸 大豆鹹 麥苦 黍辛 一云 稻米辛

◆ 菓則棗甘 李酸 栗鹹 杏苦 桃辛

◆◆ 菜則葵甘 韮酸 藿鹹 薤苦 蔥辛

◆◆◆ 畜則牛甘 犬酸 彘鹹 羊苦 雞辛

◆◆◆◆ 本草云 石則玉甘 金辛 雄黃苦 曾青酸 赤石脂鹹

ⓛ 풀草 ◆ 풀로는 복령茯苓의 단맛, 계심桂心의 매운맛, 천문동天門冬의 쓴맛, 오미자五味子의 신맛, 현삼玄參의 짠맛이다.

ⓒ 벌레蟲 ◆◆ 벌레로는 비령蜚蠊은 달고, 노래기(蚿)와 큰조개(蜠)는 매우며, 비단뱀(蚺蛇)은 쓰고, 쥐며느리(伊威)는 시며, 바구미(蚚)와 도마뱀(蜴)은 짠맛이다"라고 했다.

❖ 蜚 : 바퀴 비, 날 비　蚿 : 노래기 현　蜠 : 큰조개 균
蚺 : 비단뱀 염　蚚 : 바구미 기　蜴 : 도마뱀 척

❖ 정현·황제갑을경·본초의 다섯가지 맛과 사물 대응

다섯가지 맛		신맛	쓴맛	단맛	매운맛	짠맛
정현		식초	술	꿀	생강	소금
황제갑을경	곡식	삼麻	보리	쌀	기장 입쌀(稻米)	콩
	과일	오얏	살구	대추	복숭아	밤
	나물	맥문동	부추	미나리	파	콩잎
	가축	개고기	양고기	소고기	닭고기	돼지고기
본초	돌石	증청 曾青	웅황 雄黃	옥玉	쇠(金)	적석지 赤石脂
	풀	오미자 五味子	현삼 玄參	복령 茯苓	계심桂心	천문동 天門冬
	벌레	쥐며느리 (伊威)	비단뱀 (蚺蛇)	비령 蜚蠊	노래기(蚿) 큰조개(蜠)	바구미(蚚) 도마뱀(蜴)

◆◆◆ 약이나 식품의 예는 많으나, 다섯 가지 맛의 배열을 이와 같

◆ 草則茯苓甘 桂心辛 天門冬苦 五味子酸 玄參鹹
◆◆ 蟲則蜚蠊甘 蚿蜠辛 蚺蛇苦 伊威酸 蚚蜴鹹

이 대략 들었다. 모두가 다 오행의 기에서 나온 것이나, 기운의 배합에 치우친 것이 있기 때문에 그 맛이 다른 것이다.

3 곡식과 과일을 오행에 배속시킴

① 곡식을 오행에 배속시킴

◆ 총괄해서 말한다면, 오곡은 까끄라기가 있는 것은 목에 배속하고, 흩어지는 것은 화에 배속시키며, 방이 있는 것은 금에 배속시키고, 꼬투리가 있는 것은 수에 배속시키며, 모이는 것은 토에 배속시킨다.

까끄라기가 있는 것은 밀보리 종류이고, 흩어지는 것은 찰기장의 종류이며, 방이 있는 것은 호마胡麻의 종류이고, 꼬투리가 있는 것은 콩과 팥이며, 모이는 것은 메기장과 조의 종류다.

❖ 오행과 곡식

오행	목	화	금	수	토
곡식	밀,보리 등	찰기장	호마胡麻	콩,팥	메기장,조
특징	까끄라기	흩어짐	방이 있음	꼬투리가 있음	모임

㉠ 까끄라기 있는 것은 목 ◆◆ 까끄라기(망芒)는 미세한 실같이

◆◆◆ 藥食之物例多 且擧大略 配五味如此 皆是五行氣所生 氣有偏故其味則別

◆ 總而言之 五穀則芒以配木 散以配火 房以配金 莢以配水 萃以配土 芒大小麥之屬 散糜黍之屬 房胡麻之屬 莢大小豆之屬 萃稷粟之屬

까끄라기가 자란 것을 취한 것이니, 나무가 땅에서 나와 침같이 미세하게 된 것을 상징한 것이다.

ㄴ 흩어지는 것은 화 * 서舒는 흩어지는 것이니, 불기운이 온난해서 물건들이 퍼져 흩어지는 것을 상징한 것이다.

ㄷ 방이 있어 모난 것은 금 ** 방房은 모가 진 것이니, 쇠가 재단되고 분할되어 몸체가 모나고 바른 것을 상징한 것이다.

ㄹ 꼬투리가 있는 것은 수 *** 꼬투리(莢)는 좁은 것(狹)이니, 물이 길게 흘러 좁아진 것을 상징한다.

❖ 莢 : 꼬투리 협

ㅁ 모이는 것은 토 **** 취萃는 모인 것이니, 만물이 흙에서 모여 쓰이게 된 것을 상징한다.

** 芒者取其鋒芒纖長 象木生出地 如鋒芒也

* 舒散也 象火氣溫煖 物舒散也

** 房方也 象金裁割 體方正也

*** 莢狹也 象水流長而狹也

**** 萃聚也 象萬物皆聚於土 乃爲用也

② 과일을 오행에 배속시킴

◆ 다섯가지 과일은, 열매는 목에 배속시키고, 씨는 화에 배속시키며, 거죽은 금에 배속시키고, 껍질은 수에 배속시키며, 방은 토에 배속시킨다.

열매는 배와 사과의 종류이고, 씨는 복숭아와 오얏 종류이며, 거죽은 감귤의 종류이고, 껍질있는 것은 호도와 밤의 종류이며, 방이 있는 것은 포도 종류이다.

❖ 오행과 과일

오행	목	화	금	수	토
과일	배 · 사과 등	복숭아 · 오얏	감귤	호도 · 밤	포도
특징	열매가 있음	씨가 있음	거죽이 있음	껍질이 있음	방이 있음

㉠ 열매있는 것은 목 ◆◆ 열매(子)는 그 포함된 진액을 취한 것이니, 나무(木)가 좋은 진액을 생함으로써 열매가 실하고 무성한 것과 같다.

㉡ 씨가 있는 것은 화 ◆◆◆ 씨(核)가 있는 것은 씨가 살 속에 있어서 먹지 못하는 것을 취한 것이니, 화火☲가 음이 안에 있어서 받아들이지 못하는 것과 같다.

◆ 五菓則子以配木 核以配火 皮以配金 殼以配水 房以配土 子梨桳之屬 核桃李之屬 皮柑橘之屬 殼胡桃栗之屬 房蒲陶之屬

◆◆ 子取其含潤 如木生光潤 子實茂盛

◆◆◆ 核取其在肉內 不堪食 如火陰在內 無所堪容

ⓒ 거죽이 있는 것은 금 ◆ 거죽(피皮)은 그 두텁게 오그라들은 것을 취한 것이니, 금기운이 노쇠하게 하여 물건이 서방에 이르르면 급하게 축소되는 것과 같다.

ⓔ 껍질이 있는 것은 수 ◆◆ 껍질(殼)은 그 살이 안에 있어서 먹을 수 있는 것을 취한 것이니, 수水☵가 양이 안에 있어서 포용하고 받아들이는 것과 같다.

ⓜ 방이 있는 것은 토 ◆◆◆ 방房은 맺히고 모이는 것을 취한 것이니, 흙(土)에 물건이 모두 모이는 것과 같은 것이다.

이것은 곡식과 과일을 전체적으로 논해서 다섯 가지 맛에 배속한 것으로 대략 앞의 해석과 같다.

4 다섯가지 맛을 계절에 합치시킴

① 봄

◆◆◆◆ 『예기』 「월령」에 이르기를 "봄에는 보리와 양고기를 먹는다"고 하니, 보리는 껍질이 있기 때문에 목에 속하며, 양은 화에

◆ 皮取其厚急 如金氣衰老 物至西方 而急縮也

◆◆ 殼取其肉在內堪食 如水陽在內 堪能容納也

◆◆◆ 房取其結聚 如土物皆聚此 此則總論殼菓 以配五味 則略如前釋

◆◆◆◆ 月令云 春食麥與羊 麥有孚甲 故屬木 羊火畜 春氣猶寒 以此安性

속한 가축이다. 봄기운이 아직 춥기 때문에 이것을 먹어 생명과 본성을 편안히 하려는 것이다.

❖『예기』「월령편」에 "孟春之月 … 食麥與羊"이라 하고, 정현이 주를 달기를 "麥實有孚甲 屬木 羊火畜 時尙寒 食之以安性也"라고 하였다.

❖ 월령편에 대한 풀이는 정현鄭玄의 의견을 저자(蕭吉)가 요약한 것이다. 이하 여름·중앙6월·가을·겨울에 대한 내용도 같다.

② 여름

◆ "여름에는 콩과 닭고기를 먹는다"고 하니, 콩은 껍질이 있고 굳어서 수에 합치되며, 닭은 목에 속한 가축이므로, 뜨거울 때 먹게 되는 것이다.

❖『예기』「월령」에 "孟夏之月 … 食菽與鷄"라 하고, 정현이 주를 달기를 "菽實孚甲堅 合於水 鷄木畜 時熱食之 亦以安性也"라고 하였다.

③ 계절의 중앙6월

◆◆ "계절의 중앙에는 메기장과 쇠고기를 먹는다"고 하니, 메기장은 곡식 중에 키가 큰 것이며, 소는 토에 해당하는 가축이라서, 단맛으로 화합시키기 때문에 사계四季를 상징한 것이다.

❖『예기』「월령」에 "中央土 … 食稷與牛"라 하고, 정현이 주를 달기를 "稷五穀之長 牛土畜也"고 하였다.

④ 가을

◆◆◆ "가을에는 참깨와 개고기를 먹는다"고 하니, 참깨는 금에

◆ 夏食菽與鷄 菽有孚甲而堅 合於水 鷄屬木畜 故爲熱時所食

◆◆ 中央食稷與牛 稷是穀之長 牛是土畜 以其甘和 故象於時

속하고, 개도 또한 금에 속한 가축이므로 가을을 따르는 것이다.

❖『예기』「월령」에 "孟秋之月 … 食麻與犬"이라 하고, 정현이 주를 달기를 "麻實有文理 屬金 犬火畜也"라고 하였다. 따라서 "개도 또한 금에 속한 가축"이라고 한 것은 저자의 오식誤識인 것 같다. 뒤에『갑을경』과의 비교에서도, 저자는 정현이 "개를 금에 속한다"고 보았기 때문에 정현의 의견이 틀린 것 같다고 하였다.

⑤ 겨울

• "겨울에는 찰기장과 돼지고기를 먹는다"고 하니, 기장은 흩어지는 것이 화에 속하며, 돼지는 수에 속한 가축이므로 수와 화를 겸해서 겨울의 음식으로 하는 것이다.

❖『예기』「월령」에 "孟冬之月 … 食黍與彘"라 하고, 정현이 주를 달기를 "黍秀舒散屬火 寒時食之 亦以安性也 彘水畜也"라고 하였다.

❖ 예기의 계절에 맞는 음식을 정현이 풀이함. ( )안은 오행

계절	봄	여름	6월	가을	겨울
음식	보리(목) 양고기(화)	콩(수) 닭고기(목)	메기장(토) 쇠고기(토)	참깨(금) 개고기(금, 화)	찰기장(화) 돼지고기(수)

⑥ 계절과 음식에 대해 논함

•• 이 다섯 가지 음식 중에는 뜻이 같지 않은 것이 있다. 봄은 아직도 추우니 따스한 것을 먹으며, 여름은 더우니 찬 것을 먹

••• 秋食麻與犬 麻屬金 犬亦金畜 故從秋也

• 冬食黍與豕 黍舒散屬火 豕水畜 兼其水火 以爲冬食

•• 此之五食 義有不同 春猶寒食溫 夏方熱食寒 此意可解 苦甘味和 故隨時適用 此亦可解 秋冬兩食 此應宜熱 所以不熱 其故何也

는 것은 뜻을 알 수 있고, 쓴맛과 단맛은 맛을 조화시키는 것이기 때문에 때에 따라 적응해서 쓰는 것이니, 이것도 이해할 수 있다. 그러나 가을과 겨울 두 계절의 음식은 응당히 뜨거운 것을 먹어야 하는데, 뜨겁지 않은 것은 어째서인가?

◆ 만약 채옹蔡邕의 해석대로 음식과 맛이 계절에 서로 맞기 때문이라고 하면 의심이 없으나, 만약 정현의 해석대로라면 미진한 점이 있다. 이제 정현의 말을 확대 해석해 보면, 소양과 태양은 그 기운이 천천히 흩어지고, 소음과 태음은 그 기운이 거두어들여져 닫힌다. 그러므로 하상공河上公이 『도덕경』을 해석하면서 말하기를 "조급한 기운이 위에 있으면 양기가 아래로 엎드리게 되니 추운 것이고, 고요한 기운이 위에 있으면 음기가 아래로 엎드리게 되니 뜨거워지는 것이다"라고 하니, 인체의 음양의 뜻도 또한 이와 같다.

❖ 노자의 『도덕경』「홍덕洪德」에 "조급한 기운은 찬 것을 이기고, 고요한 기운은 더운 것을 이기므로, 맑고 고요하면 천하가 바르게 된다躁勝寒 靜勝熱 清淨爲天下正"고 하였다.

❖ 『하상공장구』에 "이긴다는 것은 극하게 되었다는 말이다. 봄과 여름에는 양기가 위에서 조급하고 빠르게 있으므로 만물이 성대하게 된다. 그러나 양기가 극하게 되면 추워지고, 추워지면 만물이 쇠락해서 죽어 없어지니, 사람이 강하고 조급하면 안된다고 하였다. 가을과 겨울에는 만물이 황천黃泉의 아래에서 고요히 있게 된다. 그러나 음기가 극하게 되면 열이 나게 되니, 열은 생하게 하는 근원이 된다(勝極也

◆ 若依蔡邕解 直云食味相宜 則無復疑 若依鄭解 則誠未盡 今廣鄭言 少陽大陽 其氣舒散 少陰大陰 其氣歛閉 故河上公解老子言 躁氣在上 陽氣伏於下 所以故寒 靜氣在上 陰氣伏於下 所以故熱 人體陰陽 義亦如是

春夏 陽氣躁疾於上 萬物盛大 極則寒 寒則零落死亡也 言人不當剛躁也 秋冬萬物靜於黃泉之下 極則熱 熱者生之源也)"라고 하였다.

◆ 봄여름은 늘어지고 흩어져서 양기가 열려 발산하니, 따스한 음식으로 음기를 조화시켜야 하고, 가을 겨울은 닫히고 거두어들여서 양기가 속에 있으니, 마땅히 찬 음식을 먹어서 양기를 조화시켜야 한다. 겨울에 수·화水火를 겸하는 까닭은, 또한 가을과 달리 숨기고 감추는 때이고, 춥기가 가을보다 심하기 때문에 수와 화를 고루 쓰는 것이다.

❖ 『예기』「왕제王制」에 정현이 주를 달기를 "일반적으로 마시는 것은 양기陽氣를 기르고, 먹는 것은 음기陰氣를 기르는데, 양기는 봄과 여름에 쓰고, 음기는 가을과 겨울에 쓴다(凡飮養陽氣 凡食養陰氣 陽用春夏 陰用秋冬)"고 하였다.

⑦ 갑을경과 정현의 설을 비교함

◆◆ 이제 『갑을경』과 정현의 이론을 합해서 논해보면, 조금은 어긋나는 데가 있다.

㉠ 양羊과 보리에 대한 의견 비교 ◆◆◆ 『갑을경』은 "양羊과 보리가 다 쓴 맛이니 모두 화의 맛"이라고 하였는데, 정현은 "양은 화에 속한 가축"이라고 같게 말했으나, "보리는 목에 속한다"고

◆ 春夏舒散 陽氣開發 宜以溫食用和陰氣 秋冬閉斂 陽氣在內 宜用寒食 以調陽氣 冬兼水火 又異於秋 正以藏閉之時 事甚於秋 故均以水火也

◆◆ 今又取甲乙 以竝鄭義 微有乖張

◆◆◆ 甲乙以羊麥俱苦 皆是火味 鄭玄云羊火畜同 以麥屬木 此是取其孚甲之形 用溫還同

했다. 보리를 목에 속한다고 한 것은 껍질이 있는 형상을 취한 것이나, 따스한 성질로 풀이한 것은 같다.

㉡ 콩과 닭에 대한 의견 비교 ◆『갑을경』은 "콩은 짜고 닭은 매운 것"으로 하고, 정현은 "콩은 수에 속한 것"으로 해서 같게 보았으나 "닭은 목에 속한 것"이라고 해서 달리 보았다. 이것은 아침이 오면 울어서 인목寅木과 가깝기 때문이나, 또한 나래를 떨치니 양의 성질이고, 유酉는 닭이므로 실질적으로 금에 속하는 것이다.

❖ 정현은 새벽에 닭이 울어 인시寅時와 연관되므로 목에 속한다는 것이고,『갑을경』은 닭이 날갯짓을 하고 유시酉時를 맡아 보므로 금에 속한다는 것이다.

㉢ 참깨와 개에 대한 의견 비교 ◆◆『갑을경』은 참깨와 개를 함께 신 것酸에 배속했으나, 정현은 참깨와 개를 함께 금에 배속했다. 신 것은 목의 맛으로 금기운을 조절하는 것이니, 소양의 기운과 맛으로 소음의 기운을 조절한다는 것은 이치가 통하나, 금으로 금을 조절한다면 적절한 조화가 어긋날까 두렵다.

❖ 참깨와 개를 목기운에 배속하면 목기운으로 금기운을 조절한다는 것이 이치에 맞으나, 정현의 주장처럼 금에 배속시키면 금이 금을 조절한다는 뜻이 되어 적절치 못하다는 말이다.

❖ 앞서 말한대로, 정현은 "개는 화에 속한다"고『예기』「월령」의 풀

◆ 甲乙以菽鹹鷄辛 鄭玄云菽合水同 鷄屬木異 此取其將旦而鳴近寅木故 又振羽翼 有陽性也 則是酉鳥 屬金爲實

◆◆ 甲乙以麻犬俱酸 鄭以麻犬俱金 酸是木味 用調金氣 以少陽之氣味 調少陰之氣 理則可通 金還調金 恐乖和適

이에 주석하였다.

㉣ 찰기장과 돼지에 대한 의견 비교 ◆『갑을경』은 "찰기장은 맵고 돼지는 짠 것"으로 했는데, 정현은 "돼지는 수에 속한 것"으로 같이 보았으나, "기장은 화에 속한 것"으로 달리 보았다. 이것은 기장의 색깔이 붉고 성질이 뜨겁기 때문에 화에 속한다고 한 것이다.

㉤ 총평 ◆◆ 만약 정현의 뜻대로 하면 앞에 풀이한 것 같이 된다. 그러나『갑을경』,『예기』「월령月令」·「명당明堂」의 뜻으로 하면, 여름 음식은 찬 것이라야 하니, 덥고 답답한 독기의 재앙을 조절코자 하는 것이며, 겨울에 또한 찬 것을 먹는 것은 속에 숨은 열을 제거하는 것이고, 봄은 추우므로 따스한 음식을 쓴다는 것에는 두 가지 설이 다르지 않다.

그러나 가을에 소양으로써 소음을 조화하는 것은, 살기殺氣(소음의 기운)가 있기 때문에 생하는 맛(소양의 맛)으로써 서로 보충하는 것이니, 정현의 설과는 전적으로 어긋난다.

❖ 저자는 정현이 금으로 금을 조절하는 것으로 보았다. 그러나 정현이 개를 화에 속한다고 보았으므로, 금과 화의 기운으로 금의 기운을 조절한다고 해야 맞을 것이다.

◆ 甲乙以黍辛彘鹹 鄭玄云彘合水同 黍屬火異 此言黍色赤性熱 故以爲火

◆◆ 若依鄭意 以如前解 若以甲乙明堂月令之意 夏食合冷者 欲令調災暑鬱毒之氣 冬食亦寒者 去藏中伏熱 春寒用溫 二意不殊 秋以少陽 和於少陰 爲有殺氣 故以生味相補 鄭全乖越

⑧ 계절과 음식관계를 논함

◆『주례』「천관」에 이르기를 "화창한 봄은 신 것이 많고, 여름은 쓴 것이 많으며, 가을은 매운 것이 많고, 겨울은 짠 것이 많으니, 끈끈하고 단 것으로써 조절한다"고 했는데, 이에 대한 풀이에 두가지 설이 있다.

❖『주례』「천관天官」에 "凡和春多酸 夏多苦 秋多辛 冬多鹹 調以滑甘"이라 하고, 정현이 주를 달기를 "각기 그 때에 따른 맛을 숭상해야 하고, 단맛으로써 각 때의 맛을 완성하니, 수화금목을 토가 이끄는 것과 같다(各尙其時味 而甘以成之 猶水火金木之載)"고 하였다.

한가지 설은 "마땅히 때의 기운을 따라야 하니, 봄에는 신 것을 많이 먹어야 하고, 여름에는 쓴 것을 많이 먹어야 한다"는 것이다.

다른 한가지 설은, "많은 것은 지나친 것이니, 봄에 신 것을 너무 먹으면 마땅히 짠맛을 덜 것이고, 여름에 쓴 것을 너무 먹으면 마땅히 신맛이 덜어질 것이다. 그러므로 뒷귀절에 '끈끈하고 단 것으로 조절한다'고 한 것이다"이다.

이제 앞의 해석에 의하면, 사시의 맛은 각각 때에 마땅한 것을 따르기 때문에, 때에 따라 짜고 쓰게 해서 몸을 적당하게 기르는 것이고, 토는 중앙에 있어서 사시의 재물을 총괄하는 까닭에, 사시의 맛을 단맛으로써 조절하는 것이다.

◆ 周禮天官云 凡和春多酸 夏多苦 秋多辛 冬多鹹 調以滑甘 解有兩家 一云 宜從時氣 春食須多酸 夏食須多苦 一云 多者過也 春食過酸 宜減其鹹味 夏食過苦 宜減其酸味 是以後句云 調以滑甘 今依前解 四時之味 各隨時所當 故逐時鹹苦 養體之宜 土旣居中 總戴四財 是以四時味 兼須甘味以調之

◆ 또 말하기를 "반찬과 밥이 서로 마땅하게 어울리는 것은, 쇠고기는 찰벼(稌 : 찰벼는 벼다)와 맞고, 양고기는 찰기장(黍)과 맞으며, 돼지고기는 메기장(稷)과 맞고, 개고기는 기장(粱)과 맞으며, 새고기는 보리와 맞고, 물고기는 고미菰米와 맞으니, 고미는 조호미彫胡米를 말한다. 그러나 군자의 먹을거리는 때를 가리지 않고 항상 마음대로 먹는다"고 했으며, 약으로 쓸 때에, 신 것은 뼈를 기르고, 쓴 것은 기를 기르며, 단 것은 속살을 기르고, 매운 것은 힘줄을 기르며, 짠 것은 맥을 기른다 하니, 이것은 모두 서로 돕는 뜻이다.

❖ 『주례』「천관天官」에 "凡會膳之宜 牛宜稌 羊宜黍 豕宜稷 犬宜粱 雁宜麥 魚宜菰 凡君子之食恒放焉"이라고 하였으며, 정현이 주를 달기를 "어울린다고 함은 완성되는 것이니, 그 맛이 서로 어울려 완성됨을 이른다. 정사농이 말하기를 '벼는 메벼'라고 하고, 『이아』에서는 '찰벼는 벼를 말하고, 고미는 조호미를 말한다'고 하였다會成也 謂其味相成 鄭司農云 稌粳也 爾雅曰 稌稻 苽彫胡也"라고 하였다.

5 병과 음식

① 하도河圖의 설

㉠ 짠맛 ◆◆ 『하도』에 이르기를 "사람이 끝없이 짠 것을 먹으면 신장의 기운이 성해지고 심장의 기운은 쇠약해져서, 광증이

◆ 又云 會膳食之所宜 牛宜稌 稌稻也 羊宜黍 豕宜稷 犬宜粱 鳥宜麥 魚宜菰 菰彫胡也 凡君子之食恒放焉 凡藥酸養骨 苦養氣 甘養肉 辛養筋 醎養脉 此竝相扶之

◆◆ 河圖云 人食無極醎 使腎氣盛 心氣衰 令人發狂 喜衄吐血 心神不定

나게 하며, 코피가 잘 나고 피를 토해서 마음과 정신이 안정을 못한다.

ⓛ 매운맛 ◆ 끝없이 매운 것을 먹으면 폐장의 기운이 성해지고 간장의 기운은 쇠약해져서, 사람을 나약하고 슬퍼하며 근심하게 하고, 눈이 멀고 털이 희어진다.

ⓒ 단맛 ◆◆ 끝없이 단 것을 먹으면 비장의 기운이 성해지고 신장의 기운은 쇠약해져서, 사람이 어리석고 음탕해지며, 정기가 새어나가 허리와 등이 아프며, 고름과 피가 많이 나게 된다.

ⓓ 쓴맛 ◆◆◆ 끝없이 쓴 것을 먹으면 심장의 기운이 성해지고 폐장의 기운은 쇠약해져서, 사람을 과감하게 만들어 목숨을 가벼이 여기고, 기침하며 구역질하고 가슴이 차오르게 된다.

ⓜ 신맛 ◆◆◆◆ 끝없이 신 것을 먹으면 간장의 기운이 성해지고 비장의 기운은 쇠약해져서, 사람으로 하여금 곡식을 소화하지 못하게 하고, 벙어리와 귀머거리가 되고 어혈이 들어 굳어진다"고 하니, 이것은 오장이 서로 제어하고 극하는 뜻이다.

❖ 『수서隋書』「경적지」에 『하도』 20권이 있었다고 하나, 현재는 일

◆ 無極辛 使肺氣盛 肝氣衰 令人懦怯悲愁 目盲髮白

◆◆ 無極甘 令脾氣盛 腎氣衰 使人癡淫 泄精腰背痛 利膿血

◆◆◆ 無極苦 使心氣盛 肺氣衰 令人果敢輕死 欬逆胸滿

◆◆◆◆ 無極酸 使肝氣盛 脾氣衰 令人穀不消化 喑聾癥固 此五臟相制剋之義

실되고 없다.

❖『황제내경소문』「생기통천론生氣通天論」에 "음이 생산하는 바는 본원이 오미에 있고, 음의 오궁을 상傷하게 함도 오미에 있다. 그러므로 맛이 지나치게 시면 간장의 기운에 진액이 넘쳐서 폐장의 기운을 끊게 되고, 짠맛이 지나치면 대골의 기운이 피로하고 살이 단축되어 심장의 기운이 억제되며, 단맛이 지나치면 심장의 기운이 헐떡거리게 되고 색이 검어져서 신장의 기운이 평형을 이루지 못하고, 쓴맛이 지나치면 폐장의 기운이 윤택해지지 못해서 위장의 기운이 두터워지며, 매운맛이 지나치면 힘줄과 맥락이 이완되어 정신이 상하게 됩니다(陰之所生 本在五味 陰之五宮 傷在五味 是故味過於酸 肝氣以津 肺氣乃絶 味過於鹹 大骨氣勞 短肌心氣抑 味過於甘 心氣喘滿色黑 腎氣不衡 味過於苦 脾氣不濡 胃氣乃厚 味過於辛 筋脈沮弛 精神乃央)"라고 하였다.

② 황제양생경黃帝養生經의 설

◆『황제양생경』에 이르기를 "신 것은 간에 들어가고, 매운 것은 폐에 들어가며, 쓴 것은 심장에 들어가고, 단 것은 비장에 들어가며, 짠 것은 신장에 들어간다.

㉠ 신체의 병에 금하는 것 ◆◆ 그러므로 병이 힘줄에 있으면 신 것을 먹지 말고, 병이 기에 있으면 매운 것을 먹지 말며, 병이 뼈에 있으면 짠 것을 먹지 말고, 병이 피에 있으면 쓴 것을 먹지 말며, 병이 속살에 있으면 단 것을 먹지 말라"고 하니, 입에 당긴다고 해서 음식을 너무 많이 먹으면 안된다. 반드시 자신을 해치기 때문에 '다섯 도적'이라고 한 것이다.

◆ 黃帝養生經云 酸入肝 辛入肺 苦入心 甘入脾 鹹入腎

◆◆ 病在筋 無食酸 病在氣 無食辛 病在骨 無食鹹 病在血 無食苦 病在肉 無食甘 口嗜而飮食之 不可多也 必自賊也 故名五賊

❖ 『황제양생경』에서 신체의 병에 금하는 맛

신체의 병	힘줄	기氣	뼈	피	속살肉
금하는 맛	신맛	매운맛	짠맛	쓴맛	단맛

❖ 『황제내경소문』「선명오기宣明五氣」에 "五味所入 酸入肝 辛入肺 苦入心 鹹入腎 甘入脾 是謂五入"이라 하고, 『황제내경영추경』「구침론九鍼論」에 "五裁 病在筋 無食酸 病在氣 無食辛 病在骨 無食鹹 病在血 無食苦 病在肉 無食甘 口嗜而欲食之 不可多也 必自裁也 命曰五裁"라고 하였다.

❖ 『황제음부경黃帝陰符經』의 상편에 "하늘에 다섯 도적이 있으니, 이것을 보는 자는 번창하고(天有五賊 見之者昌)"라고 하였다.

ⓛ 오장의 병에 금하는 맛 • 또 이르기를 "간의 병은 매운 것을 금하고, 심장의 병은 짠 것을 금하며, 비장의 병은 신 것을 금하고, 폐의 병은 쓴 것을 금하며, 신장의 병은 단 것을 금한다"고 하니, 이것은 다 미워하는 맛이므로 금하는 것이다.

❖ 오장의 병에 금하는 맛

신체의 병	간	심장	비장	폐	신장
금하는 맛	매운맛	짠맛	신맛	쓴맛	단맛
이유	금극목	수극화	목극토	화극금	토극수

❖ 『황제내경 영추경』의 「오미론」에 "五禁 肝病禁辛 心病禁鹹 脾病禁酸 肺病禁苦 腎病禁甘"고 하였다.

❖ 『황제내경 소문』「선명오기宣明五氣」에 "다섯 가지 맛에는 금하는 것이 있다. 매운맛은 기를 따라 다니니, 기의 병에는 매운 것을 많이 먹지 않는다. 짠맛은 피를 따라 다니니, 피에 관한 병에는 짠맛을 많이 먹지 않는다. 쓴맛은 뼈를 따라 다니니, 뼈의 병에는 쓴맛을 많이

◆ 又云 肝病禁辛 心病禁鹹 脾病禁酸 肺病禁苦 腎病禁甘 此皆所惡之味 故禁

먹지 않는다. 단맛은 속살을 따라 다니니, 속살에 관한 병에는 단맛을 많이 먹지 않는다. 신맛은 힘줄을 따라 다니니, 힘줄에 관한 병에는 신맛을 많이 먹지 않는다(五味所禁 辛走氣 氣病無多食辛 鹹走血 血病無多食鹹 苦走骨 骨病無多食苦 甘走肉 肉病無多食甘 酸走筋 筋病無多食酸 是謂五禁 無令多食)"고 하였다.

ⓒ 오장의 병에 좋은 맛 ◆ 또 이르기를 "폐의 병에는 찹쌀 쇠고기 대추 미나리 등을 먹고, 심장의 병에는 보리 양고기 살구 염교(薤)를 먹으며, 신장의 병에는 콩 누런 기장 돼지고기 콩잎을 먹고, 간의 병에는 깨 개고기 오얏 부추를 먹으며, 비장의 병에는 닭고기 복숭아 기장 파를 먹는 것이 좋다"고 했다. 이 다섯 가지 먹어서 마땅한 것들은, 간장과 심장과 신장은 실하기 때문에 각각 본 맛으로 보하는 것이고, 폐장과 비장은 허하기 때문에 아들과 어머니로(상생관계)로 서로 기르는 것이다.

❖ 오장의 병에 좋은 맛

신체의 병	폐	심장	신장	간	비장
좋은 맛	찹쌀 쇠고기 대추 미나리	보리 양고기 살구 염교	콩 누런기장 돼지고기 콩잎	깨 개고기 오얏 부추	닭고기 복숭아 기장 파

◆ 又云 肺病宜食糯米飯牛肉棗葵 心病宜食麥羊肉杏薤 腎病宜食大豆黃黍豕肉藿 肝病宜食麻犬肉李韭 脾病宜食鷄肉桃黍葱 此五宜食者 肝心腎三藏實 故各以其本味補之 脾肺虛 故以其子母相養者也

6 양생과 음식

① 춘추잠담파春秋潛潭巴의 설

• 『춘추잠담파』에 이르기를 "다섯가지 맛이 오장을 생함은, 짠 것은 간장을 생하고, 신 것은 심장을 생하며, 쓴 것은 비장을 생하고, 단 것은 폐를 생하며, 매운 것은 신장을 생한다"고 했다.

❖ 『춘추잠담파』는 춘추위의 하나이나, 현재 전해지지 않는다.

② 황제양생경의 설

㉠ 간에는 짠맛 •• 『황제양생경』에 이르기를 "간은 색이 푸르므로 짠 것과 볍쌀·쇠고기·대추를 먹어야 한다.

㉡ 심장에는 신맛 ••• 심장의 색은 붉으므로 식초같이 신 것과 개고기·오얏을 먹어야 한다.

㉢ 폐장에는 단맛 •••• 폐장의 색은 희므로 단 것과 보리·양고기·살구를 먹어야 한다.

㉣ 비장에는 쓴맛 ••••• 비장의 색은 누러므로 쓴 것과 콩·돼지고기·밤을 먹어야 한다.

• 春秋潛潭巴云 五味生五藏者 醎生肝 酸生心 苦生脾 甘生肺 辛生腎

•• 養生經云 肝色青 宜食醎 稻米牛肉棗

••• 心色赤 宜食酢 犬肉李

•••• 肺色白 宜食甘 麥羊肉杏

••••• 脾色黃 宜食苦 大豆豕肉栗

ⓜ 신장에는 매운맛 ◆ 신장의 색은 검으므로 매운 것과 기장·닭고기를 먹는 것이 마땅하다"고 했다. 이 다섯 가지 음식은 모두 생해주는 것으로써 그 자식을 기르는 것이다.

❖ 『황제양생경』의 오장에 좋은 음식

오장	간장	심장	폐장	비장	신장
오장의 색	푸른색	붉은색	흰색	누런색	검은색
음식	짠 것 볍쌀 쇠고기 대추	식초같이 신 것 개고기 오얏	단 것 보리 양고기 살구	쓴 것 콩 돼지고기 밤	매운 것 기장 닭고기

❖ 『황제소문영추경』 「오미론」에는 "肝色青 宜食甘秔米飯牛肉棗葵 皆甘 心色赤 宜食酸 犬肉麻李韭 皆酸 脾色黃 宜食鹹 大豆豕肉藿 皆鹹 肺色白 宜食苦 麥羊肉杏薤 皆苦 腎色黑 宜食辛 黃黍鷄肉桃葱 皆辛"이라고 되어 있다.

ⓑ 음식의 두 역할 ◆◆ 또 이르기를 "다섯 가지 맛이 입에 들어오면, 각각 길러주려고 달려가는 데가 있으며, 또 병들게 하는 데가 있다. 신 것은 힘줄로 달려가나 많이 먹으면 사람을 수척하게(癃) 만들고, 짠 것은 피로 달려가나 많이 먹으면 사람을 갈증나게 만들며, 매운 것은 기로 달려가나 많이 먹으면 사람을 공허하게 만들고, 쓴 것은 뼈로 달려가나 많이 먹으면 사람으로 하여금 경련이 일게 만들며, 단것은 피부로 달려가나 많이 먹으

◆ 腎色黑 宜食辛 黍鷄肉 此五食皆以所生 能養其子也

◆◆ 又云 五味之入口也 各有所走 各有所病 酸走筋 多食之 令人癃 鹹走血 多食之 令人渴 辛走氣 多食之 令人洞心 苦走骨 多食之 令人攣 甘走皮 多食之 令人惡心 辛散 酸收 甘緩 苦堅 鹹濡 五穀爲養 五菓爲助 五畜爲益 氣味合而服之 隨四時五藏所宜也

면 사람으로 하여금 속이 불쾌해 토하게끔 만든다.

❖ 륭癃 : 륭은 곱사등이 륭, 쇠약할 륭, 위독할 륭 등의 뜻이 있다. 신 것을 많이 먹으면, 힘줄을 잡아당겨 뼈를 오그리게 하기 때문에 심하면 곱사등이가 될 수도 있다.

❖ 『황제내경영추경』「오미론五味論」에 황제가 소유小兪에게 묻기를, "五味入于口也 各有所走 各有所病 酸走筋 多食之 令人癃 鹹走血 多食之 令人渴 辛走氣 多食之 令人洞心 苦走骨 多食之 令人變嘔 甘走肉 多食之 令人悗心"이라고 하면서, 내가 그렇게 되는 것은 알지만 왜 그렇게 되는지는 모르니, 그 까닭을 말해 달라고 하였다. 「구침론九鍼論」의 '오주五走'에도 비슷한 내용이 있다.

매운 것은 흩트리고, 신 것은 거두어 들이며, 단 것은 늦추고, 쓴 것은 굳게 하며, 짠 것은 적신다. 그러므로 오곡五穀으로 기르고, 오과五菓로 도우며, 오축五畜으로 유익하게 해서 기운과 맛을 합당하게 복용하되, 사계절에 따라 오장의 마땅한 것에 맞춰야 한다"고 했다.

❖ 『황제내경소문』「장기법시론藏氣法時論」에 "오곡五穀으로 기르고, 오과五菓로 도우며, 오축五畜으로 유익하게 하고, 오채五菜로 살찌게 해서 기운과 맛을 합당하게 복용함으로써, 정기精氣를 보익하라(五穀爲養 五果爲助 五畜爲益 五菜爲充 氣味合而服之 以補精益氣)"고 되어 있다.

ⓢ 사람의 피부색과 음식 • 또 이르기를 "사람의 색깔이 누르면 단 것을 먹는 것이 좋고, 푸른색이면 신 것을 먹는 것이 좋으며, 검은색이면 짠 것을 먹는 것이 좋고, 붉은색이면 쓴 것을 먹는 것이 좋으며, 흰색이면 매운 것을 먹는 것이 좋다"고 하니,

◆ 又云 人黃色宜甘 靑色宜酸 黑色宜鹹 赤色宜苦 白色宜辛 此皆依本體所宜

이것은 모두 본체에 마땅하게 하는 것에 의한 것이다.

❖ 누른색은 중앙토색이므로, 살빛이 누른 사람은 토의 맛인 단 것을 먹는 것이 좋다는 말이다. 다른 색의 사람도 마찬가지이다.

③ 공자가어孔子家語의 설

◆『공자가어』에 말하기를 "물(수水)을 먹고 사는 것은 수영을 잘하고 찬 것을 잘 견디며, 흙(토土)을 먹고 사는 것은 생각이 없고 쉬지 않으며(無心不息), 나무(목木)를 먹는 것은 힘이 세고 다스리기 힘들며, 풀(초草)을 먹는 것은 달아나는 것을 잘하고 어리석으며, 뽕나무를 먹는 것은 실이 있고 나비가 되며, 고기를 먹는 것은 용감하고, 기氣를 먹는 것은 신명스럽고 수壽를 누리며, 곡식을 먹는 것은 지혜롭고 재주가 있으며, 먹지 않고 살며 죽지 않고 신령스럽다"고 했다. 이것은 다 기와 맛의 종류이기 때문에 덧붙여서 논술했다.

다섯 가지 맛을 풀이한 것의 예를 많이 들지는 않았으나, 어語(『공자가어』, 『국어』 등)와 경經(『황제내경』, 『양생경』 등)에 밝게 풀이된 것이 이와 같은 것들이다.

❖『공자가어』「집비執轡」에 "食水者 善游而耐寒 食土者 無心而不見 食木者 多力而不治 食草者 善走而愚 食桑者 有緖而蛾 食肉者勇毅而捍 食氣者神明而壽 食穀者 智惠而巧 不食者 不死而神"이라고 되어 있다.

◆ 家語曰 食水者 善游能寒 食土者 無心不息 食木者多力不治 食草者 善走而愚 食桑者 有緖爲蛾 食肉者勇敢 食氣者 神明而壽 食穀者惠巧 不食者不死而神 此皆氣味之類 故附而述之 五味所解 例多不擧 語經所明可解者如此

4장. 장부에 배속됨論配藏府

1 오장五藏과 육부六府

◆ 장藏과 부府는 오행과 육기로 인해서 이루어진 것이다. 장藏이 다섯 개인 것은, 오행으로부터 부여받아서 다섯 가지 성질이 된 것이다. 부府가 여섯 개인 것은 육기六氣로 인한 것이니, 이것을 육정六情이라고도 한다. 정情과 성性 및 기氣는 뒤에 별도로 해석하고, 지금은 장부의 배합되는 뜻만을 논한다.

❖ 『오행대의』에서 '오장五臟과 육부六腑'를 '오장五藏과 육부六府'라고 한 것은, 인체의 부속 기관이라는 뜻보다는 감춘다(藏)는 뜻과 저장한다(府)는 뜻을 강조한 것이다.

◆◆ 오장은 간장(肝)·심장(心)·비장(脾)·폐장(肺)·신장(腎)이고, 육부는 대장大腸·소장小腸·담膽·위胃·삼초三焦·방광膀胱이다.

① 오행과 오장

◆◆◆ 간장은 목에 배속되고, 심장은 화에 배속되며, 비장은 토에

◆ 藏府者 由五行六氣而成也 藏則有五 稟自五行 爲五性 府則有六 因乎六氣 是曰六情 情性及氣 別於後解 今論藏府所配合義

◆◆ 五藏者 肝心脾肺腎也 六府者 大腸小腸膽胃三焦膀胱也

◆◆◆ 肝以配木 心以配火 脾以配土 肺以配金 腎以配水

배속되고, 폐장은 금에 배속되며, 신장은 수에 배속된다.

오행	간장	심장	비장	폐장	신장
오장	목	화	토	금	수

② 육기와 육부

◆ 방광은 양陽이 되고, 소장은 음陰이 되며, 담은 풍風(바람)이 되고, 대장은 우雨(비)가 되며, 삼초는 회晦(캄캄함)가 되고, 위는 명明(밝음)이 된다.

육기	양	음	풍	우	회	명
육부	방광	소장	담	대장	삼초	위

그러므로 『두자춘추杜子春秋』 「의화醫和」에 이르기를 "음陰이 넘치면 추운 병이 나고, 양陽이 넘치면 열병이 난다. 풍風이 넘치면 말초에 병이 나니, 말초는 사지를 말한다. 우雨가 넘치면 배에 병이 난다. 회晦가 넘치면 의혹하는 병이 나고, 명明이 넘치면 심장에 병이 난다"고 했다.

❖ 『두자춘추杜子春秋』: 두예杜預가 지은 『춘추좌씨경전집해春秋左氏經典集解』를 말한다.

❖ 『춘추좌씨전』 「소공昭公」 원년元年에 진후晉侯가 진秦나라에 의원을 구하자, 진백秦伯이 의화醫和를 보내서 진맥하게 하는 대목에 나오는 말이다.

◆ 膀胱爲陽 小腸爲陰 膽爲風 大腸爲雨 三焦爲晦 胃爲明 故杜子春秋醫和云 陰淫寒疾 陽淫熱疾 風淫末疾 末四支也 雨淫腹疾 晦淫惑疾 明淫心疾

2 오장五藏

◆ '장藏'은 형체(몸)의 안에 감추어졌기 때문에 장이라고 하고, 또한 다섯 가지 기를 받아 감출 수 있기 때문에 장이라고 이름한 것이다. '부府'는 전해서 흘러 내려오는 것을 받아들여 모을 수 있기 때문에 부라고 했다.

❖ 사람의 입으로부터 항문의 사이에 있는 소화기관은 사람의 몸안에 있는 내부기관으로 볼 수 없다. 왜냐하면 입부터 항문까지는 소화물을 잠시 막아두는 둑(부府)은 있을 망정, 바깥과 직접적으로 통해 있기 때문에, 실질적으로는 피부와 마찬가지로 인체의 외부기관에 해당하기 때문이다(입부터 항문까지를 일직선으로 잡아당겨 본다고 생각하면 쉽게 이해가 될 것이다) 이와는 달리 장藏은 바깥과 직접적으로 통해 있는 것은 아니다.

① 백호통白虎通의 설

◆◆ 『백호통』에 이르기를 "간장의 '간'은 막는다(扞)는 것이다. 폐장의 '폐'는 허비한다(費)는 것이니, 정情이 움직여 펴지는 것(序)이다. 심장의 '심'은 맡는다(任)는 것이니, 생각을 맡는 것이다. 신장의 '신'은 손님을 맞고 보내는 것(賓)이니, 구멍으로 쏟는 것이다. 비장의 '비'는 분별하는 것(辨)이니, 정기精氣를 쌓아두는 것이다"라고 했다.

❖ 『백호통덕론白虎通德論』「정성情性」에 출전한 말이다.

◆ 藏者 以其藏於形體之內 故稱爲藏 亦能藏受五氣 故名爲藏 府者 以其傳流受納 謂之曰府

◆◆ 白虎通云 肝之爲言扞也 肺之爲言費也 情動得序也 心之爲言任也 任於思也 腎之爲言賓也 以竅寫 脾之爲言辨也 所以積精稟氣也

② 춘추원명포의 설

• 『춘추원명포』에 이르기를 "비장의 '비'는 분별하는 것이니, 심장이 얻으면 귀하고, 간장이 얻으면 흥성하며, 폐장이 얻으면 커지고, 신장이 얻으면 변화한다. 간장은 어질고, 폐장은 의로우며, 심장은 예의바르고, 신장은 지혜로우며, 비장은 신실信實하기 때문이다.

❖ 『백호통덕론白虎通德論』「정성情性」에도 "五臟 肝仁 肺義 心禮 腎智 脾信也"라고 되어 있다.

㉠ 간장은 어질다 •• 간장이 어질다는 것은 어째서인가? 간장은 목의 정수精髓이다. 어진 자는 생하는 것을 좋아하는데, 동방은 양방이고 만물이 나오는 곳이다. 그러므로 간장은 목을 상징하며, 색이 푸르고 부드러운 것이다.

❖ 『백호통덕론白虎通德論』「정성情性」에 "간장이 어질다는 것은 어째서인가? 간장은 목의 정수精髓이다. 어진 자는 생하는 것을 좋아하는데, 동방은 양방이고 만물이 나오는 곳이다. 그러므로 간장이 목을 상징하며, 색은 푸르고 가지와 잎새가 있다. 눈(目)으로 간장의 상태를 살피는 것은 어째서인가? 눈은 눈물을 밖으로 흘리지만, 몸 안에 다른 물건을 받아들이지는 못한다. 나무(木) 또한 가지와 잎새를 밖으로 내지만, 안으로 물건을 받아들이지는 못한다(肝所以仁者何 肝木之精也 仁者好生 東方者陽也 萬物始生 故肝象木 色青而有枝葉 目爲之候何 目能出淚 而不能內物 木亦能出枝葉 不能有所內也)"라고 되어 있다.

• 元命苞云 脾者辨也 心得之而貴 肝得之而興 肺得之而大 腎得之以化 肝仁 肺義 心禮 腎智 脾信

•• 肝所以仁者何 肝木之精 仁者好生 東方者陽也 萬物始生 故肝象木 色青而有柔

ⓛ 폐장은 의롭다 ◆ 폐장이 의롭다는 것은 어째서인가? 폐장은 금의 정수이다. 의로운 자는 결단할 수 있는데, 서방은 만물을 죽이고 성취시킨다. 그러므로 폐장은 금을 상징하며, 색이 희고 강한 것이다.

❖『백호통덕론白虎通德論』「정성情性」에 "폐장이 의롭다는 것은 어째서인가? 폐장은 금의 정수이다. 의로운 자는 결단할 수 있는데, 서방 또한 금에 해당하고 만물을 성취시킨다. 그러므로 폐장이 금을 상징하고 색은 희다. 코鼻로 폐의 상태를 살피는 것은 어째서인가? 코는 기가 출입하는 곳이고, 높은 곳에 구멍이 나 있다. 산 또한 쇠(金)와 돌(石)이 쌓여 있으며 구멍이 나 있다. 구름이 나아가 비를 뿌림으로써 천하를 윤택하게 하며, 비가 오면 구름이 적어진다. 코 또한 기운을 들고 나게 할 수 있다(肺所以義者何 肺金之精 義者斷決 西方亦金 成萬物也 故肺象金 色白也 鼻爲之候何 鼻出入氣 高而有竅 山亦有金石 累積亦有孔穴 出雲布雨 以潤天下 雨則雲消 鼻能出納氣也)"라고 되어 있다.

ⓒ 심장은 예의바르다 ◆◆ 심장이 예의바른 것은 어째서인가? 심장은 화의 정수이다. 남방에는 높은 양이 위에 있고 낮은 음이 아래에 있어서 높고 낮은 예의가 있다. 그러므로 심장은 화를 상징하며, 색이 붉고 아래가 뾰족한 것이다.

❖『백호통덕론白虎通德論』「정성情性」에 "심장이 예의바른 것은 어째서인가? 심장은 화의 정수이다. 남방에는 높은 양이 위에 있고 낮은 음이 아래에 있어서 높고 낮은 예의가 있다. 그러므로 심장은 화를 상징하며, 색은 붉고 예리한 것이다. 사람에게는 도가 있어서 존귀하고, 하늘은 본래 위에 있기 때문에 심장의 아래가 뾰족한 것이다. 귀

◆ 肺所以義者何 肺金之精 義者能斷 西方殺成萬物 故肺象金 色白而有剛

◆◆ 心所以禮者何 心者火之精 南方尊陽在上 卑陰在下 禮有尊卑 故心象火 色赤而尖

(耳)로 심장의 상태를 살피는 것은 어째서인가? 귀는 몸 안과 밖의 소리와 언어를 두루 구별할 수 있고, 불(火)이 사방을 비추어서 상하를 분명하게 구별 짓는 것이 예절과 같은 것이다(心所以爲禮何 心火之精也 南方尊陽在上 卑陰在下 禮有尊卑 故心象火 色赤而銳也 人有道尊 天本在上 故心下銳也 耳爲之候何 耳能遍內外 別音語 火照有似於禮 上下分明)"라고 했다.

㉣ 신장은 지혜롭다 ◆ 신장이 지혜로운 것은 어째서인가? 신장은 수의 정수이다. 지혜로운 자는 나아가기를 그치지 않고 의혹함이 없으며, 수水도 또한 전진해서 의혹하지 않는다. 그러므로 신장이 수를 상징하며, 색은 검은 것이고, 수는 음이기 때문에 신장이 둘이다.

❖ 『백호통덕론白虎通德論』「정성情性」에 "신장이 지혜로운 것은 어째서인가? 신장은 수의 정수이다. 지혜로운 자는 나아가기를 그치지 않고 의혹함이 없으며, 수水도 또한 전진해서 의혹하지 않는다. 북방수인 까닭에 신장의 색이 검고, 물(水)은 음이기 때문에 신장이 둘이다. 오줌구멍으로 신장의 상태를 살피는 것은 어째서인가? 오줌구멍은 물을 배출할 수 있고, 또한 물이 흘러가고 적시게 할 수 있기 때문이다(腎所以智何 腎者水之精 智者進而止 無所疑惑 水亦進而不惑 北方水故腎色黑 水陰故腎雙 竅爲之候何 竅能瀉水 亦能流濡)"라고 했다.

㉤ 비장은 신실信實하다 ◆◆ 비장이 신실한 것은 어째서인가? 비장은 토의 정수이다. 토는 신의를 주관하니 만물을 맡아 기르는 상이고, 물건을 생하는 데 사사로움이 없으니 신실함이 지극한

◆ 腎所以智者何 腎水之精 智者進而不止 無所疑惑 水亦進而不惑 故腎象水 色黑水陰 故腎雙

◆◆ 脾所以信者何 脾土之精 土主信 任養萬物 爲之象 生物無所私 信之至也 故脾象土 色黃

것이다. 그러므로 비장이 토를 상징하며 색은 누런 것이다"라고 했다.

❖ 『백호통덕론白虎通德論』 「정성情性」에 "비장이 신실한 것은 어째서인가? 비장은 토의 정수이다. 토는 신의를 주관하니 만물을 맡아 기르는 상이고, 물건을 생하는데 사사로움이 없으니 신실함이 지극한 것이다. 그러므로 비장은 토를 상징하는 것이고, 그 색은 누런 것이다. 입(口)으로 비장의 상태를 살피는 것은 어째서인가? 입은 먹고 맛보는 능력이 있으며, 혀는 맛을 구별할 줄 안다. 또한 입은 음성이 나오는 곳이고, 진액(침 등)을 토하는 곳이기 때문이다(脾所以信何 脾土之精也 土尙任養萬物 爲之象 生物無所私 信之至也 故脾象土 色黃也 口爲之候何 口能啖嘗 舌能知味 亦能出音聲 吐滋液)"라고 했다.

③ 익봉翼奉의 설

• 『익봉』에 이르기를 "간의 성질은 고요하니 갑甲·기己가 주관하고, 심장의 성질은 조급하니 병丙·신辛이 주관하며, 비장의 성질은 힘차니 무戊·계癸가 주관하고, 폐장의 성질은 굳으니 을乙·경庚이 주관하며, 신장의 성질은 경건하니 정丁·임壬이 주관한다"고 했다.

❖ 오장과 역할에 대한 설

오장		간장	폐장	심장	신장	비장
역할	백호통	막는다(扞)	펴진다	생각을 맡는다	구멍으로 쏟는다	정기精氣를 쌓는다
	춘추원명포	어질다	의롭다	예의바르다	지혜롭다	신실信實하다
	익봉	고요하다	조급하다	굳세다	경건하다	힘차다

• 翼奉云 肝性靜 甲己主之 心性躁 丙辛主之 脾性力 戊癸主之 肺性堅 乙庚主之 腎性敬 丁壬主之

3 오장의 위치와 사시에 대한 설

① 오경이의 · 하후구양 등의 설과 고문상서설의 차이

㉠ 오경이의와 하후구양의 설 ◆ 허신의 『오경이의五經異義』와 『상서정의尙書正義』에 하후夏侯와 구양歐陽의 설에 이르기를 "간장은 목, 심장은 화, 비장은 토, 폐장은 금, 신장은 수다"고 했으니, 이것은 앞의 것과 같다.

㉡ 고문상서의 설 ◆◆ 『고문상서古文尙書』에 이르기를 "비장은 목, 폐장은 화, 심장은 토, 간장은 금이다"라고 했으니, 이것은 네 개의 장藏이나 같지 않다.

❖ 오장을 오행에 배속한 두 설의 차이

오장	간장	폐장	심장	신장	비장
오경이의와 하후구양 등의 설	목	금	화	수	토
고문상서의 설	금	화	토	수	목

❖ 『상서』 즉 『서경』에는 고문상서와 금문상서가 있다.

② 예기의 설

◆◆◆ 『예기』 「월령」에 이르기를 "봄의 제사는 비장을 쓰고, 여름의 제사는 폐장을 쓰며, 계하季夏의 제사는 심장을 쓰고, 가을

◆ 許愼五經異義 尙書夏侯歐陽說云 肝木 心火 脾土 肺金 腎水 此與前同

◆◆ 古文尙書說云 脾木 肺火 心土 肝金 此四藏不同

◆◆◆ 案禮記月令云 春祭以脾 夏祭以肺 季夏祭以心 秋祭以肝 冬祭以腎

의 제사는 간장을 쓰며, 겨울의 제사는 신장을 쓴다"고 했다.

③ 정현鄭玄의 고문상서설에 대한 비판

◆ 다섯 때가 다 맞는 것은 『고문상서』이나, 정현이 반박해서 말하기를 "이것(고문상서)은 글이 다르고 일이 틀린 것으로, 그 본뜻을 살피지 못한 것이다. 『예기』「월령」에서 다섯 제사에 모두 앞의 것만 말하고 뒤의 것은 말하지 않은 것은, 앞의 것을 말하면 뒤의 것은 자연히 포함되기 때문이다.

❖ 정현은 『고문상서』의 설이 『예기』의 설과 다름을 강조하였다. 즉 예기의 설은 오장의 위치와 사시를 맞춘 것이지, 오장을 오행에 배속한 내용이 아니라는 뜻이다. 다시말해 『고문상서』의 설이 틀렸다는 뜻이다.

㉠ 계절에 따른 제사지내는 장소와 오장의 제물 ◆◆ 봄에는 삽짝문에 제사지내면서 먼저 비장으로 제사하고 뒤에 신장으로 제사지내며, 여름에는 부엌에 제사지내면서 먼저 폐장으로 제사지내고 뒤에 심장·간장으로 하며, 계하에는 처마에 제사지내면서 먼저 심장으로 제사지내고 뒤에 폐장으로 하며, 가을에는 대문에 제사지내면서 먼저 간장으로 제사지내고 뒤에 심장·폐장으로 하며, 겨울에는 거리에 제사지내면서 먼저 신장으로 제사지내고 뒤에 비장으로 하니, 이러한 뜻은 사시의 위치와 오장의 상하관

◆ 皆五時自相得 則古尚書是也 鄭玄駁曰 此文異事乖 未察其本意 月令五祭 皆言先 無言後者 凡言先有後之辭

◆◆ 春祀戶 其祭也 先脾後腎 夏祀竈 其祭也 先肺後心肝 季夏祀中霤 其祭也 先心後肺 秋祀門 其祭也 先肝後心肺 冬祀行 其祭也 先腎後脾 凡此之義 以四時之位 五藏之上下 次之耳

계로 차례를 한 것이다.

❖ 계절의 위치와 오장의 상하관계에 따른 장소와 제물(鄭玄의 설)

계절		봄	여름	계하	가을	겨울
제사지내는 장소		삽짝문	부엌	처마	대문	거리
제물	선	비장	폐장	심장	간장	신장
	후	신장	심장, 간장	폐장	심장, 폐장	비장

ⓛ 계절의 차례와 오장의 위치 ◆ 겨울의 위치는 사시 중 뒤에 있고 신장은 오장 중 아래에 있으며, 여름의 위치는 앞에 있고 폐장의 위치는 위에 있다. 봄의 위치는 조금 앞에 있기 때문에 먼저 비장으로 제사지내고, 가을의 위치는 조금 물러나 있기 때문에 먼저 간장으로 제사지낸다.

간장·신장·비장은 모두 횡경막 아래에 있고, 폐장·심장은 모두 횡경막 위에 있으니, 제사는 반드시 세 번을 하기 때문에 먼저와 뒤가 있는 것이으로, 이 뜻은 기운을 행하는 것과 같지 않다"고 했다.

❖ 『백호통덕론』의 오사五祀에 "故月令 春言其祀戶 祭先脾 夏言其祀竈 祭先肺 秋言其祀門 祭先肝 冬言其祀井 祭先腎 中央言其祀中霤 祭先心"이라고 되어 있다.

④ 황제 **81**난경의 설

◆◆ 『황제 81난경黃帝八十一難經(81문)』에 이르기를 "'오장이 모

◆ 冬位在後 而腎在下 夏位在前 而肺在上 春位小前 故祭先脾 秋位小却 故祭先肝 肝腎脾俱在鬲下 肺心俱在鬲上 祭者必三 故有先後焉 此義不與行氣同也

◆◆ 八十一問云 五藏俱等 心肺獨在鬲上何 對曰 心主氣 肺主血 血

두 같으나 심장과 폐장만이 횡경막의 위에 있는 것은 어째서입니까?' 대답하기를 '심장은 기를 주관하고 폐장은 피를 주관해서, 피가 맥락의 가운데를 운행하면 기가 맥락의 밖에서 운행하여, 위와 아래가 서로 따라다니기 때문에 영위榮衛라고 말합니다. 그러므로 심장·폐장이 횡경막 위에 있는 것입니다'"고 했다.

❖ 『황제 81난경黃帝八十一難經』의 32번째 난難에는 "五藏俱等 而心肺獨在鬲上何也 然心者血 肺者氣 血爲榮 氣爲衛 相隨上下 謂之榮衛 故令心肺在鬲上也"라고 되어 있다. 따라서 위에서 "심장은 기를 주관하고 폐장은 피를 주관해서(心主氣 肺主血)"는 "심장은 피를 주관하고 폐장은 기를 주관해서(心主血 肺主氣)"로 바꿔야 되리라고 생각한다.

⑤ 갑을경의 설

◆ 『갑을경』에 이르기를 "황제가 묻자 기백이 말하기를 '사람에게는 오장이 있고, 장에는 다섯 가지 변하는 것이 있습니다. 간장은 숫장기(牡藏)이고 색은 푸르며, 때는 봄이고, 날짜로는 갑甲·을일乙日입니다. 심장 역시 숫장기이고 색은 붉으며, 때는 여름이고, 날짜로는 병丙·정일丁日입니다. 비장은 암장기(牝藏)이며 색은 누렇고, 때는 계하이며, 날짜로는 무戊·기일己日입니다. 폐장은 암장기이며 색은 희고, 때는 가을이며, 날짜로는 경庚·신일辛日입니다. 신장은 암장기이며 색은 검고, 때는 겨울이며, 날짜는 임壬·계일癸日입니다'"라고 했다.

行脉中 氣行脉外 相隨上下 故曰榮衛 故令心肺在鬲上也

◆ 甲乙經云 黃帝問岐伯曰 人有五藏 藏有五變 肝爲牡藏 其色青 其時春 其日甲乙 心爲牡藏 其色赤 其時夏 其日丙丁 脾爲牝藏 其色黃 其時季夏 其日戊己 肺爲牝藏 其色白 其時秋 其日庚辛 腎爲牝藏 其色黑 其時冬 其日壬癸

❖『침구갑을경鍼灸甲乙經』「오장변수五臟變腧」에 "기백이 대답해 말하기를 '사람에게는 오장이 있고, 장에는 다섯 가지 변하는 것이 있으며, 변하는 것에는 다섯 가지 경혈(腧)이 있습니다. 그러므로 5×5하여 25개의 경혈이 있어서 봄·여름·가을·겨울·계하의 다섯 때에 응하는 것입니다. 간은 숫장기(牡藏)이고 색은 푸르며, 때는 봄이고, 날짜로는 갑을일이며, 소리로는 각성이고, 맛으로는 신맛입니다. … 이를 일러 다섯가지 변화라고 합니다(岐伯對曰 人有五藏 藏有五變 變有五腧 故五五二十五腧 以應五時 肝爲牡藏 其色青 其時春 其日甲乙 其音角 其味酸 … 是謂五變)"로 되어 있다.

❖『황제내경영추경』의 「순기일일분위사시順氣一日分爲四時」에도 비슷한 내용이 있다.

⑥ 황제내경소문의 설

㉠ 간장 ◆『황제내경소문』에 말하기를 "간장은 혼魂이 거처하는 곳이고, 음 가운데서 생긴 소양⚍이기 때문에 봄기운과 통한다.

㉡ 심장 ◆◆ 심장은 생하는 것의 근본이고 신이 거처하는 곳으로, 양 가운데서 생긴 태양⚌이 되기 때문에 여름기운과 통한다.

㉢ 비장 ◆◆◆ 비장은 창고의 근본으로 '흥화興化'라고 이름하며, 찌꺼기를 삭이고 음식물을 굴려서 나고 들게 하니, 지극히 음한 종류이기 때문에 토기운과 통한다.

◆ 素問曰 肝者魂之所居 陰中之小陽 故通春氣

◆◆ 心者生之本 神之所處 爲陽中之大陽 故通夏氣

◆◆◆ 脾者倉廩之本 名曰興化 能化糟粕 轉味出入 至陰之類 故通土氣

㉣ 폐장 ◆ 폐장은 기의 근본으로 백魄이 거처하는 곳이고, 양 가운데서 생긴 소음(⚍)이기 때문에 가을기운과 통한다.

㉤ 신장 ◆◆ 신장은 칩복하는 것을 주관하며, 봉封하고 감추는 것의 근본으로 정精이 거처하는 곳이고, 음 가운데서 생긴 태음(⚏)이기 때문에 겨울 기운과 통한다"고 했다.

또 이르기를 "봄에는 간장을 먹지 말고, 여름에는 심장을 먹지 말며, 계하에는 비장을 먹지 말고, 가을에는 폐장을 먹지 말며, 겨울에는 신장을 먹지 말라"고 했다.

❖ 『황제내경소문』「육절장상론六節藏象論」에 나오는 내용이다.

⑦ 주례周禮의 설

◆◆◆ 『주례』「천관天官」 하下 질의疾醫에 이르기를 "만인의 질병을 관장해서 보살피는 사람이 간장으로 목木을 삼고, 심장으로 화火를 삼으며, 비장으로 토土를 삼고, 폐장으로 금金을 삼으며, 신장으로 수水를 삼으면 병을 많이 고치고, 그와 반대되게 하면 죽이게 된다"고 했다.

❖ 『주례』「천관天官」 하下 질의에는 "掌養萬人之疾病 四時皆有癘疾 春時有痟首疾 夏時有痒疥疾 秋時有瘧寒疾 冬時有嗽上氣疾"이라고도 되어 있다.

◆ 肺者氣之本 魄之所處 陽中之少陰 故通秋氣

◆◆ 腎者主蟄 封藏之本 精之所處 陰中之太陰 故通冬氣 又云 春无食肝 夏無食心 季夏無食脾 秋無食肺 冬無食腎

◆◆◆ 周禮疾醫 掌養萬人之疾病者 以肝爲木 心爲火 脾爲土 肺爲金 腎爲水 則疾多瘳 反其術則死 月令中霤之禮 以陰陽進退爲次 白虎通及素問醫治之書 用行實爲驗 故其所配是也

『예기』「월령」 중류中霤의 예(처마에 제사지내는 예)에, 음양이 나아가고 물러나는 것으로 차례를 삼았고, 『백호통』과 『황제소문』 의치醫治에 이 설說을 써서 실험을 했기 때문에, 그 오행배속이 옳은 것이다.

❖ 그 오행배속 : 『주례』에서 말한 "간장으로 목木을 삼고, 심장으로 화火를 삼으며, 비장으로 토土를 삼고, 폐장으로 금金을 삼으며, 신장으로 수水를 삼는" 설을 뜻한다.

⑧ 백호통의 설

◆ 『백호통』에 또 이르기를 "나무는 물에 뜨고 쇠는 잠기는 것은 무엇 때문인가? 아들이 어머니에게서 나오는 뜻이다. 그러나 간장은 잠겨있고 폐장은 떠 있는 것은 무엇 때문인가? 지혜가 있는 사람은 그 부모를 높이는 것이다"라고 했다.

일설에 말하기를 "갑목이 금을 두려워해서 을을 경에게 시집보내니, 을목은 경금의 교화를 받았다. 목은 그 근본을 본받았으니 곧 갑이기 때문에 뜨고, 간장은 그 교화를 본받았으니 곧 을이기 때문에 잠기는 것이다.

경금이 화를 두려워해서 신을 병에게 시집보내니, 신금은 병화의 교화를 받았다. 금은 그 근본을 본받았으니 곧 경이기 때문에 잠기는 것이고, 폐장은 그 교화를 본받았으니 곧 신이기 때문에 뜨는 것이다"라고 했다.

◆ 白虎通又云 木所以浮 金所以沈者何 子生於母義 肝以沈 肺以浮何 有知者 尊其母也 一說云 甲木畏金 以乙妻庚 受庚之化 木法其本 直甲故浮 肝法其化 直乙故沈 庚金畏火 以辛妻丙 受丙之化 金法其本 直庚故沈 肺法其化 直辛故浮

❖ 『백호통덕론』「오행五行」에 나오는 말이다.

❖ 을목이 비록 목일지라도, 경금의 영향을 받았으므로 금에 가까워서 물에 잠기는 것이고, 신금이 비록 금일지라도 병화의 영향을 받았으므로 위로 떠오른다는 뜻이다.

4 오장에 거처하는 것

◆ 하상공河上公이 『도덕경』에 주석하여 이르기를 "간장은 혼魂을 감추고, 폐장은 백魄을 감추며, 심장은 신神을 감추고, 신장은 정精을 감추며, 비장은 뜻(지志)을 감추니, 오장이 모두 상하면 오신五神이 사라지게 된다"고 했다.

『도경의道經義』에도 이르기를 "혼은 간장에 거처하고, 백은 폐장에 있으며, 신神은 심장에 거처하고, 정精은 신장에 숨어 있으며, 뜻은 비장에 의탁한다"고 했으니, 이것은 『황제내경소문』에 있는 다음 글과 같은 것이다.

"혼은 목의 기운이 되고, 신神은 화의 기운이 되며, 뜻은 토의 기운이 되고, 백은 금의 기운이 되며, 정精은 수의 기운이 된다. 혼은 눈에 통하고, 신은 혀에 통하며, 뜻은 입에 통하고, 백은 코에 통하며, 정은 귀에 통한다."

❖ 하상공, 『도경의』, 『황제내경소문』에 오장과 거처하는 것

오장	간장	폐장	심장	신장	비장
거처하는 것	혼魂	백魄	신神	정精	뜻志

◆ 河上公注老子云 肝藏魂 肺藏魄 心藏神 腎藏精 脾藏志 五藏盡傷 則五神去矣 道經義云 魂居肝 魄在肺 神處心 精藏腎 志託脾 此與素聞同 魂爲木氣 神爲火氣 志爲土氣 魄爲金氣 精爲水氣 魂通於目 神通於舌 志通於口 魄通於鼻 精通於耳

사계절과 각 부서배치

이 내용은 2013년 발간된 『시의적절 주역이야기』에서 발췌한 것입니다.

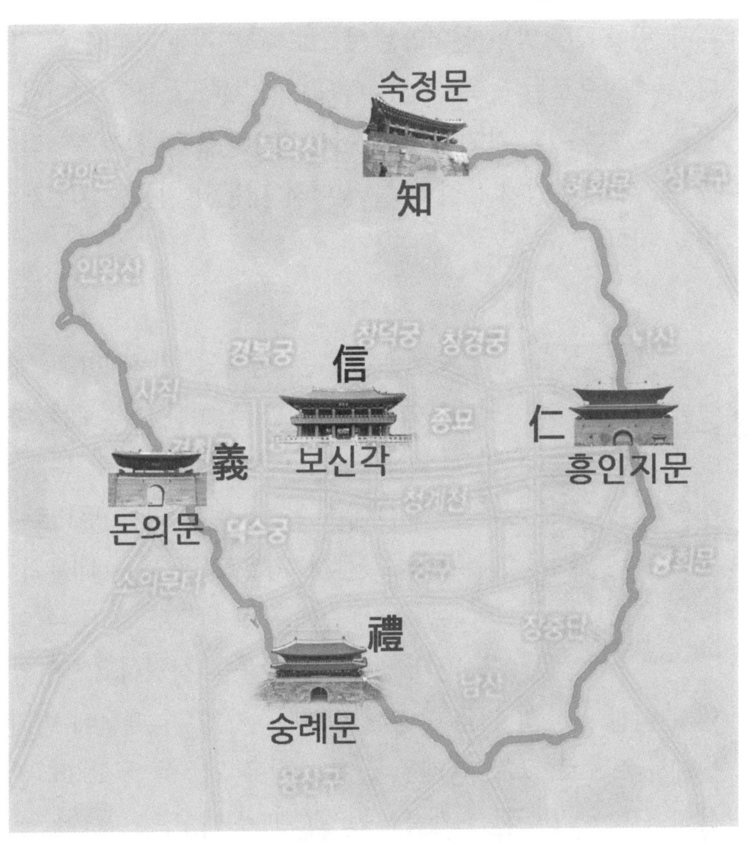

위의 그림은 서울의 사대문을 표시한 것이다. 경복궁 근정전을 중심으로 동서남북의 사대문이 세워졌고, 그 사이사이에 작

은 문이 들어서서 모두 8개의 문이 열리고 닫히고 하였다.

① 먼저 흥인지문興仁之門은 동쪽의 대문이라고 해서 동대문이라고도 한다. 동쪽은 사계절로는 봄이고, 인의예지신의 오상으로는 '인'에 해당한다. 그래서 '일으킬 흥'자를 써서 인을 일으키는 문이라는 뜻으로 '흥인지문'이라고 한 것이다. 풍수적으로는 동쪽의 낙산(駝駱山)이 다른 산 보다 작아서 그것을 보충하느라 '지'자를 더 넣어서 흥인문을 '흥인지문'이라 했고, 또 대문 주변에 옹성甕城을 쌓아서 대문의 기운을 지키게 했다고 한다.

② 숭례문崇禮門은 남쪽의 대문이라고 해서 남대문이라고도 한다. 남쪽은 계절로는 여름이고, 오상으로는 '예'에 해당하므로 '높을 숭'자를 써서 예를 높이는 문이라는 뜻으로 '숭례문'이라고 했다. 가로로 쓴 다른 대문의 편액과는 달리 '숭례문'을 세로로 쓴 것은 여름을 맞아 성장하는 만물을 상징하고, 또 앞산인 관악산이 불의 기운이 강해서 화재수가 있기 때문에 방비차원에서 세로로 쓰고, 숭례문 앞에도 작은 연못을 두고 그 안에 용의 모형을 넣어서 화재를 예방했다고 한다.

③ 돈의문敦義門은 서쪽의 대문이라고 해서 서대문이라고도 한다. 서쪽은 계절로는 가을에 해당하고, 오상으로는 '의'에 해당한다. 그래서 '돈독할 돈'자를 써서 의를 돈독히 하는 문이라는 뜻으로 '돈의문'이라고 한 것이다.

④ 숙정문肅靖門 또는 숙청문肅淸門은 북쪽의 대문이다. 북쪽은 계절로는 겨울에 해당하고, 오상으로는 '지'에 해당한다. 다만 겨울과 밤은 조용히 지내야 한다는 뜻으로 '고요하고 편안할 정'자에 '엄숙할 숙'자를 써서 '숙정문'이라고 함으로써 고요함을 엄숙하게 지키는 대문이라고 한 것이다. 대문 여닫는 소리도 조심해야 한다는 말에 따라 태종 때 숙정문을 폐쇄하고 소나무를 심어 사람의 통행을 금지하였다.

⑤ 사대문을 세우고 나서 중앙에 보신각普信閣을 세워서 시간을 알리는데 썼는데, 중앙은 사계절을 조절하는 곳이고 오상으로는 '신'에 해당한다. 그래서 '널리 미칠 보'자를 더해서 신의를 널리 미치게 한다는 뜻으로 보신각이라고 해서 종각을 세우고 때가 되면 종을 쳐서 시간을 신의 있게 멀리 알린 것이다.

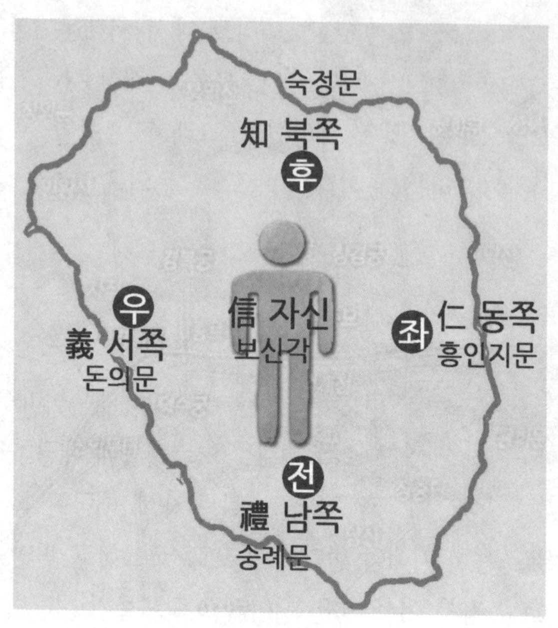

사대문과 보신각을 보면, 나를 중심으로 동서남북을 좌우전후로 나누어 보았음을 알 수 있다. 조선이 600년이라는 유례없는 긴 기간동안 왕조를 이어온 비결이 담겨있는 것이다.

나의 왼쪽은 동쪽이고 봄이며 아침에 해당하고 시작하고 인(사랑)을 일으키는 곳이다. 시작에 해당하고 아직 어리기 때문에 '인'의 정신으로 잘 보살피고 기운을 북돋아주는 것이다. 그러므로 사무실을 낼 때도, 일을 계획하고 시제품을 내는 일에 적합한 장소이다.

나의 앞은 남쪽이고 여름이며 한낮이고 일이 한창 진행 중이며 예(예절)를 높이는 곳이다. 예를 높인다는 것은 서로 만나서 교제를 하는 것이며, 청년으로 한참 일을 할 때이므로 정열적으로 일에 매진하는 것이다. 그러므로 사무실을 낼 때도 한창 영업에 전념하고 주력제품 판매를 담당하는 부서를 배치해야 한다.

나의 오른쪽은 서쪽이고 가을이며 저녁이고 일을 마무리하며 걷어 들이는 때이고, 잘잘못을 의리에 맞게 평가하는 곳이다. 중년의 원숙미를 풍기며, 논공행상을 준비하는 곳이다. 사무실을 배치할 때도 인사과나 관리부서를 배치하는 것이 좋다.

나의 뒤쪽은 북쪽이고 겨울이며 밤이고 일을 마치고 쉬는 곳이다. 잘 쉬어야 다음날 활기차게 활동할 수 있는 것이다. 그래서 조용히 잠긴 재산을 관리하고, 비밀리에 새로운 제품을 기획하고 연구하는 곳이다. 그래서 교육담당이나 연구팀, 혹은 부동산관리팀 등 주로 장기적 안목이 필요한 부서를 배치하는 것이 좋다.

그렇다면 나와 같이할 중앙은 어떤 곳인가? 정확한 시간을 알리고 각 부서가 원활히 움직일 수 있도록 도와주는 곳이다. 각 부서가 해야 될 일의 시작과 끝을 알아서 그 움직일 시간을 알려주고, 각 부서간의 교류가 원활하게 진행되도록 하는 일이다.

저/ 자/ 소/ 개/

- 양(梁)나라 무제(武帝)의 형인 장사선무왕(長沙宣武王) 소의(蕭懿)의 손자이며, 자는 문휴(文休)다.
- 박학다식 하였고, 특히 음양학과 산술학(算術學)에 정통하였다. 양나라가 망하자 북주(北周)에 망명하여 의동(儀同: 의동삼사)이라는 높은 벼슬을 지냈고, 수나라가 북주로부터 선양을 받게 되자 품계가 올라 상의동(上儀同)이 되었으며, 특히 양제 때는 태부소경까지 되었다. 성격이 고고하고 엄격해서 다른 공경들과 어울리지 않았다고 한다.
- 저서로는 금해(金海) 상경요록(相經要錄) 택경(宅經) 장경(葬經) 악보(樂譜) 제왕양생방(帝王養生方) 상수판요결(相手版要決) 태일입성(太一立成) 등이 있다.
- 수서의 경적지, 구당서의 경적지, 신당서의 예문지, 송사의 예문지, 북사 등에 소길과 오행대의에 대한 기록이 남아있다.

공역

- 41년 충남 공주에서 출생.
- 7세부터 14세까지 伯父인 索源 金學均선생으로부터 千字文을 비롯하여 童蒙先習 · 通鑑 · 四書와 詩經 · 書經 등을 배움.
- 26세부터 41세까지 국세청 근무. 42세~현재 세무사 개업.
- 89년부터 대산선생으로부터 易經을 배움.
- 『주역전의대전역해』 책임편집위원.
- 편저에 『주역입문』 편역에 『매화역수』, 『음부경과 소서 심서』, 『하락리수』, 『오행대의』, 『천문류초』, 『소리나는 통감절요』, 『집주완역 대학』, 『집주완역 중용』 등

공역

- 성균관대학교 철학 박사.
- 87년부터 대산선생 문하에서 四書 및 易經 등을 수학. 『대산주역강해』 · 『대산주역점해』 · 『미래를 여는 주역』 · 『주역전의대전역해』 등의 편집위원.
- 저서에 『후천을 연 대한민국』, 『세종대왕이 만난 우리별자리』, 『시의적절 주역이야기』, 『주역점비결』, 번역에 『하락리수』, 『오행대의』, 『천문류초』, 『매화역수』, 『황극경세』, 『초씨역림』 등이 있음.

오행대의 하 권